公認心理師
必携！

事例で学ぶ
教育・特別支援の
エビデンスベイスト・
プラクティス

［監修］一般社団法人公認心理師の会　教育・特別支援部会
［責任編集］小関俊祐・大石幸二・嶋田洋徳・山本淳一

Ψ
金剛出版

まえがき

　本書は，一般社団法人公認心理師の会（以下，公認心理師の会）教育・特別支援部会の第2期部会委員（任期：2021年6月〜2023年6月）によって検討および作成された，教育・特別支援部会コンピテンスリストに基づいて構成されています。公認心理師の会は，国民のメンタルヘルスの向上を目指して設立された，公認心理師の職能団体です。公認心理師の会では，科学者−実践家モデルに基づき公認心理師のスキルアップとキャリアアップを目指しています。ここでいう科学者−実践家モデルとは，単に修士論文の執筆や学会発表を行うことや，臨床実践に携わることだけを指すのではありません。科学的な知見やエビデンスを根拠として自身の取り組みを計画するとともに，実践を客観的に説明したり，振り返ったり，あるいは修正したりする姿勢を指しています。さらに，実践を蓄積することによってあらたな知見を生み出すことが求められます。なお，ブループリント（公認心理師試験設計表）では，「科学者−実践者モデル」と記載されておりますが，本書では公認心理師の会が使用している「科学者−実践家モデル」と表記しています。

　本書はこのような目標に対して，公認心理師，あるいは公認心理師を目指す大学生や大学院生が，特別支援教育を含む教育分野で活躍するために求められる知識や技能について，事例を通して紹介することで貢献することをねらいとして作成されました。本書は，第I部：教育・特別支援分野におけるエビデンスベイスト・プラクティス，第II部：エビデンス実践のための必須技能，第III部：事例で学ぶ公認心理師の必須技能，第IV部：結論，によって構成されています。第III部で紹介している事例は，その文脈における事例提示の意図を損ねない範囲で大幅に改変している事例，あるいは複数の事例を基に構成した仮想事例となっています。そのいずれにおいても，公認心理師がどのような視点で事例をアセスメントし，どのように進め，振り返り，そしてその展開について評価し，改善しているかという一連の流れがわかるように記述されています。本書を通じて，公認心理師だけではなく，公認心理師と連携して業務にあたる方々にも，公認心理師が大事にしているエビデンスベイストの考え方やPDCAサイクルの展開の仕方について，共有していきたいと考えています。

　公認心理師は，2015（平成27）年9月9日に公認心理師法が成立し，2017（平成29）年9月15日に同法が施行されて誕生した，日本で最初の心理職の国家資格です。国家資格としての歴史はまだまだ浅く，求められるコンピテンスも，今後変化していくことが予測されるでしょう。その一方で，公認心理師の中核となるエビデンスベイストの考え方やPDCAサイクルの展開の仕方は，色褪せることのない，今後も重視される視点であると確信しています。そのなかで本書が，経験の浅い公認心理師や公認心理師を目指す学生はもちろんのこと，中堅やベテランと呼ばれる公認心理師にも，自身の実践を振り返るヒントになると期待しています。さらには，本書が公認心理師制度の発

展，ならびに国民の心の健康の保持増進への寄与の一助となりましたら幸甚にございます。

　最後に，本書籍をまとめるにあたって多大なるご尽力をいただきました，金剛出版編集部の植竹里菜様，藤井裕二様には，この場をお借りしまして，心よりお礼申し上げます。

2024年2月

責任編集者を代表して
一般社団法人公認心理師の会　教育・特別支援部会長
小関俊祐

目次

第Ⅰ部
教育・特別支援分野における
エビデンスベイスト・プラクティス

第Ⅱ部
エビデンス実践のための必須技能

第Ⅲ部
事例で学ぶ公認心理師の必須技能

第IV部
結　論

第 **I** 部

教育・特別支援分野
における
エビデンスベイスト・
プラクティス

序論 公認心理師の必須技能（コンピテンス）を探求する

小関俊祐

1 コンピテンスの考え方と意義

　公認心理師の業務には**エビデンス**に基づいた実践が不可欠である。**認知行動療法**（Cognitive Behavioral Therapy：CBT）に代表されるような心理療法のエビデンスの構築には，**ランダム化比較試験**（無作為化対照試験：RCT，Randomized Controlled Trial）などの手続きが用いられることが多く，またそれらの結果について**メタ分析**を行うことによって，実践の実証性や再現性を高めてきた。その一方で，実際の臨床現場においては，個別性の高いクライエントに対して，知識やスキルにばらつきのあるセラピストが対応することが多いため，研究成果を日常的な臨床実践に展開することの困難さが指摘されている（Roth, 2015）。さらに，認知行動療法に関する系統的なセラピスト養成プログラムが未整備であることが，セラピーにおける質保証の点で重要な課題となっていることが問題視されてきた（Roth, 2015）。

　このような背景から，メンタルヘルスサービスの充実に関する国家政策プロジェクト（Improving Access to Psychological Therapies：**IAPT**；Department of Health, 2007）がイギリスにおいて展開された。これは，**NICE**（National Institute for Health and Clinical Excellence）ガイドラインで推奨された心理療法である認知行動療法を専門とするセラピストを養成し，イギリス全土に配置することによって，うつ病や不安症に代表される精神疾患の早期治療の実施を目的とした政策である。IAPTにおける取り組みの一環として，認知行動療法を適切に提供できるセラピストを養成することを目的に，認知行動療法に関する**コンピテンス**（知識や技能）を明らかにしている（Department of Health, 2007；Roth & Pilling, 2008）。Roth & Pilling（2008）が主体となって作成されたこのコンピテンスリストは，「包括的なセラピーのコンピテンス（メンタルヘルスに関する知識やガイドライン，基本姿勢など）」と4つの認知行動療法に関連したコンピテンス（認知行動療法の基本理念や理論的根拠

に関する「基本的な認知行動療法のコンピテンス」，ケースフォーミュレーションや介入技法に関する「具体的な行動療法・認知療法のコンピテンス」，治療において発生しうる特異的な問題に関する「問題特異的コンピテンス」，リスクマネジメントや事例最適化に関する「メタコンピテンス」）の計5つのコンピテンスから構成されている。

このようなコンピテンスベイストの考え方は，日本における公認心理師の養成やスキルアップにおいても重要となる。従来の日本における臨床心理学の知識やスキルの習得は，各大学等の研究室の方針に左右されることが多く，資格としての均てん化の観点が欠けていた。また，先駆者の知見や発想に基づいたアセスメント技法や心理療法が，長く定着することによって，あたかも「正しい」方法であるかのように位置づけられてきた。それに対して公認心理師に求められるコンピテンスや，公認心理師の活躍する5分野において必要となるコンピテンスを整理し共有することは，公認心理師を目指す過程においてどのような知識や技能を，講義や演習，実習など，どの方法で習得するのかという大学や大学院における公認心理師養成課程の指針となりうる。また，あらかじめコンピテンスが示されることによって，大学生や大学院生自身も，自分がすでにどのようなコンピテンスを有しているのか，あるいは未修得なのか確認できるようになる。さらに公認心理師の有資格者においても，自身の研鑽やスキルアップのための指針，および自身の専門性を担保する指標ともなりうる。

② コンピテンスに関する最近の動向

このようなコンピテンスベイストの考え方は，いくつかの学術団体においても取り入れられつつある。認知行動療法に関しては，IAPTのコンピテンスリストを参考として，日本における心理臨床の実践で必要とされる姿勢やスキルを網羅していること，認知行動療法を習得するうえで必要なエッセンスを網羅していること，トレーニング段階の大学院生でも理解可能な表現であること，といった観点に基づいたコンピテンスリストの作成が行われている（栁井ほか，2018）。これに加えて，イギリス認知行動療法学会（British Association for Behavioural and Cognitive Psychotherapies：BABCP）が定めたガイドラインに基づき，日本における認知行動療法に関する教育内容の構成要素を整理した研究（小関ほか，2018）や，イギリス（鈴木ほか，2018）および日本（伊藤ほか，2019）における大学院での認知行動療法に関する教育の実態調査，また，イギリス（Ogawa et al., 2020）および日本（小関ほか，2021a）におけるコンピテンスに関する現状の調査といった一連の研究を根拠とし，日本認知・行動療法学会では，認知行動療法トレーニング・ガイドラインが策定されている（http://jabt.umin.ne.jp/qualification/）。さらに，こ

のガイドラインに基づいた認知行動療法師®および認知行動療法スーパーバイザー®の資格認定も行われている。

　そのほかにも日本ストレスマネジメント学会では，これまでに同学会が発行した『ストレスマネジメント研究』およびストレスマネジメントに関する書籍などを根拠として，ストレスマネジメントコンピテンスリストが作成されている（小関ほか，2021b）。日本ストレスマネジメント学会においても，このコンピテンスリストをもとに，日本ストレスマネジメント学会認定ストレスマネジメント®実践士の認定が行われている。

　このように，近年の傾向として，資格認定を行う際に，その資格がどのような内容を扱っていて，どのような知識やスキルを習得していることを保証するものなのか，ということを示すために，コンピテンスリストが提示されていることが多い。そのほかにも，教育分野においては大学生活の適応に求められるコンピテンス（古泉ほか，2023），福祉分野においては発達障害児支援に携わる支援者に求められるコンピテンス（吉次・小関，2020），司法・犯罪分野では心的外傷後ストレス障害に対する認知行動療法の実践にかかわるコンピテンス（高山ほか，2021）や，犯罪被害者に対する心理的支援に求められるコンピテンス（信重ほか，2021）など，さまざまな実践領域で求められるコンピテンスの検討が行われている。ただし，コンピテンスを参照する場合には，その根拠となるデータや資料が何かということもあわせて参照しつつ，コンピテンスの妥当性が担保されていることを確認したうえで活用することが重要である。

③ 公認心理師の会 教育・特別支援部会のコンピテンスリスト

　公認心理師においても，精神疾患や関連法規などの知識や，介入の根拠となる理論も含めて説明したり，適切な介入を提供したりするスキルといった，公認心理師が身につけるべきコンピテンスを明らかにする取り組みが不可欠となっている。公認心理師の会では，**公認心理師法**や**公認心理師養成カリキュラム**などで大枠が定められている項目を中心とした共通コンピテンスと，医療部会，司法・犯罪・嗜癖部会，産業・労働・地域保健部会，福祉・障害部会，そして教育・特別支援部会の各部会のコンピテンスを示している（https://cpp-network.sakura.ne.jp/main/competence_list_20220610.pdf）。

　教育・特別支援部会ではまず，公認心理師法および文部科学省の示しているさまざまな指針や関連法規を参照しつつ，教育・特別支援分野に求められるコンピテンスのカテゴリーを確認した。そのうえで，各カテゴリーを構成する大項目と，大項目を構成する中項目，中項目を達成するために必要な小項目について，公認心理師法，文部科学省のウェブサイト，**生徒指導提要**，

各先行研究に基づいて，9カテゴリー，33の大項目，64の中項目からなる教育・特別支援部会コンピテンスリストを作成した。さらに，このコンピテンスリストをウェブ上で公開し，公認心理師の会会員，各種関連団体およびその他のステイクホルダーからパブリックコメントを募集し，コンピテンスリストを確定させた。

カテゴリーⅠは「エビデンスベイスト・プラクティス（Evidence Based Practice：EBP）に関するコンピテンス」である。科学者−実践家モデル［scientist-practitioner model］の基本姿勢やエビデンスベイストの考え方について確認するコンピテンスとなっている。本書では第Ⅲ部第1章にて中心的に紹介する。

表1　コンピテンスリスト（カテゴリーⅠ）

カテゴリー	大項目	中項目	小項目
Ⅰ　エビデンスベイスト・プラクティスに関するコンピテンス	①科学者−実践家モデルの基本姿勢を踏まえて活動できる	科学者−実践家モデルを理解して活動できる	米国心理学会（APA），英国心理学会（BPS），日本心理学会，公認心理師の会
		エビデンスベイスト・プラクティスを理解して活動できる	エビデンス，Evidence Based Practice
	②エビデンスの知識を収集し，参照することができる	最新のエビデンスにアクセスできる	Researchgate，J-STAGE，Researchmap，エビデンスのガイドライン
		最新のエビデンスから必要な情報を収集し，理解することができる	図表の読み取り，結果の解釈，実践への応用可能性
	③エビデンスに基づく実践を進めることができる	個々のケースや状況・文脈に応じて最良のエビデンスを活かして実践できる	支援の文脈，ケースフォーミュレーション
		科学的思考・批判的態度に基づいて実践できる	科学者としての姿勢，批判的思考，仮説生成−仮説検証
	④エビデンスを生成，蓄積，普及することができる	各種の研究法を理解し，研究活動を行うことができる	ランダム化比較試験，群間比較，単一事例研究法，エキスパートの知見，研究倫理，量的研究と質的研究
		研究活動を通して得た知見を報告・発表し，広く普及することができる	学会，ピアレビュージャーナル，論文・研究報告書，エビデンスの普及

カテゴリーⅡは「教育・特別支援における基盤コンピテンス」である。教育・特別支援分野における関連法規の理解に加え，児童生徒，保護者，教職員との協働関係や連携体制の構築，学校の資源の活用などについて確認するコンピテンスとなっている。本書では第Ⅲ部第2章にて中心的に紹介する。

表2　コンピテンスリスト（カテゴリーII）

カテゴリー	大項目	中項目	小項目
II 教育・特別支援における基盤コンピテンス	①教育・特別支援分野に関わる法律，制度，倫理原則を踏まえて活動できる	関連法規や制度を念頭に置きながら活動できる	関連法規全般，生徒指導提要，学習指導要領
		学校組織や教育機関，関係職種の特徴を理解して活動できる	学校種，学校段階，教職員や関係職種の役割・業務・専門性
		公認心理師としての法的義務や倫理原則に基づいて実践活動ができる	公認心理師の法的義務，職業規範，職業倫理
		実践活動の目的，方法，成果，課題について説明責任を果たすことができる	説明責任（accountability）
		倫理的ジレンマ状況において，最善となる倫理的意思決定に基づき実践活動ができる	倫理的ジレンマ，倫理的意思決定，守秘義務（秘密保持義務）と連携，保護義務
	②教育・特別支援分野における支援の基本姿勢を踏まえて活動できる	児童生徒，保護者，教職員との良好な信頼関係，援助関係を築くことができる	ラポール，共感的態度
		学校や教育機関等における公認心理師の役割・活動を明確化し，関係者と共有し，活動できる	公認心理師の組織内役割，業務内容，学校会議への参加
		相談室・カウンセリングルーム活動を行うことができる	相談室運営，相談室の情報周知，学校における守秘義務と情報共有
	③自身の心身の健康を保ちつつ，生涯学習を通して資質向上につとめることができる	自分自身の心身の健康を保ち，促進できる	ヘルスプロモーション，ストレスマネジメント，感情労働，バーンアウト
		自身の課題を反省的に見直し，さらなる資質向上に向けて生涯学習を進めることができる	継続教育研修（Continueing Education：CE），反省的実践，自己課題発見・解決能力，スーパービジョン

　カテゴリーIIIは「アセスメントとケースフォーミュレーションに関わるコンピテンス」である。児童生徒や保護者，教師を対象とした個別のアセスメントに加えて，学級集団や学校集団を対象とした集団のアセスメントに関する知識やスキルも，教育・特別支援分野で活躍する公認心理師には求められる。また，ケースフォーミュレーションに基づいた支援計画の立案についても確認するコンピテンスとなっている。本書では第III部第3章にて中心的に紹介する。

表3　コンピテンスリスト（カテゴリーIII）

カテゴリー	大項目	中項目	小項目
III アセスメントとケースフォーミュレーションに関わるコンピテンス	①アセスメントを行うことができる	多面的なアセスメントを行うことができる	児童生徒，保護者，教師，関係職種，学級・学年，学校組織，地域のアセスメント，アセスメントの倫理
		観察法，面接法，検査法に基づくアセスメントができる	行動観察，事前事後アセスメント，アセスメントツール，面接の構造化
		統合的・包括的なアセスメントを行うことができる	生物心理社会モデル，アセスメントスキル
		問題状況の機能分析を行うことができる	機能分析，学校適応アセスメントの3水準モデル
	②ケースフォーミュレーションを行うことができる	アセスメントに基づく支援計画を立てることができる	個別の教育支援計画，個別指導計画
		支援や問題解決の効果評価を行うことができる	アウトカム変数の設定，支援効果，効果量，一事例研究デザイン
		ケースフォーミュレーションや支援・問題解決の評価結果などを，関係者にフィードバックし，情報や理解を共有することができる	ケースフォーミュレーションの共有，支援結果のフィードバック，所見・報告書作成

　　カテゴリーIVは「連携・協働に関わるコンピテンス」である。チーム学校の観点から，学内外での連携や協働に関するコンピテンスを扱っている。本書では第III部第4章にて中心的に紹介する。

表4　コンピテンスリスト（カテゴリーIV）

カテゴリー	大項目	中項目	小項目
IV 連携・協働に関わるコンピテンス	①学校内におけるチームアプローチを実践することができる	関係職種の特徴を理解し，相互の立場や専門性を念頭に置きながら，チームとして支援活動ができる	学校経営，学校組織，校務分掌，PTA組織，チーム学校，開かれた学校づくり，機能的役割分担
		機関・職場およびチームにおける自身の役割・機能を意識して活動できる	
	②外部の関係機関と連携・協働しながら活動することができる	保健医療，教育，福祉，司法関連機関等と連携して活動できる	関係機関，放課後等デイサービス，ソーシャルワーク，コミュニティ支援
		主治医の指示のもと，適切に連携を取りながら支援活動を行うことができる	主治の医師の確認，主治の医師からの指示への対応と連携
		緊急時に，関係機関と連携して対応することができる	教育委員会，医療機関，児童相談所，警察等との連携，安全管理，事故防止，リスクアセスメント，保護義務

カテゴリーVは「支援とPDCA（Plan-Do-Check-Action：以下PDCA）に関わるコンピテンス」である。さまざまな対象へのエビデンスに基づく予防と支援を実践するためのコンピテンスや，子どもや関係者の多様性への理解促進，キャリア支援などを扱っている。本書では第III部第5章にて中心的に紹介する。

表5　コンピテンスリスト（カテゴリーV）

カテゴリー	大項目	中項目	小項目
V 支援とPDCAに関わるコンピテンス	①児童生徒本人への支援を行うことができる	エビデンスに基づく予防と支援を実践できる	応用行動分析学，認知行動療法，ソーシャルスキルトレーニング，学校カウンセリング
	②保護者への支援を行うことができる	エビデンスに基づく予防と支援を実践できる	カウンセリング，コンサルテーション，家族療法，ペアレント・トレーニング
	③学級集団への支援を行うことができる	エビデンスに基づく心理教育プログラムを実践できる	学級単位介入
	④教職員・支援スタッフへの支援を行うことができる	教職員や関係職種等への行動コンサルテーションを行うことができる	間接援助，機能的行動アセスメント，介入整合性
		教職員等のメンタルヘルスに関する理解促進や対応・支援ができる	バーンアウト，ラインによるケア，職場の協働・相談体制，各種研修，働き方
	⑤予防・開発・成長促進的な活動を行うことができる	問題状況の早期発見・早期対応の視点を持ちながら活動できる	プロアクティブ支援，スクリーニング・アセスメント
		予防・開発的な学校環境づくりを行うことができる	学校規模ポジティブ行動支援（SWPBS）
	⑥子どもや関係者の多様性への理解促進と支援を行うことができる	ダイバーシティと共生社会への理解に基づく実践活動ができる	カルチュアルダイバーシティ，ニューロダイバーシティ，共生社会，文化，年齢，ジェンダー，宗教
		外国にルーツを持つ児童生徒に関する理解促進や対応・支援ができる	日本語教室
		セクシュアルマイノリティに関する理解促進や対応・支援ができる	ジェンダー，LGBTQ，性自認，性的指向，性別違和
	⑦進路・キャリアに関わる支援を行うことができる	進路・キャリアに関わる諸課題に関する理解促進や対応・支援ができる	進路指導，キャリア教育，キャリアカウンセリング
	⑧大学・専門学校での学生相談活動を行うことができる	修学支援，進路相談，就活支援を行うことができる	障害学生の修学支援・進路相談・就活支援，一般学生の修学支援・進路相談・就活支援
		ハラスメントに関する理解促進や対応・支援ができる	アカデミックハラスメント，セクシュアルハラスメント

カテゴリーVIは「特別支援教育に関するコンピテンス」である。**発達障害**や**知的障害**などに関する知識と支援に必要な技能，さらには各部署との連携を含めて実践に必要なコンピテンスを扱っている。本書では第Ⅲ部第6章にて中心的に紹介する。

表6　コンピテンスリスト（カテゴリーVI）

カテゴリー	大項目	中項目	小項目
VI 特別支援教育に関するコンピテンス	①特別支援教育に関わる知識・技能を踏まえて活動できる	早期発見・早期支援ができる	校内支援委員会，児童発達支援，特別支援学校のセンター的機能，巡回相談
		各部署との連携ができる	専門家チーム，広域特別支援連携協議会，自立支援協議会
		インクルーシブ教育の考えと方法を実践できる	通級による指導，自立活動，交流及び共同学習，ユニバーサルデザイン，合理的配慮
	②特別支援教育の事例に対応できる	発達障害への支援と環境整備ができる	自閉スペクトラム症，注意欠如・多動症，限局性学習症
		知的障害への支援と環境整備ができる	知的発達症，生活スキル
		感覚・運動障害等への支援と環境整備ができる	視覚障害，聴覚障害，運動障害，慢性疾患

カテゴリーⅦは「学校不適応諸問題への対応に関するコンピテンス」である。**不登校**，いじめ，**学業不振**，**非行**といった，学校で生じうる諸問題に対する予防や早期対応を，他機関と連携しつつ推進していくためのコンピテンスである。本書では第Ⅲ部第7章と第8章にて中心的に紹介する。

表7　コンピテンスリスト（カテゴリーⅦ）

カテゴリー	大項目	中項目	小項目
Ⅶ 学校不適応諸問題への対応に関するコンピテンス	①不登校問題に対するエビデンスに基づく実践を行うことができる	不登校予防を行うことができる	未然防止，初期対応
		再登校支援を行うことができる	柔軟な対応
	②いじめ問題に対するエビデンスに基づく実践を行うことができる	いじめの防止と予防を行うことができる	いじめ防止対策推進法，生徒指導，SOSの出し方に関する教育，電話・アプリによる相談
		いじめへの対応を行うことができる	連携，指導体制
	③学業不振・学習困難に対するエビデンスに基づく実践を行うことができる	適切なアセスメントを実施することができる	知能，認知，言語，適応，意欲等のアセスメント
		適切な教育環境での支援を実施することができる	通級指導教室，特別支援教室

カテゴリー	大項目	中項目	小項目
VII 学校不適応諸問題への対応に関するコンピテンス	④虐待問題に対するエビデンスに基づく実践を行うことができる	虐待の早期発見に関わる視点を持ち，活動することができる	関連法規，マルトリートメント，アタッチメント
		虐待問題における学校の役割を理解し，対応することができる	通告と連携による継続的支援
	⑤非行に対するエビデンスに基づく実践を行うことができる	反社会的行動に対する理解と支援を行うことができる	反抗挑発症，素行症，生徒指導体制
		司法関連機関との連携を行うことができる	警察，少年サポートセンター，法務少年支援センター
	⑥学級崩壊に対するエビデンスに基づく実践を行うことができる	学級経営への理解と支援ができる	学級目標，学年経営方針，学校経営方針
		学級崩壊への理解と対応ができる	就学前教育，リーダーシップ

　カテゴリーⅧは「困難事例や緊急支援に関わるコンピテンス」である。災害，事件や事故，自殺等の問題への緊急支援と心のケアを行えるようになるためのコンピテンスである。本書では第Ⅲ部第9章にて中心的に紹介する。

表8　コンピテンスリスト（カテゴリーⅧ）

カテゴリー	大項目	中項目	小項目
Ⅷ 困難事例や緊急支援に関わるコンピテンス	災害，事件・事故，自殺等の問題への緊急支援と心のケアを行うことができる	緊急時に備えた地域や関係機関と連携支援体制を構築することができる	災害時地域精神保健医療ガイドライン，緊急時への備え
		災害時に学校や子どもたちへの支援を行うことができる	危機介入，災害時地域精神保健医療ガイドライン，心理的応急処置，PTSD
		事件・事故・自殺等の重大事案発生時に適切に対応することができる	学校における緊急支援（危機介入），自殺対策基本法，心理的応急処置，心理教育

　最後に，カテゴリーⅨは「発展的知識と実践に関わるコンピテンス」である。教育・特別支援分野に限らず，公認心理師に求められるコンピテンスは日々発展し，変化していく。そのため，常に最新の知識を踏まえて実践活動を進めることが求められる。それらの観点を含めたものが，カテゴリーⅨのコンピテンスである。本書では特に**スクールカウンセラー**（School Counselor：以下SC）としての実践のコツについて，第Ⅲ部第10章にて紹介する。

表9　コンピテンスリスト（カテゴリーIX）

カテゴリー	大項目	中項目	小項目
IX　発展的知識と実践に関わるコンピテンス	①発達に関する先端的知識を踏まえて実践活動を進めることができる		保幼小連携，発達に関する最新エビデンス
	②教育に関する先端的知識を踏まえて実践活動を進めることができる		GIGAスクール，教育に関する最新エビデンス，遠隔心理支援
	③臨床に関する先端的知識を踏まえて実践活動を進めることができる		生物心理社会モデル，ライフサイエンス，臨床に関する最新エビデンス
	④幼児・児童・青年期の精神疾患に関する先端的知識を踏まえて実践活動を進めることができる		DSM-5-TR, ICD-11, R-Doc, 幼児・児童・青年期の精神疾患に関する最新エビデンス
	⑤家族・社会に関する先端的知識を踏まえて実践活動を進めることができる		生態学的アプローチ，アドボカシー，家族・社会に関する最新エビデンス

　以上，教育・特別支援部会コンピテンスの9つのカテゴリーについて概観した。カテゴリーIXにて示した通り，コンピテンスリストは，法律や学習指導提要などの改正および改訂，そのほか社会情勢などの変化に応じて，定期的にブラッシュアップしていく必要がある。その一方で，中核的に必要とされるコンピテンスについては，一定の方向性が示されているため，公認心理師はこれらに準拠しながら，知識やスキルを継続的に積み重ねていくことが求められる。

　なお，臨床心理学におけるアセスメントとは，問題に関する情報収集および問題の形成や発症，維持，悪化要因に関する理解を指すことが多い（袴田，2016）。本書においては，狭義のアセスメントであるクライエントに関する情報の収集と整理だけではなく，広義のアセスメントとして，生物心理社会モデル［biopsychosocial（BPS）model］に基づくクライエントを取り巻く環境すべてに関するアセスメントを扱っている。

　また，ケースフォーミュレーションとは，クライエントが抱える問題を心理学の理論とエビデンスに基づいて総合的に理解し，クライエント個人に最適な介入方針を定めるためのプロセスと定義されている（吉岡，2019）。本書におけるケースフォーミュレーションは，機能分析に基づくミクロの（事象レベルの）ケースフォーミュレーションに加えて，マクロの（生物心理社会モデルに基づく）ケースフォーミュレーションを扱う。

　さらに，「個別の指導計画」とは，幼児児童生徒一人ひとりの教育的ニーズに対応して，指導目標や指導内容・方法を盛り込んだ指導計画を指す。単元や学期，学年等ごとに作成され，それに基づいた指導を行うためのきめ細

かな計画のことである。一方,「個別の教育支援計画」とは,他機関との連携を図るための長期的な視点に立った計画であり,障害のある子ども一人ひとりについて,乳幼児期から学校卒業後までの一貫した長期的な計画を学校が中心となって作成するものを指す。作成に当たっては関係機関との連携が必要となり,保護者の参画や意見等を聞くことなども求められる。あらゆる「計画」には,「計画（Plan）」「支援実施（Do）」「評価（Check）」「次の支援実施（Action）」のプロセスとサイクルが大切であり,「個別の教育支援計画」と「個別の指導計画」のいずれの作成においても,PDCAのプロセスとサイクルを通して教育的支援をよりよいものに改善していくことが望まれる。

文献

Department of Health (2007) Improving Access to Psychological Therapies : Implementation plan : Curriculum for high-intensity therapies workers. London : Author.

袴田優子 (2016) 生物－心理－社会モデル. In：下山晴彦・中嶋義文＝編：公認心理師必携 精神医療・臨床心理の知識と技法. 医学書院, pp.175-176.

伊藤大輔・小関俊祐・小野はるかほか (2019) 臨床心理士養成大学院におけるCBTトレーニングにおける基本構成要素と教育方法──日本のトレーニング・ガイドラインの策定に向けた実態調査. 認知・行動療法研究 45 (1)；23-37.

古泉綺花・高野太新・峰佳乃ほか (2023) 大学生の適応で必要とされるコンピテンスの概念構成およびリストの作成. 日本認知・行動療法学会第49回大会発表論文集.

小関俊祐・伊藤大輔・小野はるかほか (2018) 認知行動療法トレーニングにおける基本構成要素の検討──英国のガイドラインに基づく検討. 認知行動療法研究 44 (1)；15-28.

小関俊祐・伊藤大輔・杉山智風ほか (2021a) 日本の大学院生における認知行動療法のコンピテンスに関する現状. 認知行動療法研究 48 (1)；61-72.

小関俊祐・杉山智風・岸野莉奈ほか (2021b) ストレスマネジメントに関するコンピテンスの体系化と今後の展開. ストレスマネジメント研究 17 (1)；41-48.

Ogawa, Y., Kishita, N., Laidlaw, K. et al. (2020) Cognitive behavioural therapy competence of Japanese trainees : A comparison with UK trainees. 認知行動療法研究 46 (3)；155-165.

Roth, A. D. (2015) Are competence frameworks fit for practice? Examining the validity of competence frameworks for CBT, psychodynamic, and humanistic therapies. Psychotherapy Research 25 (4)；460-472.

Roth, A. D. & Pilling, S. (2008) Using an evidence-based methodology to identify the competences required to deliver effective cognitive and behavioural therapy for depression and anxiety disorders. Behavioural and Cognitive Psychotherapy 36 (2)；129-147.

信重綾・瀧井綾子・岡野友峻ほか (2021) 犯罪被害者に対する心理的支援のために必要なコンピテンスの検討. 発達心理臨床研究 27；79-91.

鈴木伸一・小関俊祐・伊藤大輔ほか (2018) 英国のCBTトレーニングにおける基本構成要素と教育方法──日本におけるCBTトレーニング・ガイドライン策定に向けた取り組み. 認知行動療法研究 44 (2)；93-100.

高山桃香・渡邊明寿香・淨沼和浩ほか (2021) 心的外傷後ストレス障害に対する認知行動療法の実践において必要とされるコンピテンスの検討. 発達心理臨床研究 27；69-78.

柳井優子・小川祐子・木下奈緒ほか (2018) 認知行動療法の実践で必要とされるコンピテンスの概念構成の検討──英国のImproving Access to Psychological Therapies制度における実践家養成モデルに基づく検討. 認知行動療法研究 44 (2)；101-113.

吉岡昌子 (2019) ケースフォーミュレーション, 機能的行動アセスメント, 行動観察. In：日本認知・行動療法学会＝編：認知行動療法事典. 丸善出版, pp.178-179.

吉次遥菜・小関俊祐 (2020) 行動論を基礎とする発達障害児支援における支援者に求められるコア・コンピテンスの検討. ストレスマネジメント研究 16；44-45.

いま，教育現場で何が求められているのか？

CBTと学校心理学のクロスロード

嶋田洋徳　新井 雅

① 教育現場における心理支援の現状とエビデンスに基づく実践

　不登校，いじめ，暴力行為等の児童生徒を取り巻く問題は，依然として社会の大きな関心を集めている。そして，それを取り巻く（社会的）支援体制の不十分さが指摘されて久しい。その間にも，心理的支援に関する多くの理論的，技術的発展がなされ，多種多様な心理学関連の資格が創設されてきたことは周知の事実である。そして，この大きな転機になりうるのが，2017年に施行された公認心理師法である。これによって，支援者側の質的担保がなされるのではないかと期待されているが，2023年時点では，約7万人が公認心理師として登録されており，むしろ「専門家」が（いわゆるGルート受験者を中心に）爆発的に増えていることは非常に興味深い。この数の多さには賛否両論あるだろうが，現行法制度の中で互いに力量を高めることによって，これまでよりも充実した支援体制が整えられる好機を得たと考えたいところである。

　公認心理師と他の心理学関連の既存資格との最も大きな差異は，言うまでもなく国家資格か民間資格かという点である。国家資格である公認心理師にとって，国民に対する説明責任（アカウンタビリティ）を十分に果たせるかどうかという点は非常に重要である。当然のことながら，説明責任を果たすためには，何らかの理論的根拠やエビデンスに基づく必要がある。このような根拠やエビデンスに基づく活動や政策は，近年の学校教育においても求められており，実際に，2040年以降の社会を見据え，「持続可能な社会の創り手の育成」および「日本社会に根差したウェルビーイングの向上」がコンセプトとして掲げられている教育振興基本計画（文部科学省，2023）では，児童生徒の変化に関わるエビデンスの収集や，エビデンスに基づく教育政策の必要性などが指摘されている。

ところが，スクールカウンセラー（以下 SC）による活動はもちろん，特別支援教育を含む教育分野の心理支援においては，こうした問題に対してはこうすることがよいとされる「根拠」はどこにあるのかが曖昧な実践が多い。これは，この分野に携わる専門家であれば経験的に皆が知っていることであるように思われる。そして，理論的根拠とされるものの中には，「科学を超えたところに本当の心の理解がある」「私自身の経験がエビデンスである」などもあり，学校現場の実践家にとっては，非常に分かりにくい事態になっていることも事実であるように思われる。

　このような問題が生じる背景の一つとして，児童生徒に対する支援という観点は共通しているものの，具体的な支援目標がない（支援目標を立てない），あるいは一致しないことに起因する場合が多いように感じられる。そこで，「チーム学校」のメンバー同士でも，学校現場における実践の際に，具体的な目標になればなるほど，そして，具体的な手続きに関する議論になればなるほど，コンフリクトが生じることが多くなるため，誰にとっても耳心地のよい「児童生徒の自尊心を高める」などの抽象性が高い「目標」になってしまう。最近でも，実際に相談職員を含めた「チーム学校」で支援目標を検討し，支援のアウトカム（従属変数）は何かという話題が出た際に，肝心の心理職から「どうして支援の現場に『統計用語』が出てくるのか」と問われることもあり，まだまだ「科学者－実践家モデル」と「チーム学校」に基づく実践にはほど遠いと感じる経験をすることも少なくない。

　また，2022年12月に「生徒指導提要」（文部科学省，2022）が12年ぶりに改定された。その変化は多岐にわたるが（2軸3類型4層による枠組み化など），大きな変化の一つとして，生徒指導を効果的に実践するための生徒指導マネジメントとして，PDCAサイクル（計画（Plan），支援実施（Do），評価（Check），次の支援実施（Action））による取り組みが強調されている。そして，その留意点として，「生徒指導に関する明確なビジョンの提示」「モニタリングと確実な情報共有」「保護者の学校理解と教職員理解」があげられている。エビデンスに対する考え方やとらえ方の詳細は後の章に譲るが，エビデンスのミニマムエッセンスでもあるPDCAが改めて強調されているということは，これまでにはその取り組みが必ずしも十分ではなかったという意味合いも含まれており，実行のための「確実な情報共有」自体が明示されていることからも，今後の学校現場におけるPDCAサイクルの充実が強く期待されていると考えられる。

　さらに，具体的な支援に関する観点から考えると，やはり心理職は学校現場のニーズに沿って活動することが望ましい。しかしながら，学校現場のニーズと支援方法の異同を調べた研究においては，「専門的な知識や見立てが児童生徒の役に立った」というニーズに適った報告が多く見受けられた一方，心理職も襟を正して耳を傾けるべき多くの意見が収集されている（嶋田，

2004)。たとえば，「教師はさまざまな問題を起こしている児童生徒の"心の解説"が聞きたいわけではない」「児童生徒の診断名がついたところで，教育の現場では結局どうすればよいのか分からない」「児童生徒の問題を家庭の環境（家族機能）のせいにしたところで，結局は家庭の問題には学校から手が出せない」「わかりきった"正論"にはすでに取り組んでいるのに，SCに正論を繰り返し伝えられても仕方がない」「昔話や外国の話をされても，それを今，この学校でどのように指導に活用すればよいのかがまったくもって不明である」「子どもたちに向き合えと言われても，すでにSCよりもはるかに長い時間向き合っている」「具体的な質問をしても，いつも曖昧な回答しかかえってこない」「現状をやたらに批判し，学校を"変えたがって"いる」などである（嶋田，2004）。

　これらに共通しているのは，「児童生徒やその保護者へのかかわり方に関して具体性に欠ける」「家庭環境を含めた包括的なケースマネジメントの視点が不足している」という点である（嶋田，2021）。上述の知見は，今から約20年前，SC事業がスタートして約10年が経過した時点での報告であるが，2023年現在でもそれほど劇的に改善しているようには感じられない。もちろん，当時のSCが，コンサルテーションとスーパービジョンを混同して活動していたことが多かった可能性も否定できないが，SCのニーズの高かった学校から全校配置の方向性が打ち出されたことや，2017年の学校教育法施行規則の改正に伴い，SCの職務内容とともに学校現場における職位が明確に定められたことを契機として，そのあり方も改めて問われる時期にきていると考えられる。

② 認知行動療法（CBT）と学校心理学の接点および協働の可能性

　以上のように，教育現場の心理支援に関しては発展的な変化が求められる現状にあり，特にエビデンスに基づく実践の充実は喫緊の課題となっている。そこで，以下，エビデンスに基づく実践を重視し，学校等での教育や支援方法とも親和性が高い「認知行動療法」と，学校現場での心理支援に関わる心理学の一分野であり，公認心理師の実践や研究においても重要となる「学校心理学」を取り上げ，それらの接点や協働の手立てを検討しながら，教育現場における心理支援のさらなる充実や発展の可能性を検討する。

　日本認知・行動療法学会（http://jabt.umin.ne.jp/cbt/）では，現在の認知行動療法について，「行動科学と認知科学を臨床の諸問題へ応用したもの」と定義しており，複数の理論とそこから生まれた多数の技法を包含した広範な治療的支援法として発展している。そして，同学会が示す認知行動療法の特徴として，①問題を具体的な行動（思考，情緒，運動すべてを含む精神活動）

としてとらえ，どのような状況でどのような精神活動が生じるのかという行動分析をする，②問題解決のための治療目標を具体的に明確にし，その変容をめざす，③「行動」の変容のためには，どのような体験が必要であるかという考え方をする，④観察可能あるいは定義可能なパラメータ（たとえば，点数化した不安の程度，ある行動の頻度や持続時間，脈拍などの生理学的な測定）を用いて，試行する治療の効果を検証することができる，⑤問題や疾患に応じた治療プログラムが多くつくられており，それらの多くで治療効果が実証されている，などがあげられている。そして，認知行動療法は，いわゆる「学習」に基づいて，生育歴を主要な学習歴としてとらえ，経験してきた環境に適応するために，現在の主要な行動パターンが身についてきたという枠組みで人間を理解するという点が最大の特徴である。特に，教育分野の児童生徒を対象として支援を考える場合には，未学習，あるいは誤学習の枠組みからアセスメントを行うことが有用であると考えられる。

　一方，学校心理学とは，「一人ひとりの子どもが学校生活を通して出会う問題への対応と解決を援助する心理教育的援助サービスの理論と実践」を支える体系であり，学校教育のシステムをヒューマン・サービスの視点からとらえ，教師，SC，保護者らがチームとなり，学校や地域の援助資源を活用して，子どもの成長を支えることが目指されている（日本学校心理学会：https://schoolpsychology.jp/index.html）。そして，学校心理学に関わる専門性を有する学校心理士の基本的な枠組みとして，次の6点が指摘されている（石隈，2017）。すなわち，①「（子ども観）子どもを一人の人格をもつ人間として尊重すると同時に，個人差のある児童生徒として尊重する」，②「（援助の対象）心理教育的援助サービスは，すべての子どもへの一次的援助サービス，苦戦している一部の子どもへの二次的援助サービス，特別な教育ニーズのある特定の子どもへの三次的援助サービスを含む」，③「（子どもの問題）子どもの問題は，子どもと子どもを取り巻く環境の相互作用で起こる」，④「（援助の焦点）心理教育的援助サービスは，学習面，心理・社会面，進路面，健康面など学校生活における問題状況の解決，および危機状況の予防と対処をめざす」，⑤「（援助の方針1）子どもの自助資源（できること，強いところ）を活かし伸ばすことをめざす」，⑥「（援助の方針2）援助資源の発見と活用を促進し，援助チームや援助サービスのシステムを整備する」である。

　この学校心理学は，心理支援に関わる臨床心理学とは違いがあり，たとえば次の3点が指摘されている。①臨床心理学は個人に焦点を当てるが，学校心理学は「環境の中にいる個人」に焦点を当てる。したがって，心理教育的援助サービスは，環境面への介入という視点を重視する。②臨床心理学は内的世界に焦点をあてるが，学校心理学は学校生活という現実世界に焦点をあてる。たとえば学校心理学では障害を持ちながらどう学校生活を充実させるかに焦点を当てる。そして，障害に関わる心理的な葛藤の解決は，学校生活

の充実に伴う問題としてあつかわれる。③臨床心理学は個人の認知・情緒・行動面での偏りに起因する問題に注目するが，学校心理学は，すべての子どもを対象とする。臨床心理学にとっては異常心理学の占める位置が大変大きい，とされている（石隈，2004）。

　現在の臨床心理学を一括りにすることは非常に無理があるため，どの主要学派を念頭に置くのかによって異論が出てきそうであるが，少なくとも学校心理学は，認知行動療法とは接点が大きいことが分かる。特に，①の観点は，認知行動療法が人間の行動を「環境」と「個人」の相互作用で理解するという特徴と（理論的には指している概念が異なるとはいえ）考え方が重なる部分が多いように思われる。②の観点も，内的世界だけに注目するわけではなく，現実世界における具体的な適応を目指す認知行動療法と親和性が高いと考えられる。③の観点も，認知行動療法は「学習」を前提としており，治療的支援と予防的支援のメカニズムは共有されるため，「すべての子ども」を対象にできることとも齟齬はないと考えられる。その他にも，学校心理学では，児童生徒一人ひとりの自助資源や援助資源といったリソースを見出しつつ支援や援助に活かすこと，多様な関係者とのチーム援助を進めていくことが重視されるが，それぞれ，認知行動療法における行動レパートリーやソーシャルサポートの活用・拡大，「チーム学校」を踏まえた認知行動療法アプローチの有用性（e.g., 石川・小野，2020）などと関連する実践であると考えられる。

　以上のように，厳密には相応の相違がある一方で，認知行動療法と学校心理学が重視している点，目指す方向性には重なる部分が決して少なくない。むしろ，認知行動療法と学校心理学の特徴や強みを活かし，相互に協働することで，教育現場の心理支援のさらなる充実や発展に貢献できる可能性があるのではないかと考えられる。

　実際に，学校心理学は，「子どもへの関わり方，教師や保護者など援助者の相互の支えあい，また学校・地域の援助サービスのシステムについて，基本的な考え方と具体的な方法・ツール（道具）を提供」する分野としてとらえられている（日本学校心理学会：https://schoolpsychology.jp/index.html）。これは，逆にいえば，学校心理学の枠組みや体系の中で，その実践や研究などに役立つ，より良い具体的な方法・ツールが強く求められているということでもある。たとえば，学校心理学では，心理教育的援助サービスを展開する基盤となる心理教育的アセスメントに関して，子ども個人のアセスメント（例：観察法，面接法，検査法などを用いて，学習面，心理・社会面，進路面，健康面から包括的に子どもをとらえる）と，環境に着目した生態学的アセスメント（例：学校環境，子どもと学級集団の関係性，家庭環境，学校と家庭の関係性など）を重視し，チームでアセスメントを行いながら，子どもと環境との折り合いを改善していくことが目指される（飯田，2018）。特に，

学校の児童生徒の抱えるさまざまな困難は，行動の問題としてとらえられる場合が少なくないため，心理教育的アセスメントの実践の中で，認知行動療法のケースフォーミュレーションの視点や方法を適切に活用することができれば，より具体的な支援を実行できる可能性が広がると考えられる。そして，認知行動療法は，児童青年期のさまざまな諸問題に対する効果のエビデンスを有していることが国内外の実証研究により示されており，これらの介入技法を学び，学校心理学に基づく実践の枠組みの中で積極的かつ柔軟に活用していきたいと考える実践者も少なくないはずである。

　近年では，エビデンスに基づく実践に関して，社会における普及（Dissemination）と実装（Implementation）を進めていくことが強く求められている（原田・松見，2023）。認知行動療法の実践に関しても，教育現場に必ずしも十分に浸透しているとは言いがたい現状にあることが指摘されており，さまざまな専門家や関係者に対する認知行動療法の普及や教育・研修機会の充実が課題の一つとなっている（石川・小野，2020）。一方，エビデンスに基づく取り組みがより強く期待されている教育現場の現状に鑑みると，学校心理学にとっても，その実践の有効性に関わるエビデンスをさまざまなかたちで示していくことが，今後ますます求められると考えられる。これらの現状を踏まえると，例えば，認知行動療法と学校心理学に関わる実践者，研究者，関係者等が，それぞれの専門知識やスキルを共有し，学び合い，双方の専門領域における進捗や課題，最新の実践や研究等のトピックについての情報交換やディスカッションを重ねることによって，認知行動療法の教育現場への普及と実装を進めていくことができると共に，学校心理学にとってもその実践や研究のさらなる充実に寄与すると考えられる。さらに，認知行動療法と学校心理学の実践者，研究者等の協力関係に基づく共同研究プロジェクトなどを積極的に推進するなどして，相互理解を深め，双方の専門分野全体の専門性向上や社会貢献の幅を広げることも一つの重要な手立てとなりうるだろう。それぞれ異なる学会やコミュニティが形成され，理論的基盤や取り扱う概念などが異なってきたからこそ，距離や隔たりが生じてきてしまった経緯もあるが，上述のように，認知行動療法と学校心理学には，接点となりうる部分も数多くあり，双方の特徴や強みを活かした新たな交流や発展の可能性を探ることが，今後は重要となるのではないかと考えられる。

３　まとめと展望

　公認心理師時代の心理職にとって，認知行動療法など，科学者−実践家モデルを基盤に据えたエビデンスに基づく実践は非常に重要なものとなっている。そして，学校心理士の養成においても，科学者−実践家モデルが目指されており（石隈ほか，2010），認知行動療法と学校心理学が志向している心

理職像は共通しているはずである。もちろん，学校現場を強調する立場から「支援の現場には，内的世界やエビデンスではなく，現実がある」といった声が聞かれることもあり，より丁寧に対話や意見交換を重ねなければならない場面もあるかもしれない。しかし，教育現場における心理支援の枠組みとしての学校心理学と，エビデンスに基づく具体的な実践方法としての認知行動療法が，さまざまなかたちで接点を持ち，交流や連携，協働の可能性を探ることができれば，教育現場や児童生徒の成長・発達に大きく貢献できる手立ても広がるのではないかと考えられる。なお，日本認知・行動療法学会は，認知行動療法師®に加え，認知行動療法スーパーバイザー®の資格認定を行っており，この分野においても，学校での個別支援における認知行動療法，学級集団に対する認知行動療法などのトレーニング・ガイドラインが示されている。

　教育現場の児童生徒が抱える諸問題は一層複雑化・多様化し，変化し続けており，予断を許さない状況が続いている。認知行動療法においても学校心理学においても，従来の枠組みや伝統を大切にしつつ，必ずしもそれらに縛られない自由で柔軟な発想で，双方の良さや強みを活かした教育現場の心理支援の可能性を探る姿勢が強く求められているのではないかと考えられる。

文献 ▪▪▪▪▪▪▪▪▪▪▪▪▪▪▪▪▪▪▪▪▪▪

原田隆之・松見淳子（2023）社会に開かれたエビデンス・ベイスト・プラクティス．In：松見淳子・原田隆之＝編：現代の臨床心理学1 臨床心理学──専門職の基盤．東京大学出版会，pp.71-91.

飯田順子（2018）子ども個人と環境に注目した生態学的アセスメント．In：水野治久・家近早苗・石隈利紀＝編集：チーム学校での効果的な援助──学校心理学の最前線．ナカニシヤ出版，pp.135-144.

石川信一・小野昌彦（2020）教育分野への認知行動療法の適用と課題．認知行動療法研究 46（2）；99-110.

石隈利紀（2004）学校心理学とその動向──心理教育的援助サービスの実践と理論の体系をめざして．心理学評論 47（3）；332-347.

石隈利紀（2017）「チーム学校」における心理教育的援助サービス──公認心理師の誕生と学校心理士のこれから．日本学校心理士会年報 9；5-20.

石隈利紀・小野瀬雅人・大野精一ほか（2010）学校心理士をどう養成するか──大学院における関連科目新基準「誕生」の過程と意義．日本学校心理士会年報 2；5-18.

文部科学省（2022）生徒指導提要（改訂版）（https://www.mext.go.jp/content/20230220-mxt_jidou01-000024699-201-1.pdf［2023年8月8日閲覧］）．

文部科学省（2023）教育振興基本計画（https://www.mext.go.jp/content/20230615-mxt_soseisk02-100000597_01.pdf［2023年8月8日閲覧］）．

嶋田洋徳（2004）認知行動的アプローチを用いたスクールカウンセリング──中学校におけるSC実践活動の教員評価．日本行動療法学会第30回大会発表論文集 30；278-279.

嶋田洋徳（2021）実践入門！ 学校で活かす認知行動療法．ほんの森出版．

第 II 部

エビデンス
実践のための
必須技能
コンピテンス

第1章 公認心理師の必須技能を身につける

大石幸二

1 公認心理師の職責と知識・技能の向上

　心理職の国家資格化により，いわゆる5分野の中でも保健・医療分野においては，公認心理師が真にチーム医療の一翼を担う**職責**を果たすことができる環境が整った（松野，2017）。松野（2017）は，保健・医療分野においては，他の医療職と同等にその専門性を的確に評価され，その固有の役割を果たすことができるよう，これまで以上に切磋琢磨することが求められるとしている。また，古井（2019）は，私見としながらも，公認心理師が**生物心理社会モデル**の中で，とりわけ生物と社会の側面のつなぎ役を務めることが期待されると述べている。坂野・端詰（2019）も，多職種と効果的な連携を行うためにも，**生物学的な基盤**に関する学びが重要であることを指摘している。この種の学びは，保健・医療分野に限らず，教育や福祉を含む5分野すべてにおいて同様に求められることであり，公認心理師に対する社会的な信頼を高めるための努力として必須のものである。公認心理師制度の成立過程においても，厚生労働省社会・援護局における国家資格化に向けた議論の中で，公認心理師が職責に対する自覚を持ち，**問題解決能力**を高めるために生涯学習を続けることについて検討されている。

　さて，公認心理師の業務と役割は，**公認心理師法（第2条）**で定められている。①観察と分析，②相談・助言・指導，③関係者の援助，④心理教育や啓発・予防活動を行うため，公認心理師には面接室内でのカウンセリングに留まらず，具体的な生活場面に赴いて支援を行うアウトリーチ活動に至るまで幅広い活動が求められる。また，特定の個人を対象とするだけでなく，グループや組織・コミュニティを対象として心理支援の実務を行うことがある（大石，2022）。これらの活動を円滑に行うために，公認心理師には上記の①〜④に関わる知識および技能の向上に努める責務が課されている（公認心理師法第43条）。この職責を果たすためには，経験則に依拠するのではなく，

科学的で批判的な態度をもって自らの心理支援実践を反省し，その更新作業を絶え間なく続ける必要がある。そのことを通じて，国民に良質かつ等質のサービスを提供することができる（坂野・端詰，2019）。この点については，Wampoldほか（2019）も言及しており，心理療法家に求められる専門性が単に専門知識・技術を発揮することに留まらず，継続的な教育，訓練，および経験を通じて醸成されるとしている。

　古井（2019）は，医師養成課程（6年間で約200単位を要する）に比べて，公認心理師養成課程（6年間で約160単位を要する）が絶対的に少ない状態にあることを懸念している。また，国家資格取得後の臨床医研修に匹敵する卒後教育研修の体系化も今のところ未整備であり，このような専門研修制度を早急に整備する必要があることも指摘している。また，科学的で批判的な態度の育成と検証について，日本心身医学会認定医療心理士制度（http://www.shinshin-igaku.com/recognize/pdf/regulation/author_rule.pdf）は大いに参考になり，注目に値する。この医療心理士制度は，一般の人々が良質の医療心理学および心身医学の恩恵を受けることができるよう，医療における臨床心理活動を行う者を，試験により認定するための制度である。その特徴は，臨床心理活動の実務経験を前提としつつ，2〜3年以上の臨床研修を受けていること（臨床実務・臨床研修経験）に加えて，学会発表および学術論文を公表していること（専門的な学術研究能力）を必須の条件としている点にある。このような条件は，公認心理師の科学的で批判的な態度を育成し，検証するため，そして生涯にわたる反省的実践の継続のために，当然必要なことである。坂野・端詰（2019）も，公認心理師制度の要点が，心理学的な関わりについて質を担保（＝教育の質を等質に）し，サービスに責任を持つことにあると指摘している。このように，保健・医療分野における検討および実践は，質保証に留意しながら，一歩先行して取り組まれている（吉村ほか，2022）。

　この反省的実践の更新に関して松見（2016）は，研究から得られた科学の知をどのように実践の現場に活かせるか，また実践から得られた臨床の知をどのように新たな研究に活かせるか，といった研究と実践の往還を習慣化することを重要視する。ゆえに，査定・治療・教育・コンサルテーション，その他の専門的活動に携わる多職種連携の際には，適切な文献を読み，研修や学会に参加し，現在の科学的情報と専門職としての基準に照らした妥当な水準を維持し，継続的に努力して自らが用いるスキルの能力の維持を図るという倫理的な行動をとらなければならない（Bailey & Burch, 2011）。こうすることで，国民に対して，臨床心理学に関する専門活動としての説明責任を果たすことができる。

②公認心理師の倫理的な態度

　島井ほか（2020）は，国家資格である公認心理師には，医師・看護師に代表される保健医療職と同等の高い水準の職業倫理が求められるとしている。ところが，わが国には，1989年に発足した日本臨床心理士会が2004年に定めた倫理規定，倫理綱領があるものの，アメリカ心理学会の職業倫理と比較して，十分に網羅的かつコンセンサスを得た内容にはなっていないという課題がある（島井ほか，2020）。

　清水（2020）は，世界的な認知行動療法師の人材養成の動向を踏まえ，そのトレーニングガイドラインを紹介しており，その基本項目の中には**臨床実践における倫理**が明確に位置づけられている。そして，このような倫理を重視する姿勢は，患者や相談者，心理に関する支援を要する人の**幸福感を最大化**しようとする志向と強く結びついている。また，長谷川（2022）も，臨床神経心理士に関する国際動向を概観した上で，公認心理師資格を取得した後に，公認心理師法第43条に規定されている資質向上の責務を十分に果たすための各々の専門分野における深遠な知識と技能が要求されることを指摘している。そして，そのような専門的知識と技能，および対人援助職としての能力（特に多職種連携が重視される）と倫理観を備えた専門家として自立することを通じて，**公認心理師の社会的地位向上**にも寄与できるとする。

　Bailey & Burch（2011）は，安全で質の高い臨床ないし福祉サービスを提供するために**研究活動**が必須であることを強調し，その研究活動が他の研究者やヒューマンサービスの消費者から容認されるものであり，他者を傷つけるおそれがなく，参加者やクライエントを危害から守る最善の方法が担保されていることを求めている。このようにして，参加者やクライエントを中心とする関係者に**最大の利益が還元**されるよう，データに基づいて絶えず検証作業を続けることを求めている。特に，保健・医療分野では，現状，**医行為としての精神療法**を公認心理師が単独で行うことは許されておらず，診療報酬の対象とされていない。その是正のためには，学部・大学院の養成課程において，**人命に対する重要な責任を負うための教育**が必要となる（古井，2019）。そして，同時に，基礎と応用，研究と実践の連携と一体化をめざす**科学者－実践家モデルに基づく教育**も欠くことができない（松見，2016）。

　基礎と応用，研究と実践の連携と一体化の基盤となるエビデンスは，臨床実践と研究の連携の下で蓄積される。臨床心理専門家は，心理科学者として研究を行い，さらに実践家として臨床現場で効果的な専門活動を行う。そして，そのための能力と技能を陶冶するために大学院での教育・訓練を受ける。ゆえに，大学院では特に科学者－実践家モデルに基づく教育が重要であり，その営為が生涯求められる。ところが，新井（2022）は，日本臨床心理士会が実施した動向調査を引用し，日本の心理職は，一般的に研究活動より臨床

実践への関心が高く，双方を大切に活動する者は3割程度に留まっていると指摘する。同様に公認心理師を対象とする全数調査でも，研究活動を行っている者はわずか16％に留まっている。教育研修や研究指導を担う立場にある教員の中にも，査読を経て掲載される学会誌に実証研究の成果を発表し，日本学術振興会・科学研究費補助金などの競争的資金を獲得して研究と実践の往還に努める営為を行っていない場合があり，経験則に基づいて臨床行為を行っているおそれもある。

清水（2020），長谷川（2022），Bailey & Burch（2011）は，共通して倫理観に基づく意識と倫理的行動を求め，ガイドラインに基づく明確な評価基準を示している。そして，それらは臨床家に内在化する問題として規定されるものではなく，データや**アウトカム（結果）**によって証明されるべきものであることが指摘されている。わが国は，まだまだこれらの基準を設定して，それを満たすような体制を整える現状には至っていない。

③ 公認心理師の会のコンピテンスリスト

鈴木（2016）は，公認心理師という国家資格の誕生は，心理職の真の力量が問われる時代の到来を意味するとしている。そして今後は，心理職の業務の質や社会的責任，費用対効果などのすべての面において一般社会の厳しい目に晒されることになると指摘する。心理職は，**生物心理社会モデル**に基づき多角的に人間の営みに対する専門的な見立てを行えるように，有効な訓練を受けて多職種連携の場に参入していく。稲垣ほか（2021）は，そのために求められるコンピテンス（あるいはコンピテンシー）を，知識・技能・態度を含む課題対応力と定義している。そして，コンピテンシーの修得が臨床家を育成する訓練モデルとして相応しいとする。吉村ほか（2022）も同様に，高度専門職業人の養成において専門的知識・技能を担保するコンピテンシーの教育とその評価を重要視している。稲垣ほか（2021）は，米国のモデルを引いて，基盤となるコンピテンシーと，機能化のためのコンピテンシーに分類し，それらの全体的な発達が心理職の職能発達において重要であることを指摘する。コンピテンシーが具体的に示されることで，何を，どういう順序で身につければ良いかということを見通すことができ，学習者は安心して意欲を保ちながら学ぶことができる。

（一社）**公認心理師の会**は，**科学者－実践家モデル**に基づき，国民のメンタルヘルス向上に寄与するための職能団体である。そして，公認心理師が高度専門職業人として活躍するための深い専門知識と技能，職能発達を支える研修・調査研究・広報・政策提言等を広く展開している。その取り組みのひとつに**コンピテンス**リストの作成があり，ウェブサイト（https://cpp-network.com/）に公開されている。

このコンピテンスリストによると，公認心理師の職責と倫理を理解して実践できること，科学者－実践家モデルおよび**エビデンスに基づいた実践**ができること，**心理的アセスメントとケースフォーミュレーション**を適切に実施できること，**心理的介入**を適切に実施できること，**ケースマネジメント**および**関係機関との連携**が適切に実施できること，関係者への支援を適切に実施できること，**心の健康教育**を適切に実施できることが，5分野に共通するコンピテンスとして重視されている。しかもこの公認心理師の共通コンピテンス（表1）には，アメリカにおいて作成されたコンピテンシーの立方体モデル（稲垣ほか，2021）の基盤コンピテンシー（反省的実践・科学的知識と方法・相談［治療］関係・倫理［法的］基準と政策・文化的ダイバーシティ・多職種協働）と，機能コンピテンシー（心理的アセスメント・介入・コンサルテーション・研究と評価・スーパービジョンと教育・管理と運営）の両方が漏れなく含まれている。

4 エビデンスベイスト・プラクティスの重要性

　臨床心理学は，実践活動，研究活動，専門活動から構成され，エビデンスベイスト・プラクティスを前提とする（松田，2021）。また，公認心理師は，（基礎）心理学の実証性と専門性に基づいて，**客観的データに基づくアセスメント**と，**有効性の認められた心理学的介入**を重視する。しかし，国際的にエビデンスに基づく心理学的実践が本格化したのは21世紀に入ってからのことで，その歴史は浅い（松見，2016）。**心理学におけるエビデンスベイスト・プラクティス**とは，支援対象者の特徴，文化，および価値志向の枠組みの中で得ることができる最高度の研究と臨床専門知識を統合することである。なお，最高度の研究のエビデンスとは，介入方策，アセスメント，臨床問題，研究場面と日常場面双方における介入対象者に関する科学的な結果，さらに心理学および関連領域で臨床的に関連のある基礎研究の科学的な結果を指す（松見，2016）。しかしながら，課題は山積している（Weisz & Kazdin, 2003）。たとえば，青少年における過食症の治療に関する研究は十分に進んでいるとは言えず，薬物乱用の若者に対する実証的根拠に基づく治療法の適用は不十分である。さらに，希死念慮のある青少年の自殺企図を劇的に減少させる介入法は見つかっておらず，注意欠如・多動症の親訓練（ペアレント・トレーニング）を含む心理社会的治療は青年期以前のプログラムに限られている。このような実情を踏まえ，Weisz & Kazdin（2003）は，今後の研究課題として，以下の5つを挙げている。①セラピストの行動および治療関係が治療効果にいかに関連するかを研究すること。②特に青少年と家族について，効果的な治療の範囲を明確にすること。③治療効果を高めるための必要条件と十分条件を明確に記述すること。④治療がなぜ効果的であるのかを説明するメ

表1 （一社）公認心理師の会が定める公認心理師の共通コンピテンス

カテゴリー	大項目	中項目
共通コンピテンス	公認心理師の職責と倫理を理解して実践できる	法の理解と遵守，公認心理師法の理解と法的義務（信用失墜行為の禁止，秘密保持義務，連携の義務等），情報の適切な扱い
		要支援者の主体性，権利，および尊厳の尊重，個別性の尊重，多様性の尊重（ジェンダー，性的指向，性自認・ジェンダー表現，年齢，民族，宗教，国籍，障害など）
		多職種連携（チーム活動），地域連携
		資質向上の責務，技能の向上，生涯学習，心理職としての成長
	科学者−実践家モデルおよびエビデンスにもとづいた実践ができる	科学的な態度（自らの実践への根拠に基づいた批判的態度），基礎的心理学の知見の理解と実践への適用
		生物心理社会モデルによる統合的理解と実践
		エビデンスの参照，利用，構築，普及
		研究活動
	心理的アセスメントとケースフォーミュレーションを適切に実施できる	事例に対するケースフォーミュレーション
		アセスメントツールの利点と限界を理解した適切な実施
		アセスメント結果の適切なフィードバック
	心理的介入を適切に実施できる	ケースフォーミュレーションに基づく介入方針の決定
		エビデンスや治療ガイドライン等を参照した介入方針の決定
		アセスメントに基づく介入の適切な実施，評価，再アセスメント
		コミュニケーション（共同意思決定を推進する能力，インフォームド・コンセント，説明責任），危機介入，自殺予防
	ケースマネジメント，および関係機関との連携が適切に実施できる	包括的（地域生活支援）視点でのアセスメント，多職種連携，地域・他機関との連携，リファー，公的扶助や地域福祉支援活用の提案，リスクマネジメント
	関係者への支援を適切に実施できる	家族等関係者への支援，家族等関係者や介入スタッフへの説明責任，他の専門職や関係者へのコンサルテーション，地域への支援・貢献
	心の健康教育を適切に実施できる	心の健康教育の企画，立案，実施，評価

カニズムを明らかにすること。⑤実験室のみならず，臨床現場での治療法の開発・検証を行い，より一層確かな治療法を確立すること。

　上記の研究課題を解決しながら，①実践活動，②研究活動，③専門活動という3側面の**エビデンスベイスト・プラクティス**のうち，実践者の臨床技能をいかに高めるかということが，サービスの質に直結する。また，実践者自身が介入の結果（データ）を真摯に受け止め，分析を行うことを通じて，初めて専門活動としてのサービスの質保証が達成される。

　そもそも，公認心理師の養成は，国家資格である公認心理師制度が発足して始まった経緯がある。そして，その養成カリキュラムや国家試験において認知行動療法やエビデンスベイスト・アプローチが重視されている（丹野，2020）。それは，**実証に基づく治療**の大半が，認知行動療法を代表例とする**行動科学的な技法**に基づいているからである。それゆえ，今後保険診療報酬化の検討が行われる過程では，**イギリス認知行動療法学会**におけるセラピスト認定基準と心理学治療アクセス改善政策におけるセラピスト認定基準などを参照すべき場面が生じてくるだろう。

⑤ 公認心理師の必須技能を高める試み

　公認心理師の高度専門職業人としての質を保証し，エビデンスに基づく実践を行うことができる人材としての自立を助けるために，いかに科学者−実践家モデルに基づく教育研修を行うことができるか，ということに関する調査研究がわが国でも開始された。その本格的な取り組みは今後の知見の蓄積を俟たなければならないが，ここでは新井（2022）と小関ほか（2022）の調査研究について概観する。

　新井（2022）は，臨床実践に携わる心理職が科学者（研究者）としての役割・機能を担うことができるようになるために求められる教育訓練や継続研修の在り方と，それらの諸活動を継続的に支える環境・体制づくりの必要性に着目して，実践的な教育研究を行った。新井（2022）は，所属する臨床心理士指定大学院・公認心理師養成大学院に在籍する10名の修士課程大学院生（1年生）を対象として，パイロット・ケーススタディを行った。15回の授業を通じて，①研究活動の経験と態度，②エビデンスに基づく実践（EBP）に対する経験と態度，③心の健康に対する知識と普及，④研究と臨床のつながりの学習について，どのような意識変容が生じるかを分析した。その結果，①については，研究発表経験を通じて，研究継続意思に働きかけることができ，②については，明確な変化を確認することができず，③については，講演会・研修会のみでは十分でないという認識が芽生えつつあり，④については，臨床と研究のつながり（往還）への意識が幾分高まるという結果が得られた。①については，高度専門職業人として社会的に自立した後の研究遂行

支援の必要性が指摘され，④については，所属先の文化や風土の影響を考慮する必要があることが示唆された。

　一方，小関ほか（2022）は，認知行動療法コンピテンスの実態把握（2時点調査）による変化を確認し，質保証を確認しようとしている。小関ほか（2022）が対象としたのは，臨床心理学コースに在籍する全国の大学院修士課程の2年生であった。第1回調査では87名の大学院生と29名の教員からの回答を得，第2回調査では67名の大学院生と27名の教員からの回答を得た。コンピテンスに関する評価を行った結果，「中核的信念を特定し，変容を促すことができる」というスキルについては，大学院生と教員の双方が成長を評価した。大学院生のみが成長を実感した項目は13項目であり，教員のみが成長を評価した項目は7項目であった。大学院生のみが成長を実感した項目は，基盤コンピテンシー（稲垣ほか，2021）を含んでいた。その一方で，教員のみが成長を評価した項目のほとんどは，機能コンピテンシー（稲垣ほか，2021）であった。したがって，教育訓練を受ける大学院生も機能コンピテンシーの修得を実感することができ，評価を行う教員も基盤コンピテンシーの修得を客観的に評価できるように取り組むことが，今後の課題として残されるであろう。

文献 ▪▪

新井雅（2022）心理専門職の養成における研究活動を基盤とした専門活動の展開を促す教育訓練プログラムの予備的検討．跡見学園女子大学・心理学部紀要 4；53-69.

Bailey, J. & Burch, M.（2011）Ethics for Behavior Analysts. 2nd Expanded Edition. New York：Routledge.（日本行動分析学会行動倫理研究会＝訳（2015）行動分析家の倫理──責任ある実践へのガイドライン．二瓶社）

古井景（2019）公認心理師の医療領域での役割．心身医学 59（2）；137-143.

長谷川千洋（2022）臨床神経心理士：学会認定資格取得のお勧め──公認心理師の立場から．高次脳機能研究 42（2）；182-186.

稲垣綾子・石田航・尹成秀ほか（2021）心理専門職養成におけるマイルストーンとコンピテンシー──大学院初期教育プログラムの作成過程における検討．帝京大学・心理学紀要 25；31-52.

小関俊祐・伊藤大輔・杉山智風ほか（2022）日本の大学院生における認知行動療法のコンピテンスに関する現状．認知行動療法研究 48（1）；61-72.

松田修（2021）実践者という変数の統制をどう考えるか──臨床心理学研究の妥当性向上のために．老年臨床心理学研究 2；4-6.

松見淳子（2016）エビデンスに基づく応用心理学的実践と科学者－実践家モデル──教育・研究・実践の連携．応用心理学研究 41（3）；249-255.

松野俊夫（2017）公認心理師と今後の課題．心身医学 57（9）；939-943.

大石幸二＝編集主幹（2022）標準公認心理師養成テキスト．文光堂．

坂野雄二・端詰勝敬（2019）公認心理師時代の医療心理士──医療心理士にできること，やるべきこと．心身医学 59（2）；173-177.

島井哲志・宇惠弘・谷向みつえほか（2020）公認心理師の学部生対象の倫理教育の実践とその効果．関西福祉科学大学紀要 24；61-65.

清水栄司（2020）認知行動療法師の教育研修と公認心理師等による外来認知行動指導（案）の単位制．認知行動療法研究 46（2）；59-66.

鈴木伸一（2016）公認心理師に期待されるスタンダード・コンピテンス．心身医学 56（7）；691.

丹野義彦（2020）公認心理師における認知行動療法と教育研修．認知行動療法研究 46（2）；49-57.

Wampold, B. E., Lichtenberg, J. M., Goodyear, R. K. et al.（2019）Clinical expertise : A clinical issue in the age of evidence-based practice. In : S. Dimidjian（Ed.）Evidence-Based Practice in Action : Bridging clinical science and intervention. New York & London : The Guilford Press, pp.152-166.

Weisz, J. R., & Kazdin, A. E.（2003）Concluding thoughts : Present and future of evidence-based psychotherapies for children and adolescents. In : A. E. Kazdin & J. R. Weisz（Eds.）Evidence-Based Psychotherapies for Children and Adolescents. New York & London : The Guilford Press, pp.439-451.

吉村晋平・多田淑央・益田啓裕（2022）心理職に必要な学びとその教育．北陸心理学会・心理学の諸領域 11（1）; 63-67.

第2章 エビデンスを概観する

山本淳一　東 美穂

1 エビデンスを実践で活用する方法

　エビデンスに基づいた支援を実践するということは，以下の2つを行うことである（仁藤ほか，2021）。①効果が実証されている国内外の支援方法を参考にして支援計画を立案する。②支援計画を支援文脈に適合させ，本人の特性，本人の生活史および本人の現在の生活環境に合わせた支援を実施し，必要な効果評価を行う。「アセスメントしました」あるいは「取り組みました」というストーリーを述べるだけでは不十分で，「取り組んだ結果どうなったか」という記録（データ）が必須である。この記録をもとに，PDCA（計画：Plan→支援実施：Do→評価：Check→次の支援実施：Action）をまわす。この一連の流れが，エビデンスに基づいた実践（evidence-based practice）である。

　本章では，2017年から2023年までに国内で刊行された，幼児，児童，青年，および保護者，支援者（教員，スタッフ）を対象にした，「エビデンスに基づいた発達支援，発達障害支援，教育支援，特別支援教育，精神健康」に関する学術論文を対象に，効果が示された支援方法を整理した（表1，表2，表3，表4）。読者のみなさんが，実践現場でエビデンスに基づいた効果的な支援を実施するための資料を提供することが目的である。このリストにあげた論文は，誰でも無料で入手できるので，読者のみなさんが実践を進める中で，支援計画をつくり，変化を評価するのに十分に活用していただきたいと思う。例えば，このリストからみなさんの実践と関係する支援内容，対象となる人を探し，文献リストに記載したウェブサイトにアクセスし，その著者の論文をダウンロードする。ダウンロードした論文には，支援方法と評価方法が具体的に論述されているので，30分から1時間くらいで，支援方法と評価方法の概略をつかみ，実践で活用できそうな部分をカスタマイズしておく。スマートフォンで読むようにすれば，日々，エビデンスに基づいた実践に接することができる。

② 日本の発達支援, 発達障害支援, 教育支援, 特別支援教育, 精神健康のエビデンス

　まず本章の筆者2名が討議して, 計171編を選び出し, リストを作成し, 分析の対象とした。なお, 少なくとも1つの定量評価を行っている論文を対象とした。定量的に示した評価指標は, 支援成果を対象者, 家族, 関係者, さらには広く社会と共有するために必須だと考えるからである。

　日本学術会議に登録されている学術団体の機関誌のうち, その学術論文がJ-STAGE[注]上で公開されており, 誰でもいつでもインターネットを通じて無料で取得可能な論文を対象にした。上記の点を満たした学術誌は, 『LD研究』『特殊教育学研究』『行動分析学研究』『行動療法研究』『認知行動療法研究』『教育心理学研究』『発達心理学研究』『学校メンタルヘルス』『学校心理学研究』『ストレスマネジメント研究』である。

　リストにあげた論文は, 他機関の研究者の匿名審査を通して掲載されており, 編集委員会のもとで審査されているので, 責任の所在が明確である。各論文の中で引用されている論文, 書籍などにアクセスすることで, 学びを発展させることができる。

　2017年から2023年までに国内で刊行された論文を対象とした理由は, 最新の論文の「問題と目的」には, 国内外の最先端の研究, 実践, 支援方法などの成果がつまっているからである。ていねいに論述された「問題と目的」には, これまで明らかになってきた支援方法のエビデンスが凝縮されている。

　単一事例研究計画法を用いている研究（ABデザイン, ABABデザイン, 多層ベースラインデザインなど）のほか, 介入からスタートして効果を継続評価している反復測定研究, ベースライン計測を行わず, 支援の事前と事後のみで定量評価を行っている研究（pre-postデザイン）も含めた。アセスメントのみ, 事前評価のみ, 事後評価のみの論文は対象にしていない。

　学年ごとの延べ論文数は, 以下のようになった。まんべんなく幼児, 児童, 青年をカバーしており, 幼児23, 小学校低学年28, 小学校中学年32, 小学校高学年31, 中学校36, 高等学校16, 大学・大学院11, 長期縦断評価1であった。

　子どもや青年を支援する立場にある支援者（大人）を対象とした論文数は次の通り, 保護者11, 教員19, 保育士2, 職員1であった。

　対象となった疾患・特性は, 以下のように, 広い範囲をカバーしている。名称は, 各論文で用いられたものである。

　自閉スペクトラム症, 注意欠如・多動症, 限局性学習症, 知的発達症, 読

[注]「科学技術情報発信・流通総合システム」（J-STAGE）は, 国立研究開発法人科学技術振興機構（JST）が運営する電子ジャーナルプラットフォームである（J-STAGEウェブサイトより引用：https://www.jstage.jst.go.jp/static/pages/JstageOverview/-char/ja）。

み書き困難，算数学習困難，英語学習困難，言語発達遅滞，構音障害，肢体不自由，視覚障害，聴覚障害，重度・重複障害，重度心身障害，小児うつ，適応障害，不安症，選択性（場面）緘黙，ダウン症，てんかん，脳性まひ，高次脳機能障害，不安傾向であった。

③ 支援対象ごとのエビデンスの活用法

　表1から表4に，支援対象となったスキル（大項目・小項目），論文（第1著者，発行年，対象となった人の学年／年齢，その人数，疾患名），各論文が扱った支援方法を示した。以下，資料のまとめを概説する。

1. 日常生活スキル

　日常生活スキルで実証研究が行われているのは，着衣，排泄，食事，買物，掃除，外出などである。標準的な方法としては，課題分析を行い，必要な行動要素を1つずつ形成していく。行動要素の学習を促進し，行動連鎖によって全体を繋げ，その正確性を確保した後に，それらの行動がスムーズになされるように流暢性指導を行う。学校，家庭で直接的な支援ができない場合には，シミュレーション場面を設定して，学習を促進する。

2. ソーシャルスキル

　ソーシャルスキルに関しては，各実践現場で工夫がなされているソーシャルスキルトレーニングが有効な支援方法である。年齢，支援文脈（大学，学校，家庭など），障害のあり方などが異なっていても，必要な行動の習得，維持，般化をめざしているという点で共通している。シミュレーション場面で実施するのと同時に，実際の学校や家庭での活用が重要である。行動問題の予防と対応には，機能的アセスメントを実施し，問題行動と置き替わるソーシャルスキルの練習を行う。

3. コミュニケーション

　コミュニケーションに関しては，行動的な言語発達促進技法を活用する。見本合わせ，プロンプト・フェイディングや模倣を活用して，要求，命名，相互作用などの学習を進めていく。音声表出の練習が中心になるが，それが難しい子どもたちに関しては，補助・代替コミュニケーション（Augmentative & Alternative Communication：AAC）を活用する。言語理解向上のためには，聴覚的・視覚的手がかりを用いたプロンプト・フェイディング練習を取

り入れた手続きなどを行う。また，学習機会を増やすために，情報通信技術（Information and Communication Technology : ICT）やアプリの活用，オンラインでのコンサルテーションを用いる。

4. 問題行動

　行動問題解決の基本は機能的アセスメントであり，問題行動と同じ機能を持つ適切行動の成立を促す。特に学校場面では，スキル練習と同時に，環境整備を徹底させる。日常環境での介入が必要なので，家族，教員，スタッフに対して，行動コンサルテーションを実施する。視覚刺激を使った見通しのもと，適切行動への強化，子どもが現在持っているスキルを増やすポジティブ行動支援を行う。行動問題解決は個別性が高いので，PDCAをまわしながら，本人と環境との相互作用の安定を生み出す。適切行動を維持し，般化を促すために，セルフモニタリングをはじめ，多様なフィードバック技法を活用する。学校全体の行動問題の予防と解決のためには，スクールワイド・ポジティブ行動支援を実施する。

5. アカデミック・スキル

　アカデミック・スキル，特に読み書き，算数，そして今後大きな課題になる英語の学習に関して，基本的には学習をステップ・バイ・ステップで進めるための系統的カリキュラムを構成する。線型的ではなく，分岐型のフローチャートを活用し，うまくできなかった場合には，追加学習による支援を行う。また，自己評価など動機づけを高める方法も用いる。算数の文章題については，文章の内容を系統的に把握する練習を行う。英語は，フォニックスの学習が基盤になる。学校全体については，スクールワイド・ポジティブ行動支援の枠組みを作り，学習を継続的に進めるために，ICTアプリやオンライン学習の機会を設ける。

6. 学校生活行動

　学校生活行動を安定して維持するためには，個別的な支援としての心理教育以外に，学校を巻き込んだ行動コンサルテーションやスクールワイド・ポジティブ行動支援が有効である。また，不登校の予防と支援として，機能的アセスメントが必須となる。学校での対応として，研修や事例検討会を機能させていく。行動問題を予防し，適切行動を促すためには，授業参加行動を正の強化で維持する。クラス全体にわたる適切行動の見通し（ルール設定）とフィードバック（トークン強化，言語賞賛，集団随伴性，ビデオフィード

バック，自己記録）を活用する。学習行動を維持するためには，ICTアプリの活用，認知行動療法の諸技法の導入が効果的である。運動については，課題分析と行動要素指導，行動的コーチングを基本として，運動そのものの可視化，多感覚活用支援が有効である。

7. 不安・うつ・ストレス

不安，うつ，ストレスなどに関しては，多くの研究が，アンケートあるいは質問紙に対する回答によって効果を検証している。障害の有無にかかわらず，クラスや学年全体の児童・生徒・青年に対する短期間の支援効果を調べた研究は，実践現場での予防的支援として活用できる。行動問題の予防と早期支援の基本は，何よりもまず機能的アセスメントである。問題行動の機能が明らかになったならば，応用行動分析学（Applied Behavior Analysis : ABA），ポジティブ行動支援，認知行動療法の諸技法を活用して支援を進めていく。究極的には適切行動を増やすことが目的になる。回避に拮抗する行動への支援，肯定的感情や強みをのばす支援と同時に，困難に対して援助要請ができる心理教育や環境整備を行う。毎日の実践のためには，ホームワーク，ペアレント・トレーニングなどを活用する。

8. 保護者・教員・スタッフの支援スキル

保護者，教員，スタッフの支援スキルの向上のためには，全体の研修を基本にした上で，個別事例についての行動コンサルテーションを行う。保護者，教員，スタッフが適切な支援スキルを獲得するには，コンサルタントが，系統的に教示を与え，言語賞賛やビデオフィードバック，パフォーマンス・フィードバックを行うなど，コンサルティの強化が有効である。このことを通して，子どもたちに常に安定かつ一貫した支援を行う仕組みをつくる。

文献 ▮▮
仁藤二郎・奥田健次・川上英輔ほか（2021）精神科臨床における応用行動分析学の実践と研究．行動分析学研究 35（2）；187-205.

表1 ターゲット行動別論文リスト①

大項目	小項目	著者（発行年，対象学年／年齢，人数，大人，大人人数，子ども疾患名）	支援技法（独立変数）
日常生活スキル	着衣 排泄 食事 買物 掃除 外出	岩橋ほか（2019，4・5歳，2名，ASD），神山（2017，小1，3名，ASD・ID・Down症），楠見（2019，中1，1名，PDD・ID），西田ほか（2020，高1，1名，ASD・ID），髙津ほか（2021b，小3，1名，保護者，ASD・ID），横山ほか（2019，小3・4，2名，ID・Down症），吉岡（2019，9歳，2名，ID）	• 課題分析，行動要素指導，シミュレーション訓練 • プロンプト・フェイディング，モデリング • セルフモニタリング，ビデオフィードバック
	ソーシャルスキル	青木ほか（2019c，小4・6，2名，ASD），新井ほか（2022，小5・6，111名，TD），東ほか（2021，年長，1名，母親，1名，脳性まひ・DCD・ASD疑い），本間ほか（2022，15～19歳，9名，少年院，TD），岩本ほか（2021，小5，58名，TD），小林ほか（2017，中1・2・3，595名，TD），松田ほか（2019，5歳，1名，PDD-NOS），宮田ほか（2020，小1，1名，ASD・ID），永冨（2018，中学生，30名，ASD・ADHD・ID・てんかん・高次脳機能障害），西田ほか（2021，11～16歳，2名，ASD・ID），小笠原ほか（2020，6・11歳，2名，ASD・ID），岡島ほか（2021，小2・3・4・5・6，12名，保護者，ASD），岡本ほか（2019，中3，1名，ASD・ID），大沢ほか（2018，小中学生，402名，TD），髙橋ほか（2018b，5・6歳，390名，TD），若林ほか（2018，高校生，2名，ASD・軽度ID），山本ほか（2021，高2・大学生・成人，3名，ASD）	• ソーシャルスキルトレーニング，機能的アセスメント，シミュレーション訓練 • 集団随伴性，プロンプト・フェイディング，ワークシート • ビデオモデリング，拡張随伴模倣，注意バイアス修正訓練
	コミュニケーション	青木ほか（2020a，3～5歳，2名，ASD・ID），青木ほか（2020b，5歳，1名，ASD・ID），林ほか（2022，中1，1名，母親，1名，ASD），東ほか（2021，年長，1名，母親，1名，脳性まひ・DCD・ASD疑い），平野ほか（2017，6歳，1名，ASD），平野ほか（2018，4歳，1名，ID），細谷ほか（2021，小4，1名，ID），石塚ほか（2021b，3歳，2名，ASD），前田ほか（2018，専門学校生，84名，ASD傾向），森澤ほか（2018，9歳，1名，ASD），髙津ほか（2021a，9歳，1名，重度ID・Down症），富田ほか（2018，8歳～11歳，4名，ASD・PDD・ASP・ADHD），内田ほか（2021，小3，1名，ADHD・LD・自閉傾向），宇留野ほか（2022，5歳，小1，3名，ASD），臼井ほか（2019，3・4・6歳，3名，ASD・ID），吉井ほか（2020，小3，1名，ASD），吉岡ほか（2020，大学生，50名，TD）	• ICTアプリ，オンライン学習，シミュレーション訓練 • 視覚刺激活用支援，スクリプト提示，交流・共同学習，メタ認知トレーニング，プロンプト・フェイディング，視線誘導 • 刺激－刺激ペアリング，見本合わせ，モデリング，拡張随伴模倣

大項目	小項目	著者（発行年，対象学年／年齢，人数，大人，大人人数，子ども疾患名）	支援技法（独立変数）
問題行動		青木ほか（2019a, 大学生, 1名, TD），半田ほか（2021, 小4, 2名, ASD），服部ほか（2017, 小2, 1名, PDD），石川ほか（2018, 5歳, 1名, ASD），石塚ほか（2021a, 4歳, 1名, ASD），前田ほか（2017, 中1, 1名, 母親, 1名, ASD・ID），松山ほか（2020, 高校生, 734名, 教員, 54名, TD），松﨑ほか（2022, 年少・年中, 61名, 教員, 9名, TD），宮木（2017, 小3, 32名, TD），宮木（2018, 小2, 21名, TD），宮田ほか（2020, 小1, 1名, ASD・ID），永冨ほか（2017, 小2, 1名, ASD），永冨ほか（2018, 小3, 1名, TD），庭山（2020, 中2, 122名, 教員, 8名, TD），荻野（2020, 4歳, 20名, 保育士, 2名），岡本ほか（2019, 中3, 1名, ASD・ID），佐田久（2018, 高1, 1名, TD・皮膚むしり），佐囲東（2017, 小1, 1名, ADHD），髙津ほか（2019, 小4, 1名, ID・Down症），米沢谷ほか（2020, 小1, 34名, 教員, 3名, TD）	・機能的アセスメント，教室環境整備，適切行動の見通しと評価，行動コンサルテーション，スクールワイド・ポジティブ行動支援，研修 ・系統的教示，視覚支援，自己記録，集団随伴性，ソーシャルスキルトレーニング，言語賞賛 ・セルフモニタリング，ビデオフィードバック，パフォーマンス・フィードバック，トークンエコノミー，ノート作成方略

注）ADHD : Attention-Deficit / Hyperactivity Disorder

ASD : Autism Spectrum Disorder

ASP : Asperger's Syndrome

Down : Down Syndrome

DCD : Developmental Coordination Disorder

ID : Intellectual Disability

PDD : Pervasive Developmental Disorders

PDD-NOS : Pervasive Developmental Disorder Not Otherwise Specified

TD : Typical Development

表2　ターゲット行動別論文リスト②

大項目	小項目	著者（発行年，対象学年／年齢，人数，大人，大人人数，子ども疾患名）	支援技法（独立変数）
アカデミック・スキル	読み書き	樋熊ほか（2022，中2，1名，書字困難），堀部ほか（2019，小1，33名，TD），堀部（2021，小学生，22～28名，学習困難），今中（2019，小2，1名，読み書き困難），石塚ほか（2019，5歳，1名，ASD），岩本ほか（2018，小5，7名，ASD・ID・書字困難），河村（2019a，小5・6，5名，ASD・軽度～中度ID・重度感音性難聴），河村（2019b，9・10歳，5名，ASD・ID・聴覚障害・言語発達遅滞），小林ほか（2022，小5，101名，TD），松田ほか（2020，小1，284名，TD），松田ほか（2018，小1，227名，TD），村瀬ほか（2020，中1，1名，ASD），永冨ほか（2019，小1～2，3名，ASD・書字困難），西澤ほか（2019，小2・4・5年，13名，LD），野田ほか（2017，小4，2名，ID・読字困難），野田ほか（2021，小3・6，2名，ASD・ADHD・LD・軽度ID），野田ほか（2018，小4，23名，ADHD・学習困難），大西ほか（2019，小2・5，4名，LD），太田ほか（2022，小4，1名，ADHD・SLD），笹木ほか（2020，小6，1名，ADHD・読字困難），佐藤（2022，小4，1名，ASD・ADHD），新庄ほか（2019，小1，133名，TD），白石ほか（2021b，小2，13名，ASD・ADHD・DCD・書字困難），丹治ほか（2018，小2・中3，2名，教員，ASD・Down症・読字困難），丹治ほか（2017，小3・4，6名，ASD），吉岡ほか（2020，大学生，50名，TD）	・ICTアプリ，オンライン学習，スクールワイド・ポジティブ行動支援，系統的カリキュラム，系統的視覚的資料 ・日記，自己評価，自己調整方略，集団随伴性，動作練習 ・特殊音節読み指導，プロンプト・フェイディング，刺激－刺激ペアリング，感覚統合支援，遮光メガネ使用，感覚補助
	算数	堀部（2021，小学生，22～28名，学習困難），大西ほか（2017，小6，1名，LD・算数学習困難），佐囲東（2019a，小5，1名，算数困難・TD）	・スタッフトレーニング，取り出し指導 ・系統的カリキュラム ・文章題解決モデリング
	英語	入山ほか（2019，中1・2，20名，TD），上岡ほか（2020，中1・高2，2名，英語学習困難），三浦（2021，中1・2，26名，TD）	・フォニックス，見本合わせ
学校生活行動	登校行動	岡村ほか（2021，小6，母親・教員，2名，ASD・場面緘黙・不登校），小野（2017，中3，1名，TD・不登校），小野ほか（2022，中2，1名，TD・不登校），佐竹ほか（2022，中1・2・3，511名，TD），杉原ほか（2019，9歳，1名，両親，2名，ADHD），田中（2021，中1・2・3，5名，ASD・ID・選択性緘黙・強迫性障害・外耳道閉鎖症），富田ほか（2020，教員，1名），富田ほか（2021b，教員，7名）	・包括的支援アプローチ，スクールワイド・ポジティブ行動支援 ・心理教育，行動コンサルテーション，事例検討会 ・社会性と情動の学習，新入生情報シート

大項目	小項目	著者（発行年，対象学年／年齢，人数，大人，大人人数，子ども疾患名）	支援技法（独立変数）
学校生活行動	授業参加行動	青木ほか（2019a，大学生，1名，TD），坂内ほか（2017，高2・3，6名，ASD・ADHD・TD），半田ほか（2021，小4，2名，ASD），本母ほか（2018，教員，2名，ID），石川ほか（2018，5歳，1名，ASD），石塚ほか（2021b，3歳，2名，ASD），岩本ほか（2021，小5，58名，TD），黒瀬ほか（2022，小5，29名，教員，1名，TD），松山ほか（2022，小4，31名，TD），宮木ほか（2021，小1，38名，TD），森ほか（2018，小3，1学級，教員，1名，TD），長山ほか（2019，小3・4，65名，教員，2名，TD），庭山（2020，中2，122名，教員，8名，TD），大久保ほか（2020，小学校全児童，244名，教員，25名，TD），岡村ほか（2021，小6，母親・教員，2名，ASD・場面緘黙・不登校），大対ほか（2022，小1，370名，TD），佐囲東（2019b，年少・年中・年長，37名，TD），佐藤ほか（2021，小3，31名，ASD・PDD），関戸ほか（2020，小1，15名，TD），白石ほか（2021a，中2・3，3名，TD），杉本（2021，小2，25名，TD），米沢谷ほか（2020，小1，34名，教員，3名，TD）	• 適切行動の見通しと評価，行動コンサルテーション，スクールワイド・ポジティブ行動支援，研修 • 行動スキルズ・トレーニング，言語賞賛 • ルール設定，トークン強化，セルフモニタリング，ビデオフィードバック，集団随伴性
	学習従事	樋熊ほか（2022，中2，1名，書字困難），井森ほか（2021，大学生，22名，TD），岩本ほか（2021，小5，58名，TD），楠見ほか（2018，中3，1名，教員，10名，TD），永冨ほか（2017，小2，1名，ASD），永冨ほか（2019，小1〜2，3名，ASD・書字困難），永冨ほか（2018，小3，1名，TD），尾崎ほか（2022，高3，2名，ID・脳性まひ），吉岡ほか（2020，大学生，50名，TD）	• ICTアプリ，適切行動の見通しと評価，行動コンサルテーション • ACT（アクセプタンス＆コミットメント・セラピー），マインドフルネス，集団随伴性，認知方略 • セルフモニタリング，自己記録，トークンエコノミー
	運動・動作	青木ほか（2019b，10・12歳，2名，ASD・ID），青木ほか（2019c，小4・6，2名，ASD），青木ほか（2020c，3〜5歳，2名，ASD・ID），河村ほか（2021，小3，1名，脳性まひ），栗林ほか（2017，高1，3名，TD），佐藤ほか（2022，小2，1名，脳性まひ），高橋ほか（2017，小1，1名，学級担任，2名，ID・PDD・自閉傾向），高山ほか（2021，中1・2，4名，TD），武田（2020，小5〜中3，1名，肢体不自由・視覚障害・重度心身障害），垂水ほか（2020，小4，1名，末梢神経障害），寺島ほか（2020，高2，1名，超重症・低酸素性虚血脳症後遺症・慢性呼吸不全），吉田ほか（2021，8〜11歳，4名，ID・肢体不自由・重度／重複障害）	• 課題分析，行動要素指導，行動的コーチング・行動スキルズ • トレーニング，運動可視化，視覚活用ルール提示，多感覚活用支援 • ビデオヒーローモデリング，動作練習

LD：Learning Disabilities

SLD：Specific Learning Disorder

表3　ターゲット行動別論文リスト③

大項目	小項目	著者（発行年，対象学年／年齢，人数，大人，大人人数，子ども疾患名）	支援技法（独立変数）
不安・うつ・ストレス	不安・場面緘黙	千島ほか（2019，小6，155名，TD），岸田ほか（2019，小4・6・中1・3，8名，不安症・抑うつ障害），肥沼（2019，小5，38名，TD），松本（2017，大学生，18名，TD），水内ほか（2017，4〜6歳，母親，8名，ASD），大久保（2017，高1，1名，ASD），大沼（2023，大学生，1名，ASP・ADHD），鈴木ほか（2022，高校生，1名，ASD傾向・場面緘黙），高木（2021，10〜30代，10名，場面緘黙），富田ほか（2021a，大学生・院生，30名，不安傾向）	・機能的アセスメント，心理教育 ・ACT（アクセプタンス＆コミットメント・セラピー），段階的エクスポージャー，ホームワーク，回避行動の阻止 ・注意訓練，対処行動指導，集団宿泊学習，コミュニケーションワーク，メタ認知方略（スモールステップで構成したモニタリング方略トレーニング）
	うつ	阿部ほか（2021，中3，87名，TD），井田ほか（2022，保護者，43名・教員，11名），西村ほか（2022，3〜10歳，保護者，22名，ASD・ADHD），杉山ほか（2022，高1，253名，TD），杉山ほか（2023，高2，205名），髙橋ほか（2018a，中1，51名，TD），竹島ほか（2019，小5，33名，TD）	・問題解決訓練，心理教育，認知再構成法，ソーシャルスキルトレーニング，ペアレント・トレーニング ・集団随伴性，強み介入，ホームワーク，援助要請とマインドフルネス
	恐怖	伊藤ほか（2019，大学生，60名，不安傾向），大久保（2017，高1，1名，ASD），富田ほか（2021a，大学生・院生，30名，不安傾向）	・エクスポージャー，ホームワーク ・注意訓練
	回避	井森ほか（2021，大学生，22名，TD），入江ほか（2019，大学生，9名，TD），杉山ほか（2022，高1，253名，TD）	・機能的アセスメント ・ACT（アクセプタンス＆コミットメント・セラピー），問題解決訓練，マインドフルネス
	肯定的感情	江畑（2022，中2，35名，TD），市下ほか（2022，小5・6，183名，TD），肥沼（2019，小5，38名，TD），黒水ほか（2020，小6，108名，TD），中野ほか（2020，中1，223名，TD），大森（2021，小4，209名），佐竹ほか（2022，中1・2・3，511名，TD），新川ほか（2020，高等支援学校3年，34名，TD），篠原（2019，小5，89名，TD），曽我部ほか（2019，中1〜3，36名，TD），杉山ほか（2023，高2，205名），田中ほか（2022，中1，80名，教員，26名，TD），塚原（2017，中3，41名，TD），塚原ほか（2019，中1・2，52名，TD），山田ほか（2022，小6，215名）	・認知行動療法，こころスキルアップ教育，心理教育（集団SST，認知再構成法，アンガーマネジメント），マインドフルネス，集団宿泊合宿 ・ワークシート ・社会性と情動の学習，表現力トレーニング（フィンランド・メソッド），メタ認知方略（スモールステップで構成したモニタリング方略トレーニング），ストレスマネジメントプログラム，予防用アンガーマネジメント発達プログラム，「SOSの出し方を知ろう」授業，援助要請
	否定的感情	浅間ほか（2021，中1・2・3，21名，TD），細谷ほか（2021，小4，1名，ID），井田ほか（2022，保護者，43名・教員，11名），井上ほか（2022，3〜15歳，86名，保護者，86名，ASD），前田ほか（2018，専門学校生，84名，ASD傾向），岬ほか（2021，小6，3名，ASD・ID），水内ほか（2017，4〜6歳，母親，8名，ASD），山本ほか（2017，中高生，62名，ASD・ID・LD・小児うつ・適応障害）	・心理教育，ペアレント・トレーニング，アドバイス ・ACT（アクセプタンス＆コミットメント・セラピー） ・交流・共同学習，感情理解トレーニング，メタ認知トレーニング

大項目	小項目	著者（発行年，対象学年／年齢，人数，大人，大人人数，子ども疾患名）	支援技法（独立変数）
不安・うつ・ストレス	ストレス	市下ほか（2022，小5・6，183名，TD），宮本ほか（2020，年長・小1，保護者，28名，PDD・ASD・言語発達遅滞・構音障害・運動発達遅滞），宮下ほか（2019，特別支援学校教員，62名），水内ほか（2017，4〜6歳，母親，8名，ASD），西村ほか（2022，3〜10歳，保護者，22名，ASD・ADHD），新川ほか（2020，高等支援学校3年，34名，TD），篠原（2019，小5，89名，TD），曽我部ほか（2019，中1〜3，36名，TD）	• 心理教育，ペアレント・トレーニング，研修 • 自助グループ，ワークシート • ストレスマネジメントプログラム，集団ソーシャルスキルトレーニング
	子どもの強さと困難さ	阿部ほか（2021，中3，87名，TD），山田ほか（2020，年中・年長，258名，TD）	• ホームワーク，強み介入 • 社会性と情動の学習
	いじめリスク項目	木村ほか（2020，中2，167名，TD）	• 問題解決訓練，心理教育 • ロールプレイ
	攻撃リスク項目	大沢ほか（2018，小中学生，402名，TD），寺坂ほか（2021，小3・4・5・6，25名，TD）	• ソーシャルスキルトレーニング，アンガーマネジメント・プログラム • 注意バイアス修正訓練，リラクセーション技法，アサーション・トレーニング

表4　ターゲット行動別論文リスト④

大項目	著者（発行年，対象学年／年齢，人数，大人，大人人数，子ども疾患名）	支援技法（独立変数）
保護者の支援スキル	神山（2017，小1，3名，ASD・ID・Down症），岡本（2018，中1・高1，2名，保護者，2名，ASD・重度ID・四肢まひ・てんかん）	• 行動コンサルテーション • ビデオフィードバック
教員の支援スキル	松﨑ほか（2022，年少・年中，61名，教員，9名，TD），長山ほか（2019，小3・4，65名，教員，2名，TD），庭山（2020，中2，122名，教員，8名，TD），荻野（2020，4歳，20名，保育士，2名），岡本（2018，中1・高1，2名，保護者，2名，ASD・重度ID・四肢まひ・てんかん），脇ほか（2020，特別支援教育コーディネーター，4名）	• 行動コンサルテーション，研修 • 系統的教示，言語賞賛，パフォーマンス・フィードバック
スタッフ・職員の支援スキル	藤原（2019，少年院職員，37名），齊藤ほか（2018，保育者，21名），脇ほか（2018，院生，2名，TD）	• 研修 • モデリング，パフォーマンス・フィードバック

文献リスト
（表1〜4，アルファベット順）

1. 阿部望・岸田広平・石川信一（2021）強み介入が中学生の精神的健康に及ぼす効果に関する検討．教育心理学研究 69 （1）；64-78. https://doi.org/10.5926/jjep.69.64

2. 青木真純・佐々木銀河・真名瀬陽平ほか（2019a）ノートを取ることが困難な大学生に対するノートの取り方の方略変容を目指した事例的検討．LD研究 28 （1）；133-143. https://doi.org/10.32198/jald.28.1_133

3. 青木康彦・河南佐和呼・丸瀬里菜ほか（2019b）知的能力障害を伴うASD児に対するボードを使用したドッジボール指導の効果．LD研究 28 （2）；273-282. https://doi.org/10.32198/jald.28.2_273

4. 青木康彦・龑麗媛・馬場千歳ほか（2020a）自閉スペクトラムのある幼児に対する家庭でのPECS指導プログラムの検討．特殊教育学研究 58 （2）；107-116. https://doi.org/10.6033/tokkyou.58.107

5. 青木康彦・丸瀬里菜・河南佐和呼ほか（2019c）ASD児におけるボードゲーム指導によるキックベースのルール理解への効果．LD研究 28 （2）；249-261. https://doi.org/10.32198/jald.28.2_249

6. 青木康彦・野呂文行（2020b）重度知的障害のあるASD児に対する要求場面および反応型共同注意場面における視線移動の指導法の検討．特殊教育学研究 58 （2）；97-106. https://doi.org/10.6033/tokkyou.58.97

7. 青木康彦・野呂文行（2020c）称賛が条件性強化子として成立していない発達障害児における随伴ペアリングによる称賛の条件性強化子成立の検討．行動分析学研究 35 （1）；2-10. https://doi.org/10.24456/jjba.35.1_2

8. 新井雅・余川茉祐（2022）小学生に対する援助要請に焦点を当てた心理教育プログラムの効果研究——自殺予防教育への示唆．教育心理学研究 70 （4）；389-403. https://doi.org/10.5926/jjep.70.389

9. 浅間耕一・濱田由己・山本利和（2021）中学部での「交流及び共同学習」の効果測定——知的障害児と健常児の対人魅力と体育技能に着目した検討．特殊教育学研究 59 （2）；83-94. https://doi.org/10.6033/tokkyou.59.83

10. 坂内仁・熊谷恵子（2017）高校生の就労に関わるソーシャルスキルの指導——高等学校と特別支援学校における短期指導の事例の比較検討．LD研究 26 （2）；240-252. https://doi.org/10.32198/jald.26.2_240

11. 千島雄太・茂呂輝夫（2019）小中連携による集団宿泊活動が中学校生活への期待と不安に及ぼす効果——不登校傾向に着目して．発達心理学研究 30 （2）；74-85. https://doi.org/10.11201/jjdp.30.74

12. 江畑慎吾（2022）学級単位で行う認知行動療法プログラムが中学生の友人に対する感情に与える影響．学校心理学研究 21 （1）；3-10. https://doi.org/10.24583/jjspedit.21.1_3

13. 藤原直子（2019）特別な支援を必要とする少年に関わる少年院職員への研修の実践——応用行動分析を取り入れた研修の効果．特殊教育学研究 57 （1）；59-68. https://doi.org/10.6033/tokkyou.57.59

14. 半田健・野呂文行（2021）小学校における自閉スペクトラム症児を対象とした社会的スキルの欠如タイプに応じた指導の効果．特殊教育学研究 59 （3）；191-202. https://doi.org/10.6033/tokkyou.59.191

15. 服部真侑・関戸英紀（2017）広汎性発達障害児に対する機能的アセスメントに基づいた唾吐きの低減を目指した支援——生活の向上に着目して．特殊教育学研究 55 （1）；25-35. https://doi.org/10.6033/tokkyou.55.25

16. 林詩穂里・真名瀬陽平・藤本夏美ほか（2022）Response Interruption and Redirectionにスクリプトを付加した介入による自閉スペクトラム症児の独語行動の減少効果と保護者による適用可能性．

行動分析学研究 36 (2);130-138. https://doi.org/10.24456/jjba.36.2_130

17. 東美穂・冨樫耕平・大森由紀乃ほか (2021) 発達障害幼児へのオンライン発達行動支援. 認知行動療法研究 47 (3);235-247. https://doi.org/10.24468/jjbct.20-031

18. 樋熊一夫・大庭重治 (2022) 漢字の書字学習に困難を示す生徒を対象としたICT活用による自己学習支援システムの開発に関する試行的研究. 特殊教育学研究 60 (1);33-44. https://doi.org/10.6033/tokkyou.60.33

19. 平野礼子・佐々木銀河・野呂文行 (2017) 知的障害を伴う自閉スペクトラム症児における物の名称理解に及ぼす動作対提示の効果. 行動分析学研究 32 (1);36-50. https://doi.org/10.24456/jjba.32.1_36

20. 平野礼子・佐々木銀河・野呂文行 (2018) 自閉スペクトラム症幼児における物の名称理解の獲得——音声－動作－絵カードの刺激間関係の学習. 特殊教育学研究 56 (1);1-9. https://doi.org/10.6033/tokkyou.56.1

21. 本母世跳・大久保賢一 (2018) 知的障害特別支援学校における「授業評価シート」を用いた授業改善の試み——教師の援助行動と児童生徒の自発行動の変容に対する検討. 特殊教育学研究 55 (5);259-270. https://doi.org/10.6033/tokkyou.55.259

22. 本間優子・長尾貴志・相賀啓太郎 (2022) 少年院における役割取得能力の促進を目的とした道徳教育プログラムの効果検証——効果が出現しなかった少年にも焦点を当てて. 教育心理学研究 70 (1);100-111. https://doi.org/10.5926/jjep.70.100

23. 堀部要子・樋口和彦 (2019)「書き」の効果に着目した多層の読み書き指導モデルの検討. LD研究 28 (1);96-110. https://doi.org/10.32198/jald.28.1_96

24. 堀部要子 (2021) 小学校におけるスクールワイドの取り出し学習支援——学習支援の効果と校内支援システムの検討. LD研究 30 (3);206-223. https://doi.org/10.32198/jald.30.3_206

25. 細谷一博・宮野希・米田真緒 (2021) 知的障害特別支援学級における休み時間を活用した招待交流に関する試行的実践. 特殊教育学研究 59 (3);157-167. https://doi.org/10.6033/tokkyou.59.157

26. 市下望・野田哲朗 (2022) 対人・非対人的感謝介入が小学生の学校適応に及ぼす効果に関する検討——反すう, 楽観性, 悲観性, 及びストレス反応に着目して. 教育心理学研究 70 (1);87-99. https://doi.org/10.5926/jjep.70.87

27. 井田美沙子・野口晃菜・藤本恵美ほか (2022) 小学校教員による子育て学習会（ペアレント・トレーニング短縮版）の効果——教員, 子ども, 保護者の変化. 特殊教育学研究 60 (2);99-109. https://doi.org/10.6033/tokkyou.60.99

28. 今中博章 (2019) 読み困難児に対する平仮名拗音表記の読み書き習得指導——混成規則の利用と聴写指導の効果の検討. 特殊教育学研究 57 (3);167-178. https://doi.org/10.6033/tokkyou.57.167

29. 井森萌子・常川祐史・片岡沙耶ほか (2021) 大学生の先延ばしに対するアクセプタンス＆コミットメント・セラピーの効果の検討. 認知行動療法研究 47 (1);23-32. https://doi.org/10.24468/jjbct.20-011

30. 井上大嗣・森山薫・町肇ほか (2022) 発達障害の子どもをもつ親の支援の重要性——「評価入院」の取り組み. LD研究 31 (2);172-180. https://doi.org/10.32198/jald.31.2_172

31. 入江智也・河村麻果・青木俊太郎ほか (2019) 大学生の精神的健康に及ぼす集団アクセプタンス＆コミットメント・セラピー（G-ACT）の効果——非無作為化パイロット試験. 認知行動療法研究 45 (1);1-12. https://doi.org/10.24468/jjbct.17-189

32. 入山満恵子・加藤茂夫・渡辺さくらほか (2019) 日本語を母語とする中学生への効果的な英語学習法の検討——統合的フォニックスの活用. LD研究 28 (2);262-272. https://doi.org/10.32198/jald.28.2_262

33. 石川菜津美・石塚祐香・山本淳一 (2018) 就学前の発達障害児に対する「授業参加」支援プログラムの開発と評価. 特殊教育学研究 56 (3);125-134. https://doi.org/10.6033/tokkyou.56.125

34. 石塚祐香・石川菜津美・山本淳一 (2021a) 幼児期の自閉スペクトラム症児の行動問題に対するビデオフィードバック・パッケージの効果. LD研究 30 (2);138-151. https://doi.org/10.32198/jald.30.2_138

35. 石塚祐香・山本淳一 (2019) 就学前の自閉スペクトラム症児に対する継次的刺激ペアリング手続きを用いた語読みの獲得. 行動分析学研究 34 (1);2-19. https://doi.org/10.24456/jjba.34.1_2

36. 石塚祐香・山本淳一（2021b）自閉スペクトラム症児の音声言語に対する随伴模倣を用いた介入の効果――遊び場面における発声・発話機会設定の有無に関する検討．行動分析学研究 36（1）；46-57. https://doi.org/10.24456/jjba.36.1_46

37. 伊藤理紗・矢島涼・佐藤秀樹ほか（2019）恐怖の高まりを伴う安全確保行動がエクスポージャーの治療効果に与える影響．認知行動療法研究 45（1）；13-22. https://doi.org/10.24468/jjbct.18-199

38. 岩橋瞳・米山直樹（2019）自閉スペクトラム症児における非食事場面を用いた箸操作訓練．行動分析学研究 34（1）；53-63. https://doi.org/10.24456/jjba.34.1_53

39. 岩本佳世・野呂文行（2018）通常学級における学級全体への支援と個別支援の組合せ――発達障害・知的障害児童を含む学級全児童の学習準備行動への効果．行動分析学研究 32（2）；138-152. https://doi.org/10.24456/jjba.32.2_138

40. 岩本佳世・園山繁樹（2021）小学校通常学級におけるトゥートリングを促進させるための相互依存型集団随伴性に基づく支援の効果．教育心理学研究 69（3）；317-328. https://doi.org/10.5926/jjep.69.317

41. 上岡清乃・北岡智子・鈴木恵太（2020）学習に特異的な困難を示す生徒の認知特性に配慮した見本合わせ法を用いた英単語指導法の検討．特殊教育学研究 58（1）；47-56. https://doi.org/10.6033/tokkyou.58.47

42. 神山努（2017）特別支援学校（知的障害）における相互ビデオフィードバックを用いた全5回のペアレント・トレーニングの効果．特殊教育学研究 55（3）；157-170. https://doi.org/10.6033/tokkyou.55.157

43. 河村晶子・干川隆（2021）動作法による脳性まひ児の姿勢安定が方向指示課題と光学的流動の知覚に及ぼす効果．特殊教育学研究 59（1）；25-36. https://doi.org/10.6033/tokkyou.59.25

44. 河村優詞（2019a）特別支援学級在籍児童の漢字筆記学習における自己・他者評価が「正確な書字行動」に及ぼす効果．行動分析学研究 34（1）；71-77. https://doi.org/10.24456/jjba.34.1_71

45. 河村優詞（2019b）特別支援学級在籍児童の日記記述における漢字の数を得点化することの効果――漢字の使用率増加と質問行動の生起．特殊教育学研究 57（3）；179-187. https://doi.org/10.6033/tokkyou.57.179

46. 木村敏久・小泉令三（2020）中学校におけるいじめ抑止の意識向上に向けた社会性と情動の学習の効果検討――教師による実践及び生徒の社会的能力との関連．教育心理学研究 68（2）；185-201. https://doi.org/10.5926/jjep.68.185

47. 岸田広平・石川信一（2019）児童青年の不安症と抑うつ障害に対する回避行動に焦点化した診断横断的介入プログラムの予備的試験．認知行動療法研究 45（2）；73-85. https://doi.org/10.24468/jjbct.18-200

48. 小林孝子・宇野宏幸（2022）通常学級における方略選択型漢字学習に関する検討――視覚・聴覚・エピソードで学ぶ「屋台」方式の提案．LD研究 31（3）；201-210. https://doi.org/10.32198/jald.31.3_201

49. 小林朋子・渡辺弥生（2017）ソーシャルスキル・トレーニングが中学生のレジリエンスに与える影響について．教育心理学研究 65（2）；295-304. https://doi.org/10.5926/jjep.65.295

50. 肥沼章彦（2019）小学5年生を対象としたモニタリング方略トレーニングが算数不安に与える影響．学校メンタルヘルス 22（1）；114-119. https://doi.org/10.24503/jasmh.22.1_114

51. 栗林千聡・中津昂太朗・佐藤寛（2017）高校ラグビー選手におけるプレースキックスキルの行動的コーチングの効果．行動分析学研究 32（1）；51-60. https://doi.org/10.24456/jjba.32.1_51

52. 黒水温・小泉令三（2020）「密」にならない工夫をした社会性と情動の学習（SEL）の実践．学校心理学研究 20（1）；3-11. https://doi.org/10.24583/jjspedit.20.1_3

53. 黒瀬圭一・野田航（2022）小学校5年生学級における学級規模ポジティブ行動支援の効果――児童自身が主体的に参加することを通して．LD研究 31（1）；46-57. https://doi.org/10.32198/jald.31.1_46

54. 楠見友輔（2019）お金の支払い学習における中度知的障害生徒の学習過程と教師のフィードバック――社会文化的アプローチから．発達心理学研究 30（2）；101-112. https://doi.org/10.11201/jjdp.30.101

55. 楠見潔・小野はるか・小関俊祐（2018）特別な支援が必要な中学生を担当する教員集団への行動コ

ンサルテーション．学校メンタルヘルス 21（2）；210-217. https://doi.org/10.24503/jasmh.21.2_210

56. 前田久美子・佐々木銀河・朝岡寛史ほか（2017）行動問題を示す自閉スペクトラム症児の母親に対する行動記録を用いたコンサルテーション——効果的な記録様式と変容過程の分析．特殊教育学研究 55（2）；95-104. https://doi.org/10.6033/tokkyou.55.95

57. 前田由貴子・佐藤寛（2018）自閉スペクトラム症傾向が高い専門学校生へのメタ認知トレーニングの予備的検討．LD研究 27（4）；511-520. https://doi.org/10.32198/jald.27.4_511

58. 松田壮一郎・山本淳一（2019）遊び場面における広汎性発達障害幼児のポジティブな社会的行動に対するユーモアを含んだ介入パッケージの効果．行動分析学研究 33（2）；92-101. https://doi.org/10.24456/jjba.33.2_92

59. 松本明生（2017）体験の回避がスピーチ時のストレス反応に及ぼす影響．行動療法研究 43（2）；115-125. https://doi.org/10.24468/jjbt.14-096

60. 松田奈々恵・佐野と喜ゑ・星茂行ほか（2018）小学1年生に対する多層指導モデルMIMを用いた1stステージ指導の有効性．LD研究 27（3）；278-289. https://doi.org/10.32198/jald.27.3_278

61. 松田奈々恵・佐野ときえ・星茂行ほか（2020）小学1年生における特殊音節の習得と読みの流暢性に関する多層指導モデルMIMを用いた各ステージ指導の効果．特殊教育学研究 58（1）；11-22. https://doi.org/10.6033/tokkyou.58.11

62. 松山康成・三田地真実（2020）高等学校における学校規模ポジティブ行動支援（SWPBS）第1層支援の実践——Good Behavior Ticket（GBT）と Positive Peer Reporting（PPR）の付加効果．行動分析学研究 34（2）；258-273. https://doi.org/10.24456/jjba.34.2_258

63. 松山康成・沖原総太・田中善大（2022）通常の学級における集団随伴性を含む介入パッケージが授業準備行動に及ぼす効果の検討——授業開始時の話の聞き方と準備物の用意の定着を目指した試み．行動分析学研究 36（2）；139-148. https://doi.org/10.24456/jjba.36.2_139

64. 松﨑吉洋・岡村章司（2022）幼稚園における園規模介入の検討——教員間での既存の支援の共有を通して．特殊教育学研究 60（1）；45-57. https://doi.org/10.6033/tokkyou.60.45

65. 岬和希・丹治敬之（2021）自閉症スペクトラム障害のある小学生が感情の調整方略を仲間とともに考える小集団指導．特殊教育学研究 59（2）；105-119. https://doi.org/10.6033/tokkyou.59.105

66. 三浦巧也（2021）英単語の習得に困難を示す特別な支援ニーズのある中学生に対する体制化方略を用いた学習支援——教師とスクールカウンセラーの協働を通して．学校心理学研究 20（2）；159-170. https://doi.org/10.24583/jjspedit.20.2_159

67. 宮木秀雄（2017）相互依存型集団随伴性が通常学級における授業中の離席行動に及ぼす効果——学級担任1人による介入の実施可能性の検討．LD研究 26（2）；221-232. https://doi.org/10.32198/jald.26.2_221

68. 宮木秀雄（2018）小学校通常学級における朝の会および授業開始時の問題行動の改善を目指した相互依存型集団随伴性の適用．行動分析学研究 32（2）；127-137. https://doi.org/10.24456/jjba.32.2_127

69. 宮木秀雄・山本拓実・加賀山真由（2021）小学校通常学級における児童の給食準備行動への非依存型集団随伴性の適用．行動分析学研究 35（2）；177-186. https://doi.org/10.24456/jjba.35.2_177

70. 宮本明日香・白川園子・濱中円ほか（2020）就学移行期の発達障害児の親のレジリエンス獲得を促すプログラムの開発と評価．LD研究 29（1）；71-84. https://doi.org/10.32198/jald.29.1_71

71. 宮下敏恵・森慶輔・西村昭徳ほか（2019）教師のバーンアウトに及ぼすストレス自己評価システムと研修会の効果の検討．学校メンタルヘルス 22（1）；120-132. https://doi.org/10.24503/jasmh.22.1_120

72. 宮田賢吾・村中智彦（2020）自閉症スペクトラム障害児童の給食場面における機能的アセスメントにもとづく適切な拒否行動の形成．行動分析学研究 35（1）；42-51. https://doi.org/10.24456/jjba.35.1_42

73. 水内豊和・成田泉・島田明子（2017）自閉スペクトラム症幼児の母親を対象としたストレスの内容の違いによる子育てプログラムの効果．LD研究 26（3）；348-356. https://doi.org/10.32198/jald.26.3_348

74. 森一晃・岡村章司（2018）通常の学級担任に対するクラスワイドな支援を用いた行動コンサルテーションの効果の検討——教師の支援行動の評価を含めて．特殊教育学研究 56（3）；169-182.

https://doi.org/10.6033/tokkyou.56.169
75. 森澤亮介・吉井勘人・長崎勤（2018）自閉スペクトラム症児への協同活動発達支援――パートナーの役割遂行に対する情報提供と要求の習得を通して．発達心理学研究 29（2）；53-60. https://doi.org/10.11201/jjdp.29.53
76. 村瀬忍・池谷幸子・林田宏一ほか（2020）日常生活でまぶしさを感じていたASDのある中学生への遮光眼鏡による支援．LD研究 29（2）；123-131. https://doi.org/10.32198/jald.29.2_123
77. 永冨大舗（2018）知的障害特別支援学校中学部における積極的行動支援の実践――登校時に自分から挨拶をする行動の形成．特殊教育学研究 56（1）；21-31. https://doi.org/10.6033/tokkyou.56.21
78. 永冨大舗・上村裕章（2017）自閉スペクトラム症／自閉症スペクトラム障害のある児童に対する家庭学習場面における課題従事行動に及ぼす教示と自己記録の効果．行動分析学研究 31（2）；144-152. https://doi.org/10.24456/jjba.31.2_144
79. 永冨大舗・上村裕章・野呂文行（2019）自閉スペクトラム症児の課題従事行動と書字の正確性に及ぼすセルフモニタリングの効果．行動分析学研究 34（1）；34-44. https://doi.org/10.24456/jjba.34.1_34
80. 永冨大舗・野呂文行（2018）家庭学習場面で宿題の取り組みに困難のある男児に対するセルフモニタリングの効果．LD研究 27（2）；213-223. https://doi.org/10.32198/jald.27.2_213
81. 長山慎太郎・岡部帆南・柘植雅義（2019）発達障害支援に基づいた通常の学級へのコンサルテーションの効果の検討．LD研究 28（4）；474-483. https://doi.org/10.32198/jald.28.4_474
82. 長山芳子・勝二博亮（2018）通常の学級と特別支援学級の相互的アプローチによるADHD児への対人関係支援――受容的な学級雰囲気づくりと特定の子どもとの関係づくりを通して．LD研究 27（4）；466-477. https://doi.org/10.32198/jald.27.4_466
83. 中野有美・鋤柄増根・志村尚理ほか（2020）こころのスキルアップ教育が新入生に及ぼす影響――Q-Uを用いた中学校での探索的研究．教育心理学研究 68（1）；66-78. https://doi.org/10.5926/jjep.68.66
84. 西田裕明・山本真也・井澤信三（2020）知的能力障害を併せもつ自閉スペクトラム症の生徒の掃除スキルにおける行動連鎖の獲得と般化についての検討――アニメーションセルフモデリングを用いて．特殊教育学研究 58（3）；187-199. https://doi.org/10.6033/tokkyou.58.187
85. 西田裕明・山本真也・井澤信三（2021）知的能力障害を伴うASDの児童生徒へのアニメーションセルフモデリングを用いた電話の応対スキルの指導研究――コミュニケーションを伴うスキルの獲得と般化の検討．行動分析学研究 36（1）；12-26. https://doi.org/10.24456/jjba.36.1_12
86. 西村勇人・橋本桂奈・水野舞ほか（2022）自閉スペクトラム症・注意欠如多動症の混合グループに対する短縮版ペアレントトレーニングの有効性に関する研究．認知行動療法研究 48（2）；217-224. https://doi.org/10.24468/jjbct.20-024
87. 西澤幸見・中知華穂・銘苅実土ほか（2019）LD児の漢字書字学習における保持促進に関する研究――漢字書字の言語手がかりのリマインド再学習の効果に関する検討．LD研究 28（1）；72-85. https://doi.org/10.32198/jald.28.1_72
88. 庭山和貴（2020）中学校における教師の言語賞賛の増加が生徒指導上の問題発生率に及ぼす効果――学年規模のポジティブ行動支援による問題行動予防．教育心理学研究 68（1）；79-93. https://doi.org/10.5926/jjep.68.79
89. 野田航・石塚祐香・石川菜津美ほか（2021）発達障害のある児童の漢字の読みに対する刺激ペアリング手続きを用いた遠隔地学習支援の効果．認知行動療法研究 47（2）；93-105. https://doi.org/10.24468/jjbct.20-019
90. 野田航・豊永博子（2017）知的障害のある児童の漢字熟語の読みに対する刺激ペアリング手続きの効果と般化および社会的妥当性の検討．行動分析学研究 31（2）；153-162. https://doi.org/10.24456/jjba.31.2_153
91. 野田航・吉田雅幸（2018）小学4年生の漢字の読み書き指導におけるクラスワイドの刺激ペアリング手続きの効果．LD研究 27（3）；331-339. https://doi.org/10.32198/jald.27.3_331
92. 小笠原忍・竹内康二（2020）中度知的障害があるASD児を対象とした社会的スキル「大丈夫？」の獲得および般化を促すビデオプロンプトの効果．特殊教育学研究 58（1）；37-46. https://doi.org/10.6033/tokkyou.58.37

93. 荻野昌秀（2020）保育所における行動コンサルテーションの効果──個別的支援とクラスワイドアプローチ．特殊教育学研究 58（3）；177-186. https://doi.org/10.6033/tokkyou.58.177

94. 大久保賢一（2017）自閉症スペクトラム障害のある高校生が示した外出恐怖に対する段階的プログラムの効果．行動療法研究 43（2）；137-146. https://doi.org/10.24468/jjbt.15-130

95. 大久保賢一・月本彈・大対香奈子ほか（2020）公立小学校における学校規模ポジティブ行動支援（SWPBS）第1層支援の効果と社会的妥当性の検討．行動分析学研究 34（2）；244-257. https://doi.org/10.24456/jjba.34.2_244

96. 大西美緒・惠羅修吉・中島栄美子ほか（2017）超低出生体重で生まれた小学6年生に対する算数文章題解決における表象化指導の効果．LD研究 26（3）；337-347. https://doi.org/10.32198/jald.26.3_337

97. 岡島純子・中村美奈子・石川愛海ほか（2021）不安症状を持つ自閉スペクトラム症児のための小集団認知行動療法の開発とその効果──パイロット・スタディ．認知行動療法研究 47（1）；47-60. https://doi.org/10.24468/jjbct.19-021

98. 岡本邦広（2018）教師に対する行動問題を示す子どもの保護者への支援計画作成のための行動コンサルテーション──マニュアルブックの活用と助言を通して．LD研究 27（4）；451-465. https://doi.org/10.32198/jald.27.4_451

99. 岡本邦広・武内清恵（2019）行動問題を示す自閉スペクトラム症児の兆候行動に対する機能的アセスメントの効果──教師2名による指導を通して．LD研究 28（4）；459-473. https://doi.org/10.32198/jald.28.4_459

100. 岡村章司・藤田継道（2021）場面緘黙と不登校を呈した自閉スペクトラム症児に対する協働型行動コンサルテーション──保護者と教師のみの支援による効果の検討．LD研究 30（2）；152-164. https://doi.org/10.32198/jald.30.2_152

101. 大森良平（2021）小学4年生への予防用アンガーマネージメントDプログラムの実践効果──エゴグラムによる性格タイプ別の検討．学校メンタルヘルス 24（2）；176-189. https://doi.org/10.24503/jasmh.24.2_176

102. 大西正二・熊谷恵子（2019）漢字書字の習得が困難な学習障害児に対する認知処理様式と体性感覚の入力方法に配慮した学習法の比較．LD研究 28（3）；363-376. https://doi.org/10.32198/jald.28.3_363

103. 小野昌彦（2017）包括的支援アプローチを適用した中学生長期不登校の再登校行動の形成と維持──学校条件の変容が困難であった事例．特殊教育学研究 55（1）；37-46. https://doi.org/10.6033/tokkyou.55.37

104. 小野昌彦・江角周子（2022）不登校状態を呈した中学生に対する包括的支援アプローチによる登校行動の再形成と維持──ストレス，学力，体力，社会性の客観評価の追加．認知行動療法研究 48（2）；205-216. https://doi.org/10.24468/jjbct.20-042

105. 大沼泰枝（2023）障害学生支援部署における発達障害のある学生に対する防災教育・防災訓練の試み．LD研究 32（2）；77-89. https://doi.org/10.32198/jald.32.2_77

106. 大沢知隼・橋本塁・嶋田洋徳（2018）注意バイアス修正訓練を取り入れた集団ソーシャルスキルトレーニングが児童生徒のソーシャルスキルの維持と般化に及ぼす影響──報酬への感受性の高低による効果の違いの比較．教育心理学研究 66（4）；300-312. https://doi.org/10.5926/jjep.66.300

107. 太田成美・内田佳那・丹治敬之（2022）発達性読み書き障害児の漢字書字習得に対するオンライン指導の効果．行動分析学研究 36（2）；149-158. https://doi.org/10.24456/jjba.36.2_149

108. 大対香奈子・田中善大・庭山和貴ほか（2022）小学校における学校規模ポジティブ行動支援の第1層支援が児童および教師に及ぼす効果．LD研究 31（4）；310-322. https://doi.org/10.32198/jald.31.4_310

109. 尾﨑充希・塩津裕康・田中悟郎ほか（2022）特別支援学校における脳性まひ者の主体的な学びを促すCO-OPを基盤とした授業づくり．特殊教育学研究 60（2）；87-97. https://doi.org/10.6033/tokkyou.60.87

110. 佐田久真貴（2018）皮膚むしりを主訴とする女子高校生に対する心理教育とセルフモニタリング──症例研究．認知行動療法研究 44（3）；159-169. https://doi.org/10.24468/jjbct.18-202

111. 佐囲東彰（2017）強い反抗性を示すADHD児の問題行動と学級全体の問題行動に対する支援──ク

ラスワイドな支援と個別支援を組み合わせた支援過程の妥当性．LD 研究 26（2）；253-269. https://doi.org/10.32198/jald.26.2_253

112. 齊藤勇紀・有川宏幸・土居正城（2018）児童発達支援事業における保育者の力量を高めるための研修会のあり方──「循環型」研修会における参加者の療育に対する関心の変化の検討を通して．学校メンタルヘルス 21（1）；117-128. https://doi.org/10.24503/jasmh.21.1_117

113. 佐囲東彰（2019a）通常の学級に在籍する児童への特別支援学校のセンター的機能を通したわり算指導に関する一考察──認知アセスメントに基づく九九の自動化とわり算手順の視覚教材を用いた指導．LD 研究 28（1）；111-132. https://doi.org/10.32198/jald.28.1_111

114. 佐囲東彰（2019b）幼児における「めあて＆フィードバックカード」による目標設定と自己評価の効果．LD 研究 28（4）；446-458. https://doi.org/10.32198/jald.28.4_446

115. 笹木睦子・入山満惠子（2020）読み困難児に対する既存の読書サポート教材の有効性に関する予備的検討──読みの流暢性獲得への影響．LD 研究 29（1）；57-70. https://doi.org/10.32198/jald.29.1_57

116. 佐竹真由子・小泉令三（2022）不登校傾向に注目した不登校未然防止の取組──社会性と情動の学習「SEL-8S プログラム」の導入方法を工夫した実践．学校心理学研究 21（1）47-60. https://doi.org/10.24583/jjspedit.21.1_47

117. 佐藤千春・半田健（2021）通常の学級における授業準備行動を対象とした相互依存型集団随伴性の効果の維持．LD 研究 30（4）；350-361. https://doi.org/10.32198/jald.30.4_350

118. 佐藤香菜・干川隆（2022）脳性まひ児の座位の安定と方向概念の正確さに及ぼす動作法の効果．特殊教育学研究 59（4）；269-278. https://doi.org/10.6033/tokkyou.59.269

119. 佐藤亮太朗（2022）発達障害の診断のある児童への小学校社会科における刺激ペアリング手続きの効果の検討──都道府県の名称及び漢字表記，形状・位置における刺激間関係の形成について．行動分析学研究 36（2）；159-167. https://doi.org/10.24456/jjba.36.2_159

120. 関戸英紀・服部真侑（2020）特別の支援を必要とする児童が在籍する学級への集団随伴性を用いた支援──非依存型と相互依存型の比較を中心に．特殊教育学研究 58（1）；23-35. https://doi.org/10.6033/tokkyou.58.23

121. 新庄真帆・加藤寿宏・松島佳苗（2019）学童期の書字動作に感覚フィードバックが及ぼす影響．LD 研究 28（2）；241-248. https://doi.org/10.32198/jald.28.2_241

122. 新川広樹・清水理奈・粥川智恵ほか（2020）（原著論文）高等支援学校における集団ソーシャルスキル・トレーニングの実践──学校コミュニティの文脈への適合を目指して．ストレスマネジメント研究 16（1）；12-23. https://doi.org/10.50904/sutomane.16.1_12

123. 篠原尚人（2019）小学校高学年の自己犠牲ビリーフに焦点を当てたストレスマネジメント教育の効果．学校メンタルヘルス 22（2）；202-210. https://doi.org/10.24503/jasmh.22.2_202

124. 白石純子・草野佑介・杉村喜美子ほか（2021a）地域の中学校における作業療法士の活用──3 名のケースシリーズを通して．LD 研究 30（1）；45-57. https://doi.org/10.32198/jald.30.1_45

125. 白石純子・中川瑛三・加藤希歩ほか（2021b）発達性協調運動症のある子どもの書字困難の特徴と感覚統合療法の効果──13 例のケースシリーズを通して．LD 研究 30（1）；58-72. https://doi.org/10.32198/jald.30.1_58

126. 曽我部裕介・小関俊祐（2019）適応指導教室やフリースクールに通う生徒に対するストレスマネジメントプログラムの工夫と有効性の検討．学校メンタルヘルス 22（1）；133-142. https://doi.org/10.24503/jasmh.22.1_133

127. 杉原聡介・米山直樹（2019）注意欠如多動症の男児の登校行動と宿題行動に対するトークン・エコノミーの適用による家庭内支援の検討．行動分析学研究 34（1）；45-52. https://doi.org/10.24456/jjba.34.1_45

128. 杉本任士（2021）相互依存型集団随伴性による給食準備・片付け時間の短縮──小学校 2 年生を対象とした学級規模での介入の効果．行動分析学研究 36（1）；58-66. https://doi.org/10.24456/jjba.36.1_58

129. 杉山智風・髙田久美子・伊藤大輔ほか（2022）高校生を対象とした問題解決訓練における抑うつ低減効果の検討──活性化と回避の機能的変容に焦点を当てて．認知行動療法研究 48（3）；285-295. https://doi.org/10.24468/jjbct.20-047

130. 杉山智風・藤野佳奈・土屋さとみほか（2023）援助要請に関する心理教育およびマインドフルネスヨーガ瞑想法が高校生の援助要請行動と抑うつに及ぼす効果——SOSの出し方に関する教育の取り組みの一環として．ストレスマネジメント研究 19（1）；32-44. https://doi.org/10.50904/sutomane.19.1_32

131. 鈴木徹・武田篤（2022）ASD傾向を示す場面緘黙生徒に対する介入効果の検討．LD研究 31（3）；211-222. https://doi.org/10.32198/jald.31.3_211

132. 高木潤野（2021）青年期・成人期の場面緘黙当事者に対するエクスポージャーと心理教育を用いた治療的介入の効果．特殊教育学研究 58（4）；207-217. https://doi.org/10.6033/tokkyou.58.207

133. 高橋彩・大竹喜久（2017）自閉スペクトラム症児の朝運動への参加を促すための方略——対象児の「特定の対象への強い興味」を取り入れたビデオ教材の効果の検討．行動分析学研究 31（2）；132-143. https://doi.org/10.24456/jjba.31.2_132

134. 髙橋高人・松原耕平・中野聡之ほか（2018a）中学生に対する認知行動的抑うつ予防プログラムの効果——2年間のフォローアップ測定による標準群との比較．教育心理学研究 66（1）；81-94. https://doi.org/10.5926/jjep.66.81

135. 髙橋高人・松原耕平・佐藤正二（2018b）幼児に対する集団社会的スキル訓練の効果——標準群との比較．認知行動療法研究 44（1）；41-51. https://doi.org/10.24468/jjbct.15-151

136. 高津梓・奥田健次（2019）給食場面中に不適切行動を示したダウン症児童への指導——摂食行動に対するエラーレス指導．行動分析学研究 34（1）；64-70. https://doi.org/10.24456/jjba.34.1_64

137. 高津梓・奥田健次・田上幸太ほか（2021a）特別支援学校における発話の困難な知的障害児の言語表出を促進するICTの活用と継続．特殊教育学研究 58（4）；283-292. https://doi.org/10.6033/tokkyou.58.283

138. 髙津梓・田中翔大・仲野みこ（2021b）特別支援学校に在籍するASDと知的障害を有する児童の排尿・排便の確立のための保護者支援の検討．行動分析学研究 36（1）；37-45. https://doi.org/10.24456/jjba.36.1_37

139. 高山智史・佐藤寛（2021）体操競技の初心者に対する後方倒立回転とびの指導法——ビデオモデリングとビデオフィードバックを用いた行動的コーチングの効果．認知行動療法研究 47（2）；181-192. https://doi.org/10.24468/jjbct.19-004

140. 武田俊男（2020）重症心身障害児の運動学習を進める身体介助についての考察——自力で姿勢を変える力をもたない重症児が腹斜筋の随意的制御による寝返り運動を獲得した指導から．特殊教育学研究 58（1）；57-67. https://doi.org/10.6033/tokkyou.58.57

141. 竹島克典・田中善大（2019）児童の抑うつ症状に対する学級規模のPositive Peer Reportingと集団随伴性の効果——社会的環境へのアプローチの試み．認知行動療法研究 45（3）；115-124. https://doi.org/10.24468/jjbct.18-198

142. 田中善大（2021）特別支援学校における不登校生徒に対するチーム主導型問題解決に基づく事例検討システムの効果．特殊教育学研究 59（3）；203-216. https://doi.org/10.6033/tokkyou.59.203

143. 田中生弥子・影山隆之（2022）中学生のためのSOSの出し方に関する教育の効果——自殺予防教育プログラムの一環として．学校メンタルヘルス 25（1）；40-51. https://doi.org/10.24503/jasmh.25.1_40

144. 丹治敬之・勝岡大輔・長田恵子ほか（2018）知的障害特別支援学校の国語における刺激等価性の枠組みに基づく読み学習支援アプリの導入——児童生徒の学習効果と教師にとっての有用性の検討．LD研究 27（3）；314-330. https://doi.org/10.32198/jald.27.3_314

145. 丹治敬之・横田朋子（2017）自閉症スペクトラム障害児に対する作文の自己調整方略学習（SRSD）モデルを用いた小集団介入．教育心理学研究 65（4）；526-541. https://doi.org/10.5926/jjep.65.526

146. 垂水晶子・干川隆（2020）肢体不自由児の姿勢と身体スケールの知覚に及ぼす動作法の効果．特殊教育学研究 57（4-5）；247-257. https://doi.org/10.6033/tokkyou.57.247

147. 寺島ひかり・八島猛・奥村太一ほか（2020）超重症児の感覚系に注目した身体的な運動および生理的な反応を促す指導とその評価．特殊教育学研究 58（2）；117-126. https://doi.org/10.6033/tokkyou.58.117

148. 寺坂明子・稲田尚子・下田芳幸（2021）小学生を対象としたアンガーマネジメント・プログラムの有効性——学級での実践に向けた小集団での予備的検討．発達心理学研究 32（4）；245-254. https://

doi.org/10.11201/jjdp.32.245

149. 富田悠香・菅佐原洋（2018）自閉症スペクトラム障害児への4コマ漫画を使用した報告言語行動訓練——感情語の表出を対象に．行動分析学研究 32（2）；110-126. https://doi.org/10.24456/jjba.32.2_110

150. 富田賢一・加藤哲文（2020）小中連携のための「新入生情報シート」の開発と不登校対応への活用に関する有効性の検討．学校メンタルヘルス 23（1）；66-79. https://doi.org/10.24503/jasmh.23.1_66

151. 富田望・甲斐圭太郎・南出歩美ほか（2021）自己注目誘発音を用いた注意訓練法の作成と社交不安傾向者に対する効果の検討．認知行動療法研究 47（3）；261-272. https://doi.org/10.24468/jjbct.20-037

152. 富田賢一・加藤哲文（2021b）不登校対応における「新入生情報シート」年間活用の有効性に関する研究．学校メンタルヘルス 24（2）；190-197. https://doi.org/10.24503/jasmh.24.2_190

153. 塚原望（2017）中学生への表現力トレーニングが自己表現に与える効果に関する探索的研究——フィンランド・メソッドを取り入れた表現力を伸ばすプログラム作り．学校メンタルヘルス 20（2）；160-169. https://doi.org/10.24503/jasmh.20.2_160

154. 塚原望・高野光司（2019）中学1,2年生に対する予防的心理教育プログラムの実践——感情語彙と情動知能の自己評価の変化．学校メンタルヘルス 22（1）；80-91. https://doi.org/10.24503/jasmh.22.1_80

155. 内田佳那・丹治敬之（2021）ICTの音声読み上げ機能の活用が学習障害児の文章読解成績と自律的な家庭学習にもたらす効果．LD研究 30（1）；73-84. https://doi.org/10.32198/jald.30.1_73

156. 宇留野哲・青木康彦・石塚祐香ほか（2022）自閉スペクトラム症児を対象としたオノマトペを用いたかかわりの検討．特殊教育学研究 59（4）；257-267. https://doi.org/10.6033/tokkyou.59.257

157. 臼井潤記・佐々木銀河・野呂文行（2019）重度知的障害を伴う自閉スペクトラム症幼児に対する選択行動支援——介入方法を示唆するアセスメントの開発．特殊教育学研究 57（1）；25-35. https://doi.org/10.6033/tokkyou.57.25

158. 若林上総・中野聡・加藤哲文（2018）相互依存型集団随伴性を適用した協同学習において個別の教育的ニーズのある定時制高校生が学業達成と関連したかかわり行動を促進させる条件の検討．行動分析学研究 33（1）；12-23. https://doi.org/10.24456/jjba.33.1_12

159. 脇貴典・須藤邦彦・大石幸二（2018）対人関係スキルを含む行動コンサルタント養成トレーニング——コンサルテーションスキルの獲得およびコンサルティによる評価の視点から．特殊教育学研究 56（4）；219-230. https://doi.org/10.6033/tokkyou.56.219

160. 脇貴典・須藤邦彦（2020）特別支援教育コーディネーターへの集中トレーニングによるコンサルテーションスキルの獲得と維持．教育心理学研究 68（1）；33-49. https://doi.org/10.5926/jjep.68.33

161. 山田洋平・小泉令三（2020）幼児を対象とした社会性と情動の学習（SEL-8N）プログラムの効果．教育心理学研究 68（2）；216-229. https://doi.org/10.5926/jjep.68.216

162. 山田文・伊藤慎悟・久田満（2022）短期間の集団宿泊活動が児童の個人的能力および学級内人間関係に及ぼす影響．学校メンタルヘルス 25（1）；89-97. https://doi.org/10.24503/jasmh.25.1_89

163. 山本美知子・武田鉄郎・小山秀之ほか（2017）発達障害のある又はその可能性のある中高生のための感情コントロールプログラム「和歌山どんまいプログラム」の開発とその効果．LD研究 26（3）；327-336. https://doi.org/10.32198/jald.26.3_327

164. 山本多佳実・井澤信三（2021）自閉スペクトラム症のある青年における「悪質商法の勧誘を断る行動」の獲得と般化の検討．特殊教育学研究 58（4）；269-282. https://doi.org/10.6033/tokkyou.58.269

165. 山下綾子・岡村章司（2018）中学校通常学級における授業改善のためのコンサルテーションの効果——学年会におけるアセスメントに基づく支援の検討を通して．LD研究 27（4）；478-490. https://doi.org/10.32198/jald.27.4_478

166. 横山英美・村中智彦（2019）生態学的調査にもとづく知的障害のある児童の買い物スキルの形成．特殊教育学研究 56（5）；293-303. https://doi.org/10.6033/tokkyou.56.293

167. 米沢谷将・柘植雅義（2020）小学校1年生通常の学級担任への授業コンサルテーション——コンサルティの支援実行を促進するための コンサルタントの計画的な介入のフェードアウトの検討．LD研究 29（3）；170-183. https://doi.org/10.32198/jald.29.3_170

168. 吉田光伸・池田彩乃・阿部晃久ほか（2021）重度・重複障害児の手指運動の方向付けおよび調整における固有覚フィードバックの効果．特殊教育学研究 59 (3)；147-156. https://doi.org/10.6033/tokkyou.59.147

169. 吉井勘人・若井広太郎・中村晋ほか（2020）自閉スペクトラム症児における意図共有を伴う協同活動の獲得過程──特別支援学校の授業における共同行為ルーティンを通して．発達心理学研究 31 (3)；105-117. https://doi.org/10.11201/jjdp.31.105

170. 吉岡学（2019）知的障害児2名における道路および横断歩道の歩行スキル形成．特殊教育学研究 57 (2)；127-136. https://doi.org/10.6033/tokkyou.57.127

171. 吉岡昌子・藤健一・佐藤敬子（2020）大学生による講義のノートテイキングと教員の教授行動の時系列評価──手書き行動の測定装置を用いて．行動分析学研究 35 (1)；30-41. https://doi.org/10.24456/jjba.35.1_30

第 III 部

事例で学ぶ
公認心理師の
必須技能
（コンピテンス）

第1章

EBPをしっかり学ぶ

新井 雅

キーコンピテンス

1 科学者-実践家モデルとEBP

　1949年，アメリカ・コロラド州で開かれたボルダー会議において，科学者-実践家モデルに基づく心理職の教育訓練の在り方が示された。本モデルでは，科学としての心理学を基盤に据えながら，実践と研究の双方を重視した活動が目指されており，現代の心理職養成の中心的役割を果たしている。そして，この科学者-実践家モデルにおいて，心理職には，実証研究を通して効果が確認された介入を実施したりするなど，科学的根拠に基づく活動としての「エビデンスに基づく実践」（Evidence Based Practice：EBP）が求められる。世界のさまざまな国々において参照可能となる，心理職の統一的なアイデンティティや専門性を検討した，国際応用心理学会（International Association of Applied Psychology：IAAP）や心理科学国際連合（International Union of Psychological Science：IUPsyS）による近年の国際宣言（IAAP & IUPsyS, 2016）においても，EBPに関わる実践は，心理職に求められる重要な専門的能力の一つとして位置づけられている。

　原田（2015）は，EBPの意義や特徴について，以下のようにさまざまな観点から整理している。EBPでは，「人は間違うものである」との謙虚な態度に基づき，先入観や偏見，思い込みで判断するのではなく，科学的に検証しながら，より良い実践や介入を進めることが重視される。エビデンスを軽視してしまうと，心理職が「良かれ」と思って行った実践・介入であっても，かえって対象者に悪影響を及ぼしてしまう可能性がある。これまで慣習的に行われてきたこと，良い方法だと思われていた手立ても，実際に研究を行ってデータを収集してみると，明確な効果が示されなかったという場合もある。そのため，心理職の直観や臨床経験，好み，慣習，ベテランの専門家による意見などに依拠して，対象者への介入方法を選択するのではなく，さまざまなバイアスを排除した研究デザインによって効果が見出された介入方法を選択し，実践していくことが求められる。「エビデンスで人の心はわからない」などといった批判も聞かれることがあるが，EBPは数字や統計で人の心を理解しようとするものではなく，何より「その介入に効果はあるのか」という問いに答えようとするものである。当然のことながら，科学も万能ではない。しかし，何が効果的かという問いに答える上で，誤った結論を導き出す危険性の低い研究方法でエビデンスを蓄積

すること，それらの方法で効果が確認されたエビデンスに基づいて困難を抱える対象者への介入・援助を行うことが，倫理的にも非常に重要となる。

2　EBPに基づく心理職の専門活動

EBPでは，①エビデンス，②臨床技能，③患者の特徴や背景の3点が重要となる（American Psychological Association Presidential Task Force on Evidence-Based Practice, 2006）。すなわち，心理職には，対象者の年齢，発達段階，ジェンダー，人種，民族，嗜好，価値観や世界観，家族構成，教育歴，職業など，さまざまな特徴や背景を十分に考慮しながら，最良のエビデンスを踏まえて，介入や援助を行っていくことが求められる。EBPは，エビデンスに基づく介入方法を対象者に押し付けたり，機械的・画一的な実践を推し進めたりするものではなく，一人ひとりの対象者に対する傾聴やナラティブも重視し，個々の対象者の特徴や背景，意向等を十分に把握・理解した上で，介入や援助を行っていくものである（原田，2015）。

特に，上述の臨床技能について，原田（2023）は，American Psychological Association Presidential Task Force on Evidence-Based Practice（2006）の見解に基づき，大きく3つの技能に整理している。具体的には，①基盤的技能（対人関係能力，必要に応じて活用可能な資源を求める能力，継続的な自己洞察とスキルの獲得をする能力），②専門的技能（アセスメント・臨床判断・ケースフォーミュレーション・治療計画を行う能力，治療における個人的・文化的差異の影響を見きわめる能力，臨床的意思決定・治療遂行・患者の変化をモニタリングする能力），③EBP技能（基礎心理学・応用心理学の研究によるエビデンスを適切に吟味・活用する能力，臨床的方略に対して説得力のある論拠を準備する能力）である。このうち，①と②は，臨床心理学の教育訓練において従来より重視されてきたものであるが，③はEBP特有の技能として捉えることができる（原田，2023）。

Rousseau & Gunia（2016）は，先行研究（Sackett et al., 2000）に基づき，EBPの具体的な実践過程を示している。それは，Asking（問い：臨床上の問いや疑問を整理する），Acquiring（入手：臨床上の問いへの答えに関わる研究論文などのエビデンスをデータベースで検索・収集する），Appraising（査定：検索・収集されたエビデンスの質を査定する），Applying（適用：得られたエビデンスを，対象者の特徴や背景等に応じて適用する），Assessing（評価：エビデンスに基づく実践や介入の効果を評価する）である。これらを踏まえると，何らかの臨床上の問いや疑問に対して，その答えとなり得るエビデンスを検索・収集し，エビデンスの質を吟味しつつ，個々の対象者に適したかたちで実践し，その効果を評価するといった一連のプロセスが，EBPの基本になると考えられる。

なお，エビデンスを検索する際のデータベースとしては，PsycInfo, MEDLINE（PubMed），Google Scholar, ResearchGate, コクラン（Cochrane）共同計画などがあげられる（原田，2023）。そして，検索・収集された個々の研究のエビデンスの質も玉石混交であるため，特に，ランダム化比較試験（対象者を介入群と対照群に無作為に割り付け，他の要因の交絡を防ぎながら介入効果の検討を行う研究デザイン）や，複数のRCTに基づく研究結果を統合したメタ分析が用いられた研究論文を，介入効果を示すエビデンスとして重視することが必要と指摘されている（原田，2023）。

3 教育分野におけるEBP

教育分野で活動する公認心理師においても，上述の科学者－実践家モデルやEBPに基づく活動は重要となる。実証に基づく心理社会的な介入研究と効果的な実践を支える基礎的な研究を重視しつつ，児童青年期の子どもたちに対して科学的な実証性をもって心の健康増進に取り組むことが強く求められているのである（石川・佐藤，2015）。

実際に，アメリカ心理学会第53部会（臨床児童青年心理学部会）（https://sccap53.org/）では，子どもの心理療法のエビデンスを紹介するウェブサイトを開設しており（https://effectivechildtherapy.org/），いじめ，自殺や自傷，睡眠障害，規律違反，不注意や多動・衝動，不安や抑うつなどといった諸問題に対するエビデンスに基づく治療・介入法（例：応用行動分析学，行動療法，家族療法など）が紹介されている。これらの治療・介入法も，RCTなどさまざまな効果研究の知見に基づいて構成されており，最新のエビデンスを示すことができるよう，情報を更新していく方向性が示されている（Southam-Gerow & Prinstein, 2014）。特に，児童青年期の子どもたちが抱える諸問題への介入方法の一つとして認知行動療法は重要であり，日本においても，教育分野の公認心理師の活動に関して，認知行動療法の実践や研究の発展に向けた議論が積極的に行われている（e.g., 石川・小野，2020；谷，2020）。

そして，EBPのさらなる発展のためには，エビデンスそのものの蓄積を充実させつつ，EBPを幅広く社会に普及させていく取り組みが非常に重要となる。すなわち，EBP時代の心理職には，「エビデンスはどこかで誰かが作ってくれるもの」という傍観者的な姿勢ではなく，一人ひとりがエビデンス・ベースにどのように貢献できるかを考え実践すると共に，人々がEBPに基づく支援を適切に受けられるよう，社会におけるEBPの普及（Dissemination）と実装（Implementation）を進めていくことが求められる（原田・松見，2023）。効果のある心理療法を子どもが適切に受けられるための心理療法アクセス改善（Improving Access to Psychological Therapies：IAPT）政策や，学校でのメンタルヘルスに関わる予防教育の充実など（Layard & Clark, 2014），さまざまな社会的取り組みの重要性も指摘されている。これからの公認心理師には，エビデンスを構築する人，発信する人，活用する人それぞれの共同を大切にしながら（石川・小野，2020），教育分野におけるEBPの発展に貢献することが強く求められていると考えられる。

文献

American Psychological Association Presidential Task Force on Evidence-Based Practice（2006）Evidence-based practice in psychology. American Psychologist 61（4）; 271-285.

原田隆之（2015）心理職のためのエビデンス・ベイスト・プラクティス入門——エビデンスを「まなぶ」「つくる」「つかう」．金剛出版.

原田隆之（2023）エビデンス・ベイスト・プラクティスの技能と展開．In：松見淳子・原田隆之＝編：現代の臨床心理学1 臨床心理学 専門職の基盤．東京大学出版会，pp.49-70.

原田隆之・松見淳子（2023）社会に開かれたエビデンス・ベイスト・プラクティス．In：松見淳子・原田隆之＝編：現代の臨床心理学1 臨床心理学 専門職の基盤．東京大学出版会，pp.71-91.

International Association of Applied Psychology（IAAP）& International Union of Psychological Science（IUPsyS）（2016）International Declaration on Core Competences in Professional Psychology（https://iaapsy.org/site/assets/files/1476/ref_competences_iaap_2016.pdf［2023年5月15日閲覧］）.

石川信一・小野昌彦（2020）教育分野への認知行動療法の適用と課題．認知行動療法研究 46（2）; 99-110.

石川信一・佐藤正二＝編著（2015）臨床児童心理学——実証に基づく子ども支援のあり方．ミネルヴァ書房．

Layard, R. & Clark, D. M.（2014）Thrive：The Power of Evidence-Based Psychological Therapies. London：Allen Lane.（丹野義彦＝監訳（2017）心理療法がひらく未来——エビデンスにもとづく幸福改革．ちとせプレス）

Rousseau, D. M. & Gunia, B. C.（2016）Evidence-based practice：The psychology of EBP implementation. Annual Review of Psychology 67；667-692.

Sackett, D. L., Straus, S. E., Richardson, W. S. et al.（2000）Evidence Based Medicine：How to Practice and Teach EBM（2nd Ed.）. New York：Churchill Livingstone.

Southam-Gerow, M. A. & Prinstein, M. J.（2014）Evidence base updates：The evolution of the evaluation of psychological treatments for children and adolescents. Journal of Clinical Child and Adolescent Psychology 43（1）；1-6.

谷晋二（2020）特別支援教育分野への認知行動療法の適用と課題．認知行動療法研究 46（2）；111-119.

抑うつや不安症状を有する中学生へのEBPに基づく心理支援

新井 雅

公認心理師であるスクールカウンセラー (SC) が，保護者からの相談をきっかけに，中学2年生女子Aに対して行った心理支援を取り上げる。本事例への支援を通して，エビデンスに基づく実践（Evidence Based Practice：EBP）に関わる知識・技能・態度が，どのように活かされ得るかを概説する。

事例の概要

7月上旬，学級担任を通じて，Aの母親の面接予約がSCに入った。学級担任によると，Aは遅刻・早退はないが，5月後半頃から1〜2週間に1回程度欠席がある状態であった。比較的真面目で大人しい生徒という印象がある。家庭でのAの様子なども含め，母親が心配しSCへの相談を希望しているため，協力してもらいたいとのことであった。

SCによる母親面接では，以下の点が語られた。家族構成は，父親（会社員），母親（パートタイム勤務），兄（高校3年生男子），Aの4人家族。Aは目立つタイプではないが，小学校では仲の良い子もおり，大きな問題もなく過ごしてきていた。中学1年生の時は比較的順調に学校生活を送っていた。成績は学年の中程度で，仲良くなったクラスの友達のことや，入部したバスケットボール部のことを，家で楽しそうに話している時もあった。

しかし，中学2年生の5月頃から，Aは家庭で言葉数が少なくなったり，「疲れた」と口にすることが出てきた。また，不機嫌になりやすく，些細なことで兄とも喧嘩をするようになり，勉強にも身が入っていない様子であった。睡眠には大きな乱れはなさそうだが，食欲がない時がある。時折，「学校に行きたくない」と言い，理由を聞いてもはっきり答えないため，両親は休まず登校するよう励ましてきたものの，頭痛などを訴え，時々欠席するようになっている。体調不良の際は，医療機関を受診し，処方薬により症状は軽減されるものの，登校渋りは断続的に続いている状況にあった。

母親は大まかな経緯や現況を話した後，Aが何かで悩んだり困ったりしているのかどうか，Aと直接話をしてほしいとSCに伝えた。SCは，家庭生活や親子関係に大きな懸念はなさそうであることなどから，Aの希望に応じて対応する旨を伝えた。また，母

親面接の内容についても，母親の了解のもと，学級担任と情報共有を行った。

問題の整理

Aとの面接が設定されたある日の放課後，SCはAが相談に来てくれたことへの感謝と守秘義務の取り決めを伝えた上で，話を聴いた。Aは最初は緊張していたようだったが，好きな趣味のこと（音楽を聴いたり絵を描くことなど）を話しながら，少しずつ困り事について話し始めるようになった。

これまでの経過や現在の状況としては，母親や学級担任から事前に聞いていた内容とおおむね同じであった。一方，Aからは，勉強がだんだんと難しく感じてきていること（英語，数学が苦手），もともと人前は苦手だったが，授業での発表場面の苦手意識が強くなっていること，部活でも，練習中や試合中のミスを引きずってしまい自信が持てないことなどが語られた。また，1年時に特に仲の良かった友達が別のクラスになり，現在のクラスでも話ができる友達はいるが，相手からどう思われているかが気になり，自分の考えや気持ちを伝えられず，流されがちになっているとのこと。最近は元気が出ないように感じ，休日なども外出せず，自室にこもることが多くなっている。大学受験で忙しい兄もいるため，親にはあまり心配をかけたくないという。学級担任とは話す機会は多くないが，欠席状況を心配して声をかけてくれ，気に掛けてもらえるのはありがたいと思っているとのことであった。

SCは，今後のAへの支援のため，定期的な面接の設定と，母親や学級担任への情報共有について話をしたところ，Aも了承した。

Aの抱える困難は学習面や部活動，対人場面などが中心で，その結果として身体症状，不安・抑うつ，欠席などが生じている可能性が考えられた。5〜7月にかけての欠席日数は13日であった。SCはA，母親，学校の了解を得た上で，Aの主な訴えに関わる簡便なアセスメント尺度を実施した。抑うつのスクリーニング尺度であるPHQ-A（Patient Health Questionnaire for Adolescents）（Adachi et al., 2020；弘前大学，2020）を行ったところ，合計9点で「軽度のうつ症状（Mild depression）」を示していた（希死念慮などの訴えはみられなかった）。青年を対象に信頼性・妥当性が確認されている短縮版児童用不安尺度（Short CAS）日本語版（石川ほか，2018）もあわせて実施した。その結果，合計は13点で，特に「他の人がわたしのことをどう思っているか心配です」などに3点（4件法）をつけており，当該部分への不安を抱えているようであった。

SCは，EBPの観点から，抑うつや不安に対する心理支援について検討した。アメリカ心理学会第53部会（臨床児童青年心理学部会）（https://effectivechildtherapy.org/）では，青年期の子どもの抑うつや不安の問題に対する認知行動療法（Cognitive Behavioral Therapy：CBT）が，「十分に確立された治療法（Well-established Treatments）」として示され，日本国内においても実践・研究が進められていることから（e.g., 石川，2013），CBTを中心とした支援を実施することが重要と考えた。クラス内のいじめなど，早急に介入すべき大きな問題が見当たらなかったこ

とから，A自身の対処方略やスキルを育成・支援すると共に，保護者や学級担任などによるAへのサポートを中心に検討した。これらの支援の方向性について，SCは，A本人，母親や学級担任とも共有し，理解を得た。そして，PHQ-AやShort CAS，欠席日数を，主なアウトカム指標として設定した。

事例の展開

SCは，Aが困難を感じている状況や場面を具体的に確認し，セルフモニタリングシートを活用しながら，A自身の感情や身体反応，認知，行動について整理していった。例えば，クラスメイトとの会話では，「友達と話をする（状況）」「話に合わせないと，きらわれる（認知）」「心配，緊張（感情）」「自分の話はせず，黙って友達の話に相づちをうつ（行動）」，また，部活動の場面では，「部活中のミス（状況）」「私は下手だ。次もうまくいかない（認知）」「落ち込み，緊張（感情）」「ボールを受けないよう，味方のフォローに行かず離れて距離をとる（行動）」などがあげられた。悩みや困難のパターンについて，SCと一緒に確認していくことで，Aは少しずつ自己理解を深めることができるようになった。

SCは，不安や抑うつなどの感情を感じるのは自然なことでおかしいことではないと伝えた上で，悩みや困難が生じているパターンや問題への対処スキルについて心理教育を行った。そして，リラクセーション，ソーシャルスキルトレーニング，エクスポージャー法，行動活性化などの手立てのほか，母親や学級担任等からのサポートの在り方について検討した。SCは，CBT

の標準パッケージやマニュアル等を考慮しながらも，Aの意向や状態を考慮したテーラーメイドなCBTの実践を重視し（石川・小野，2020），Aと相談しながら取り組みやすい方法を試していくこととした。母親には，Aの食事や睡眠状況などに気を配ってもらい，体調不良時は医療機関に付き添い，Aから学校での心配事などが話されるようであれば話を聴いてもらった。学級担任にも，学校でのAの様子に注意を払いつつ，欠席時には学校生活上で心配なことがないか，継続的に声をかけてもらうようにした。

Aにとって，友達関係や部活動の場面などにおける困難を扱うことにはやや負担がある様子であった。そのため，Aにとって楽しいと感じられる快活動を行う行動活性化から取り組み，何らかの活動をしながら自分の体調や気分の変化に気づいていくようにした。音楽を聴いたり，イラストに必要な文具を買いに行って絵を描いたり，中学1年時に特に仲の良かった友達に連絡を取って遊びに行く約束をしたりする中で，Aの気分も少しずつ上向いていった。

次に，「クラスの友達に自分から話しかけたり，自分のことを話せるようになりたい」「勉強でわからないところがあった時に，クラスの人に聞いたり，各教科の先生に質問しに行ければ，少しは勉強もしやすくなるかもしれない」といったAの話を踏まえ，各場面における不安や緊張の調整，対処行動について検討した。呼吸法などのリラクセーションでは，あまり不安・緊張は軽減されなかったが，各場面でのアサーションやソーシャルスキルを発揮できるようなイメージリハーサル，簡単なロールプ

レイをSCと共に行いつつ，スモールステップで行動実験を行った。少しずつではあるが，"朝，自分からクラスの友達に挨拶する"，"比較的話しやすい教科の先生に質問に行く"といったことに取り組んでいくと，Aが心配しているほど悪い結果は起きず，話しかけて良かったと感じられ，「心配したり落ち込んだりすることも，自分の思い込みが強かっただけかもしれない」と口にするようになった。部活でも，うまくできたところや頑張ろうとした点を日々メモし，ミスや失敗よりも自分の長所や頑張りに目を向けていくようにした。思う通りの行動や活動ができなかったり，欠席することがあっても，SCはAの努力を労い，困難状況の把握と対応の手立てを継続的に相談しながら実践し（仮説生成−仮説検証の過程），母親や学級担任からもAの頑張りを褒めてもらうようにした。

これらの取り組みを行う中で，3学期の中頃には欠席はほとんどなくなり，PHQ-Aが4点（「まったく症状がみられない，もしくは最小程度のうつ症状（No or Minimal depression）」），Short CASは8点となった。A自身としても，苦労することはあるが，少しずつ学校生活を楽しめるようになっているといった語りがあり，3年生への進級や高校受験への前向きな気持ちも高まっていった。

まとめ

EBPにおいては，クライエントの特徴や文化等を考慮し，最良の研究知見と臨床的専門性を統合することが重要とされる。本事例において，SCは，Aが抱える困難・問題への対応に際し，有用となり得るエビデンスを参照しつつ，Aの状態や意向，周囲の環境や援助資源等を踏まえて，介入や援助を行った。Aの主な訴えに関わるアセスメント尺度を用いるなどしてアウトカム指標を設定し，問題状況の理解や対応の方向性について，Aはもちろん，母親や学級担任とも共有し，仮説生成−仮説検証の過程を繰り返しながら，協力して支援を展開していった。

文献

Adachi, M., Takahashi, M., Hirota, T. et al.（2020）Distributional patterns of item responses and total scores of the Patient Health Questionnaire for Adolescents in a general population sample of adolescents in Japan. Psychiatry and Clinical Neurosciences 74（11）; 628-629.

弘前大学（2020）プレス発表資料「一般人口を対象とした子どもの自殺念慮・企図を含む抑うつ症状の現況」（https://www.hirosaki-u.ac.jp/wordpress2014/wp-content/uploads/2020/10/20200930_press.pdf［2021年9月7日閲覧］）.

石川信一（2013）子どもの不安と抑うつに対する認知行動療法——理論と実践．金子書房.

石川信一・石井僚・福住紀明ほか（2018）短縮版児童用不安尺度（Short CAS）日本語版作成の試み——青年を対象とした信頼性と妥当性の検討．不安症研究 10（1）; 64-73.

石川信一・小野昌彦（2020）教育分野への認知行動療法の適用と課題．認知行動療法研究 46（2）; 99-110.

学級集団を対象としたEBPに基づく心理教育プログラムの実践

新井 雅

　現代の学校現場では，子どもたちの心理的な困難，不適応，問題行動の予防・未然防止に向けた取り組みが強く求められている。予防的な介入には，健常者を含むすべての人々を対象とするユニバーサル（universal）・レベル，心理的問題のリスクが高い人を対象とするセレクティブ（selective）・レベル，精神疾患，不適応等の兆候や初期の症状を呈する人を対象とするインディケイティッド（indicated）・レベルに分けて捉えることができ（Mrazek & Haggerty, 1994），学校で行われる予防教育においても，これらの枠組みに基づく実践の在り方が検討されている（e.g., Greenberg, 2010；山崎ほか，2013）。学級や学年単位などで，多様な子どもたちを対象に予防的な心理教育プログラムを実践する場合は，ユニバーサル・レベルに相当する取り組みと捉えることができる。

　本事例では，公認心理師である小学校のスクールカウンセラー（SC）が，教師と協働して児童たちの社会性や対人関係能力の向上に関わる予防的な心理教育の実施に関与した事例を紹介する。本事例を通して，エビデンスに基づく実践（Evidence Based Practice：EBP）に関わる知識・技能・態度が，どのように活かされ得るかを概説する。

事例の概要

　公立小学校B校の5年生児童（3クラス，計98名）は，不登校などの問題はなかったものの，自分の考えや気持ちを言葉で伝えることに自信がなかったり，コミュニケーションが不得手であったりすることから，些細なことでトラブルが起きてしまう場面があった。そのため学年主任は，子どもたちの社会性を育成し，自己肯定感を高めることができる取り組みができないかと考えていた。他の学級担任と共に，普段の学校生活はもちろん，道徳や学級活動などでも，他者の気持ちを考えた言動や，自分の意見を適切に表現することを指導してきたが，大きな変化は起きていない状況にあった。

　そのような中，SCは，ある5年生児童への個別支援について，学級担任および学年主任へのコンサルテーションを行っていた。その際に，当該児童のみならず，学年全体の児童たちの課題，すなわち社会性を身につけることの必要性について話を聞いた。

そして，校長とも相談し，学年の教師たち
と協力しながら，学年全体の児童に対する
アプローチを検討することとなった。校長
も，すべての子どもたちを対象とした発達
支持的生徒指導（文部科学省，2022）に，
学校全体として，より一層の力を入れてい
きたいと考えており，積極的に進めてほし
いとのことであった。

問題の整理

SCは5年生の教師たちと具体的な計画を
検討した。各クラス共に，通常授業は問題
なく行われており（クラス内が大きく荒れ
ている状態ではない），教師による基本的な
指導なども通る状況にあった。そして，各
教師が認識している学年の児童の課題はお
おむね共通しており，より良い対人関係能
力や社会性を身につけ，自分や他者を大切
にした生活ができるようになってほしいと
のことであった。

SCは，EBPの観点から，学級・学年全体
の児童に対するユニバーサル・レベルの予
防教育（心理教育プログラム）の実践（山
崎ほか，2013）が有用ではないかと考え
た。特に，近年では，社会性と情動の学習
（Social and Emotional Learning：SEL）の効
果研究やメタ分析が行われ，その有効性が
示されており（e.g., Durlak et al., 2011），子
どもたちのメンタルヘルスに関わる予防教
育としての期待が高まっている（Layard &
Clark, 2014）。SELは，特定のプログラムを
意味するのではなく，さまざまな心理教育
プログラムの総称あるいは枠組みとされて
おり，日本国内でも実践・研究が進められ
ていることから（小泉，2016），SCは，本

校の児童へも適用可能と考えた。実際に，
SCがSELの枠組みに含まれるさまざまな心
理教育プログラムの概要や方法を紹介する
と，教師たちも関心を寄せた。

同時にSCは，これらのプログラムを機
械的に導入するのではなく，教師たちの
ニーズや学年の児童に適した内容や方法で
実施する必要があると考えていた。多忙な
学校現場において，限られた時間や資源の
中で実施できるものであることも重要であ
る。そして，教師たちが主に児童の社会
性や対人関係能力の向上を期待していた
ことから，ソーシャルスキルの育成に寄与
するソーシャルスキル教育（Social Skills
Education：SSE）を実施する方向で確認し
た。国内の実践研究のメタ分析においても
（高橋・小関，2011），学級単位のSSEが
ソーシャルスキル向上に寄与している可能
性が指摘されている。

SCは，教師へのニーズ調査項目（本田
ほか，2009）を用いて，学年の教師たちに
"授業で児童たちに教えたいソーシャルスキ
ル"を具体的に選択してもらった。そして，
各学級担任が選択したスキルと共に，教師
たちによる日々の児童たちの様子や言動の
観察，SSEを実施できる授業時間数などを
総合的に考慮した結果，学年全体で，「上手
に相手の話を聴く」「あたたかい言葉をか
ける」「自分の意見や考えを伝える」の3つ
を共通のターゲット・スキルとすることと
した。

また，SCは，SSE実施前後にアセスメン
ト尺度を実施して，児童たちの変化を捉え
ながら，SSEの効果や今後の児童たちへの
指導に活かしてもらうこととした。教師や
校長と相談しながら，SSEの効果評定とし

て活用でき，かつ，教師や児童たちにとっ
て負担の少ない尺度を検討した。その結果，
①「積極的な聴き方尺度」（8項目，5件法）
（金山ほか，2004），②「小学生用社会的ス
キル尺度」（嶋田ほか，1996）の「向社会
的スキル」因子（7項目，4件法），③「他
者配慮尺度」（1因子16項目，5件法）（江
口・濱口，2009）を用いることとした。い
ずれも児童たちによる自己評定尺度で，上
述のターゲット・スキルにおおむね対応す
るものと考えられた。具体的には，①は相
手の話を丁寧に聴くスキル，②は他者への
あたたかな言葉かけをするスキル，③は相
手の気持ちを考えながら自己主張を行うス
キルの効果指標としておおむね対応してい
た。①は中学生対象の尺度であったが，教
師たちと協議し，小学校高学年にも理解可
能と判断して実施した。これらをアウトカ
ム指標（従属変数）として設定し，SSEを
実施することとした。

　実際に上記の尺度項目を含めたアンケー
トを実施し，児童たちには学校配付の端末
（ICT機器）を用いて各質問への回答を求
めた。その結果，学年全体の平均として，
積極的な聴き方尺度は27.9点（標準偏差
6.4），向社会的スキルは19.4点（標準偏差
4.3），他者配慮スキルは55.4点（標準偏差
12.2）であった。

事例の展開

　SSEの資料・文献を参考に，SCは教師た
ちと協議を重ねて具体的な指導案やワーク
シートを作成し，話の聴き方，あたたかな
言葉かけ，相手の気持ちに配慮した自己主
張に関するスキルについて，1回45分で学

ぶプログラム（計3回）を構成した。各セッ
ションはおおむね1〜2週間に1回のペース
で実施し，クラスごとに学級担任が主な実
施者となり，SCは授業の進行や児童たちへ
の指導・支援の補助として参加した。ソー
シャルスキルの学習に関する心理学的知見
を踏まえ，事前にSCは教師たちにSSEの
要点や進め方を説明するなどして，教師た
ちがSSEを円滑に実施できるようサポート
した。

　各セッションはいずれも，教示，モデリ
ング，行動リハーサル，フィードバックの
構成とした。最初に，ターゲットとするス
キルを紹介し，スキルを学ぶ意義について
説明を行った。次に，各スキルの「望まし
くない例」と「望ましい例」のモデルを学
級担任とSCが演じてみせ，どこに違いが
あるか児童たちから意見を出してもらいな
がら，スキルのポイントを整理した。そし
て，児童たちをペアや小グループに分け，
スキルを実行するロールプレイを実施した。
スキルを練習させるという堅苦しい雰囲気
ではなく，楽しみながらスキルを上達させ
るようゲーム形式の行動リハーサルを取り
入れた。そして，ロールプレイの感想と共
に，互いの実行したスキルの良い点を話し
合ってもらうなどしながら，相互に肯定的
なフィードバックが行われるように工夫し
た。行動リハーサルでは，学級担任とSCが
教室内を巡視しながら，ロールプレイが円
滑に行われるよう補助し，児童たちのスキ
ルの良い点を称賛するなどした。最後に授
業のまとめをし，学んだスキルを普段の生
活の中で実践するよう児童たちを励ました。
スキルの維持・般化を目指して，スキルの
ポイントは教室内に掲示して学校生活の中

で適宜確認すると共に，学んだスキルを実施できたかどうかなどを，学校配付のICT端末から児童たちが記録できる簡便なセルフモニタリングを実施し，学級担任が肯定的なフィードバックを行うようにした。

SSEが実施された約2週間後に，再度アンケートを実施した。その結果，学年全体として，積極的な聴き方尺度は28.7点（標準偏差5.8），向社会的スキルは21.2点（標準偏差3.8），他者配慮スキルは57.2点（標準偏差11.3）であり，いずれの尺度も実施前よりおおむね肯定的な変化を示していることが確認された。児童たちのセルフモニタリングの記録や，学級担任による児童たちの行動観察からも，以前に比べ，少しずつコミュニケーションの取り方や社会性が身についてきたことをうかがわせるエピソードが聞かれるようになった。本実践の成果や課題は，校長などとも共有して振り返りを行い，B小学校では，これらの心理教育の導入・実施に向けて前向きな検討を進めていくこととなった。

まとめ

本事例において，SCは，教師のニーズや児童たちの特徴，課題点に対して，有用となり得るエビデンスを参照しつつ，教師と協働してSSEを実施した。その際には，学年の教師たちによるニーズや日々の児童たちの様子，言動の観察などの情報を踏まえてターゲット・スキルを具体的に選定し，それらのスキルに対応し得る尺度をアウトカム指標（従属変数）として設定した。全校体制で行う発達支持的生徒指導などでは，①学校状況のアセスメントとチームの編成，②取組の方向性の明確化と目標の共有，③取組プランの作成，④取組の具体的展開，⑤点検・評価に基づく取組の改善・更新のプロセスが重要とされる（文部科学省，2022）。本事例は，特定の学年に特化した実践であるが，おおむね上記の流れに沿ってSSEが実施されたと考えられる。さらに，上述のソーシャルスキルを含む社会情動的スキル（Social and Emotional Skills）の育成は，学習指導要領が示す，子どもたちが身につけるべき資質・能力としての「学びに向かう力，人間性等」の育成などとも関連する重要な取り組みでもある。

公認心理師には，「心の健康に関する知識の普及を図るための教育および情報の提供」が求められている。活用可能なエビデンスを参照しつつ，プログラムを計画し，変容や育成を目指すアウトカム指標（従属変数）を具体的に設定した上で，学校関係者と協働しながらユニバーサル・レベルの心理教育の実践を行うことは，これからの心理職にとって，ますます重要になっていくものと考えられる。子どもを対象とした認知行動療法において，心理職には，「①科学者（科学者－実践家モデルやEBPを重視する）」「②支援者（子どもや親等の訴えに寄り添い，関係者とチームで協働的に働く）」「③教育者（問題解決や予防のための知識・スキルを，子どもたちや関係する大人たちに教える）」「④創造者（限られた人的，時間的，経済的資源および環境下で，提供可能な最善の支援を考案する）」といった役割を担うことが求められている（石川・小野，2020）。予防的な心理教育を実践するに際しても，これらの役割や姿勢は非常に重要となるだろう。

そして，EBPのさらなる発展のためには，これらの実践や活動などを学術的な研究知見として蓄積し，エビデンスの生成や普及にも心理職が積極的に関与していく必要がある。その際には，研究デザインの設計，実践者や研究者との協働関係，研究報告や論文執筆のスキルなども併せて重要となると考えられる。

文献 ‖‖

Durlak, J. A., Weissberg, R. P., Dymnicki, A. B. et al.（2011）The impact of enhancing students' social and emotional learning : A meta-analysis of school-based universal interventions. Child Development 82（1）; 405-432.

江口めぐみ・濱口佳和（2009）児童の主張における「他者配慮」尺度の作成および主張性の類型化の試み. カウンセリング研究 42（3）; 256-266.

Greenberg, M. T.（2010）School-based prevention : Current status and future challenges. Effective Education 2（1）; 27-52.

本田真大・大島由之・新井邦二郎（2009）不適応状態にある中学生に対する学級単位の集団社会的スキル訓練の効果――ターゲット・スキルの自己評定，教師評定，仲間評定を用いた検討. 教育心理学研究 57（3）; 336-348.

石川信一・小野昌彦（2020）教育分野への認知行動療法の適用と課題. 認知行動療法研究 46（2）; 99-110.

金山元春・中台佐喜子・前田健一（2004）中学生の積極的な聴き方スキルと学校適応. 広島大学心理学研究 4; 97-102.

小泉令三（2016）社会性と情動の学習（SEL）の実施と持続に向けて――アンカーポイント植え込み法の適用. 教育心理学年報 55; 203-217.

Layard, R. & Clark, D. M.（2014）Thrive : The Power of Evidence-Based Psychological Therapies. London : Allen Lane.（丹野義彦＝監訳（2017）心理療法がひらく未来――エビデンスにもとづく幸福改革. ちとせプレス）

文部科学省（2022）生徒指導提要（改訂版）（https://www.mext.go.jp/content/20230220-mxt_jidou01-0000 24699-201-1.pdf［2023年5月15日閲覧］）.

Mrazek, P. J., & Haggerty, R. J.（Eds.）(1994) Reducing Risks for Mental Disorders : Frontiers for Preventive Intervention Research. Washington, DC : National Academy Press.

嶋田洋徳・戸ヶ﨑泰子・岡安孝弘ほか（1996）児童の社会的スキル獲得による心理的ストレス軽減効果. 行動療法研究 22（2）; 9-20.

髙橋俊史・小関俊祐（2011）日本の子どもを対象とした学級単位の社会的スキル訓練の効果――メタ分析による展望. 行動療法研究 37（3）; 183-194.

山崎勝之・戸田有一・渡辺弥生＝編著（2013）世界の学校予防教育――心身の健康と適応を守る各国の取り組み. 金子書房.

第2章

教育・特別支援に関連する法律，基本姿勢を踏まえて実践する

飯島有哉

1 コンピテンスとしての関連法規

公認心理師のコンピテンスとして，なぜ関連法規を学ぶのか。はじめに，その意義について確認したい。1つ目は，公共の福祉に資する専門職の一員として，社会的役割を果たすことである。法律によって整備された行政サービスを実際に提供し人々の権利を守ることは，心理支援の臨床現場に立ち会う形で行政の最前線に位置する，われわれ公認心理師に期待される重要な役割である。この期待に応えるためには，当然，法に定められた内容を理解している必要がある。また，法律一つひとつの背景には風化させてはならない出来事や教訓があり，これを踏まえることは公認心理師としての倫理を考えるうえでも重要である。

2つ目は，支援のベクトルを一貫させることである。心理支援においては心という形の無いものを扱うため，支援の目標やアウトカムを根拠に基づいて定めることは，時に難しさを伴う。また教育という分野も，誰しもが教育を受けてきているがゆえの「十人十色の教育観」があるため，支援方針の不一致が生じやすい分野であるように思われる。一方で，法律には大まかにではあるが教育や心理支援において目指される方向性と，求められる体制構築や行為という支援の程度（量）の目安が示されている。すなわち，法律には支援の方向性と量というベクトルが示されており，法律に基づいた支援を展開することが，組織内・組織間での支援方針の一貫性を高めることにつながる。根拠を持ったアウトカムの設定と円滑な連携基盤の構築のためにも，関連法規を学び，基本姿勢を踏まえて支援に臨むことが重要である。

なお，法律はあくまで最低限の枠組みを規定するものであり，そのうえでどのように実践するのかは倫理に依存する。公認心理師に求められる倫理の具体的な内容については，公認心理師の会をはじめとする職能団体によって示されている倫理綱領を参照されたい。

2 教育の基本姿勢

教育現場で活動するにあたっては，その立場にかかわらず教育の基本姿勢を踏まえておくことが必要となる。本章では，日本の教育関連法規について紹介する。

1. 日本国憲法, 教育基本法, 学校教育法

　教育の法的根源は日本国憲法にさかのぼる。憲法第26条によって教育を受ける権利や機会均等が定められており, これを受け, 教育基本法によって教育の基本姿勢が定められている。同法第2条によって示されている教育の目標は「豊かな情操と道徳心」「勤労を重んずる態度」「公共の精神」「環境の保全に寄与する態度」「国際社会の平和と発展に寄与する態度」を養うこととされており, 教育分野における心理支援は原則としてこの目標に矛盾しない方向で行われる必要がある。

　教育は教育基本法に基づき, 家庭教育, 学校教育, 社会教育に大別され, 学校教育のあり方は学校教育法によって定められている。さらに, 学校教育法の詳細な運用等については文部科学省令である学校教育法施行規則によって定められている。

2. 学習指導要領

　学校教育法施行規則で規定され文部科学省告示として定められる学習指導要領は, 具体的な学校教育課程を規定するものであり, 変化する社会情勢に応じるため約10年ごとに改訂される。その性質から, 学校の教育方針に対する影響力が最も強いものであるといえる。学習指導要領の全容を把握することは教育専門職でない者からすると骨が折れるが, 現代の教育現場ではどのようなことが重視されているのかなど, 改訂の要点を把握しておくことは重要である。現在（2023年）施行されている学習指導要領は2017年から2019年に改訂されたものだが, 心の健康教育が実施可能な教科としては「道徳」「特別活動」「体育（保健分野）」があげられる（表1）。教育分野における公認心理師の役割を担うにあたり, 関連項目に目を通しておくことが推奨される。

3. 生徒指導提要

　生徒指導提要とは, 生徒指導における共通理解促進のために実際の指導方法や考え方などを網羅的にまとめたものであり, 2022年に12年ぶりに改訂された。文部科学省が作成した手引きとして位置づけられ法的拘束力を有するものではないが, 生徒指導上の原則がまとめられた基本書であることから, これを踏まえておくことは公認心理師にとっても重要となる。以下では, 生徒指導提要に記載されているいくつかの課題を取り上げ, 関連法規と併せて支援上の基本姿勢について紹介する。

3　教育・特別支援分野における各課題と支援の基本姿勢

1. いじめ

　2011年に発生したいじめ自殺事件を契機として2013年に制定された, いじめ防止対策推進法において, いじめは以下のように定義されている。

> 第2条第1項　この法律において「いじめ」とは, 児童等に対して, 当該児童等が在籍する学校に在籍している等当該児童等と一定の人的関係にある他の児童等が行う心理的又は物理的な影響を与える行為（インターネットを通じて行われるものを含む。）であって, 当該行為の対象となった児童等が心身の苦痛を感じているものをいう。

　すなわち, いじめとは行為を受けた児童生徒が心身の苦痛を感じていることが要件であり, 被害者－加害者間の力関係, 一方向性, 継続性, 加害意思の有無, 遊戯性, 程度等によらないこと（野村, 2021）を知っておく必要がある。いじめの解消についても「いじめの防止等のための基本的な方針」において,

表1 心の健康教育が実施可能な教科（坂野ほか（2021）より一部抜粋）

教科	配当学年	関連内容（学習指導要領より一部抜粋）
道徳	小学校1～6年生	・自分自身に関すること［個性の伸長］ ・人との関わりに関すること［相互理解，寛容］ ・集団や社会との関わりに関すること［よりよい学校生活，集団生活の充実］ ・生命や自然，崇高なものとの関わりに関すること［生命の尊さ］［よりよく生きる喜び］
	中学校1～3年生	小学校にほぼ同じ
特別活動	小学校1～6年生	日常の生活や学習への適応との自己の成長及び健康安全 ・よりよい人間関係の形成 ・心身ともに健康で安全な生活態度の形成
	中学校1～3年生	小学校にほぼ同じ
	高等学校1～3年生	日常の生活や学習への適応と自己の成長及び健康安全 ・自他の個性の理解と尊重，よりよい人間関係の形成 ・青年期の悩みや課題とその解決 ・生命の尊重と心身ともに健康で安全な生活態度や規律ある習慣の確立
体育（保健分野）	小学校5～6年生	心の発達及び不安や悩みへの対処について理解するとともに，簡単な対処をすること ・心は，いろいろな生活経験を通して，年齢に伴って発達すること ・心と体には，密接な関係があること ・不安や悩みへの対処には，大人や友達に相談する，仲間と遊ぶ，運動をするなどいろいろな方法があること
	中学校1年生※	心身の機能の発達と心の健康について理解を深めるとともに，ストレスへの対処をすること ・知的機能，情意機能，社会性などの精神機能は，生活経験などの影響を受けて発達すること／また，思春期においては，自己の認識が深まり，自己形成がされること ・精神と身体は，相互に影響を与え，関わっていること／欲求やストレスは，心身に影響を与えることがあること／また，心の健康を保つには，欲求やストレスに適切に対処する必要があること
	高等学校1～3年生	精神疾患の予防と回復 ・精神疾患の予防と回復には，運動，食事，休養及び睡眠の調和のとれた生活を実践するとともに，心身の不調に気付くことが重要であること

※関連項目が配当されている学年のみ記載

行為が止んでいる状態が3カ月以上継続していることなどが要件として示されている。また，同法第23条第1項には教職員がいじめに関する情報を入手した場合には学校に通報することが定められており，学校や地方公共団体に所属する公認心理師にも同様の責務が生じる。したがって，ケースによっては公認心理師の守秘義務との衝突が生じることに留意しなければならない[注1]。

事案に対処する際には，被害児童生徒の直接的ケアを担うのか，加害児童生徒の成長支援に関わるのか，保護者対応に回るのか，あるいは教員のサポートやコンサルテーションに徹するのかなど，自身の役割を明確にした

[注1] 公認心理師法第41条では正当な理由なくクライエントの秘密を漏らすことを禁じている。津川ほか（2022）においては，法令による場合やクライエントに自傷他害のおそれがある場合には「正当な理由」があるとして秘密保持義務が解除されると解釈されている。

うえで組織的対応を遂行していくことが重要となる。ほかにも，いじめ未然防止教育としての道徳科の活用など，学校で取り組むべきいじめ対策は多岐にわたり，公認心理師に期待される役割も幅広い。

2. 不登校

不登校は，文部科学省による「児童生徒の問題行動・不登校等生徒指導上の諸課題に関する調査」を基に「何らかの心理的，情緒的，身体的あるいは社会的要因・背景により，登校しないあるいはしたくともできない状況にあるために年間30日以上欠席した者のうち，病気や経済的な理由による者を除いたもの」と定義されており，増え続ける不登校児童生徒の教育を受ける権利を保障するため，2016年に教育機会確保法が制定された。

同法では学校や地方公共団体に対して不登校児童生徒の教育機会を確保するための環境整備が求められており，教育の場は必ずしも学校に限らず，教育支援センター（適応指導教室），不登校特例校（学びの多様化学校），フリースクール，夜間中学校などとの連携が推奨される。また，附帯決議において「不登校が当該児童生徒に起因するものと一般に受け取られないよう，また，不登校というだけで問題行動であると受け取らないよう配慮すること」と明記されており，さまざまな背景要因によって生じる「結果としての不登校」という理解が強調されている。

その後，「不登校児童生徒への支援の在り方について（通知）」（文部科学省，2019）において，不登校児童生徒への支援に対する基本的な考え方として「『学校に登校する』という結果のみを目標にするのではなく，児童生徒が自らの進路を主体的に捉えて，社会的に

自立することを目指す」ことが明示され，この基本指針は生徒指導提要にも反映されている。さらに，「誰一人取り残されない学びの保障に向けた不登校対策（COCOLOプラン）」（文部科学省，2023）では，不登校支援における地域資源の充実，民間との連携強化，一人一台端末を活用した不登校児童生徒に対する遠隔での学習機会の提供推進が示されており，学びの場の多様化が進められている。すなわち，不登校児童生徒の支援においては，学校・教室復帰のような"元に戻すこと"が必ずしも支援目標とはならないことを踏まえ，多様な選択肢を考慮したうえでの十分なアセスメントのもと，児童生徒の将来を見据えた支援方針を練り上げていく姿勢が求められている。

3. 自殺

児童生徒の年間自殺者数は2022年度に過去最多となるなど増加傾向を示している。自殺対策基本法を根拠とする自殺総合対策大綱は2022年に改定され，子ども・若者の自殺対策のさらなる推進が重点施策の一つとして掲げられている。具体的には，児童生徒へのSOSの出し方に関する教育や，大人に対するSOSの受け止め方教育といった教育・研修の推進などが示されている。危機介入や事後対応においても公認心理師の貢献が期待されるが，事案の絶対数の少なさを考慮すれば，まずは予防教育や早期発見に徹し，緊急対応時には関係機関によるガイドライン[注2]を参照する習慣をつけることがコンピテンシーとしては重要となる。また，自殺対策基本法の基本理念として示されているように，自殺は複数の要因が複合的に絡み合った結果として生じるものであり，特定の原因によって説明で

[注2] 生徒指導提要の該当項目や，文部科学省（2010）による「子供の自殺が起きたときの緊急対応の手引き」などが参考になる。

きる事象ではないことや，個人的な問題のみによって生じるものではなく，さまざまな社会的要因が関連することを理解したうえで支援に取り組む必要がある。

4. 特別支援教育

　特別支援教育の基本理念は，教育上特別の支援を必要とする者に対して障害による学習上・生活上の困難を克服し自立するための教育を行うことであり（学校教育法第8章），通常の学級，通級による指導，特別支援学級，特別支援学校といった連続性のある多様な学びの場が整備されている。従来，障害等を有する児童生徒を対象とした教育は通常学級とは別個に行うことが一般的な考えであった。その後，障害のある子どもとない子どもを差別化せず，できるだけ同じ場でともに学ぶことを目指すインクルーシブ教育が推進され，2016年に制定された障害者差別解消法では障害のある子どもが十分に教育を受けられるための「合理的配慮」が学校に対して義務づけられた。2016年に改正された発達障害者支援法においても，発達障害の有無にかかわらず可能な限りともに教育を受けられるよう配慮することが求められている。

　通常学級に在籍する児童生徒に対しても個別の教育支援計画が作成されることが一般的になりつつあり，特別支援教育の場は広がりを見せている。その背景に共生社会形成への願いが込められていると踏まえておくことは，特別支援教育に携わる際の基本姿勢として重要となる。

4　まとめ

　以上，教育・特別支援の関連法規と基本姿勢について解説してきた。法律は国全体における制度の大枠であり，詳細な運用については自治体に裁量が委ねられていることも多く，数々の課題未然防止教育の実施が必要とされているものの，どのように教育カリキュラムに組み込むかは，関連科目の調整や学校設定科目の活用など各学校の裁量となる。したがって，自身が活動する地域や学校における運用の実態を把握することが必要不可欠である。加えて，当然ではあるが法律は新しく制定されることや改正されることもある。よって本章に関連して最も大切なコンピテンシーをあげるとすれば，それは情報を定期的にアップデートする姿勢といえるだろう。

文献 ▮▮

文部科学省（2010）子供の自殺が起きたときの緊急対応の手引き（https://www.mext.go.jp/a_menu/shotou/seito shidou/1408018.htm ［2024年1月25日閲覧］）.

文部科学省（2019）不登校児童生徒への支援の在り方について（通知）（https://www.mext.go.jp/a_menu/shotou/ seitoshidou/1422155.htm ［2024年1月25日閲覧］）.

文部科学省（2023）誰一人取り残されない学びの保障に向けた不登校対策（COCOLO プラン）について（https:// www.mext.go.jp/a_menu/shotou/seitoshidou/1397802_00005.htm ［2024年1月25日閲覧］）.

野村武司（2021）学校におけるいじめ対応. 精神医学 63（2）; 209-218.

坂野雄二・百々尚美・本谷亮＝編著（2021）心の健康教育ハンドブック──こころもからだも健康な生活を送る ために. 金剛出版.

津川律子＝監修，野﨑和義・松野徹（2022）公認心理師のための法律相談Q&A 100. 法律文化社.

教育・特別支援分野の基本姿勢や法令・制度を踏まえた学校支援

山本 奬

本事例は，非自殺性自傷のある女子高校生Aとこれを支える教師および学校組織へのスクールカウンセラー（以下，SC）としての介入を，複数事例を基に構成した仮想事例である。Aの変容を軸に，各教師の役割がしだいに明確にされ，その連携が徐々に拡大され目的をもって組織化される過程を，SCの視点から提示する。

事例の概要

当該の全日制高校での勤務はその年の4月からで，SCの連絡係となった養護教諭は教職に就いて間もない。相談室を運営し，教育相談コーディネーターの役割を果たす教育相談部主任（以下，相談主任）は，教職経験豊富であった。訪問は月に2回で，始業時に養護教諭が当日の面接予定を連絡してくれる。4月の入職当初はスケジュール管理が中心であったが，1学期の終わりには対象生徒のニーズや課題，前回からの学校生活の様子などがよく整理され報告されるようになった。終業前には相談主任も加わり，課題整理のための「ケース会議」と呼ぶインフォーマルな会議が定着していた。

9月，リストカットをした高校2年生女子Aとの面接の提案が養護教諭からあった。その説明によれば，Aは数日前，放課後の校内で自傷し，出血の多さに驚いて自ら来室したとのことで，それ以前に自傷の情報はなかった。学級担任が事実を保護者に連絡したが，Aは「秘密の約束を破った」と立腹している。校長や学年主任は自殺企図を心配しているという。

その日のSCとの面接でAは，自傷は「1学期の終わりから」と言い，利き手の手首から肘窩までの平行の傷跡を見せた。頻度は数日に一度で，直接的誘因は不明だが感情的苦痛の解消を自覚している。過量服薬はなく，抑うつや希死念慮は見られない。「今はいいけれど，大人になったときにはやめていたい」と語る。明確な目標設定はできなかったが，Aは面接の継続に同意した。面接で語ったエピソードを他の教職員と共有することは拒否したが，SCとしての見立てや理解を共有することに関しては，「それは先生（SC）の自由だと思う」という表現で同意し，秘密保持の範囲を定めた。

問題の整理

生徒指導提要（文部科学省，2022）は，生徒指導の理論や方法をまとめた教職員向けの公的な基本書である。そこでは生徒指導が，時間軸（2軸），課題性と対応の種類（3類），対象や内容（4層）の視点で整理されている。その取り組みは，アセスメント，課題の明確化と目標の共有，支援計画の作成，支援の実施，支援の評価のサイクルで実践されるチーム支援に支えられる。校内のチームは，多くが教育職（教師）で構成されるという特徴を持ち，これにSCなどの心理職やスクールソーシャルワーカーなどの福祉職が加わる。組織は，学校教育法が定める校長，副校長，教頭などの管理職や主幹教諭，学校教育法施行規則が定める生徒指導主事や保健主事などの分掌の主任，学年主任などを柱に年度ごとに編制される。公認心理師がSCとして職務を遂行する際には，その制度や特徴，関係法規を踏まえ，自らの職能を明確に示しながら各教育職の実践を組織化する必要がある。

本事例では，Aへの介入に加えて，アセスメントと支援方針の策定に関与し，各教師の指導援助や観察を心理職の観点から組織化し，意義と見通しを提供することがSCの役割となる。

事例の展開

初回面接後のケース会議で，相談主任は学年主任らからの聴き取りを基に，Aに以前と異なる様子が見られないことを，養護教諭は傷の手当の際に落ち込む様子がなかったことを報告した。これらと面接での情報を併せて非自殺性自傷（Klonsky et al., 2014；松本，2019；文部科学省，2022など）の可能性を検討し，保護義務を考慮しながらも，行動修正を目標に支援することとなった。学年主任の自殺企図への心配を支援に活かすために，次回のケース会議に参加を求めることとした。次の#2（10月）までの間，Aには4度の自傷行為があり，本人の語りと養護教諭の把握はよく一致していた。Aは自傷行為を後悔するが，養護教諭に話すと罪悪感が緩和されるという。Aは「私は明るい生徒だと思われてきたから，周りに分かってもらえない」と語る。ケース会議では，非自殺性自傷という見立てに学年主任も同意し，直接的誘因と代替行動とAの「分かってほしいこと」を探索したが答えには至らなかった。

#3，Aは「病名が欲しい」と思ってきたが，母親が精神科受診に同意してくれたとき，辛さを「分かってもらえた」「もう病名は要らない」と思えたという。ケース会議には学級担任も参加し，授業や行事でのAは適応的であることを，養護教諭は自傷が放課後に集中し，先週から5度の行為があったことを報告した。学年主任がAの部活動の様子を想起し，自傷との関連が検討されたが，情報が不足していた。そこで自傷の頻度を記録し状況と支援の評価に用いることを確認した。医療連携の必要性も検討したが，ここでは留保した。なお，保護者との連携に問題はなかった。

#4（11月），Aは部活動の顧問に練習のことを心配してもらったと言う。「新しいことに挑戦したくて始めた競技だが，中学からの経験者による指示が辛い」と苦痛を語った。練習を休んだときは苦痛がないこ

とを自覚しており，その感情と自傷の関連をSCに助けられながら発見した。Aは，「切りたいのではなく血が見たいのだと思う」「リストカットの血は綺麗だから」と言う。ケース会議でSCは，血が綺麗だと思えなくなれば，自傷の利益がなくなると解説した。相談主任はAの苦痛を考慮し，その場で生徒指導主事に連絡を取り，その参加の下でいじめ認知の可能性が検討された。次の＃5までの期間，自傷は1度に急減していた。Aは「乗り越えなくてもいい課題」という表現で退部したことを話し，「努力を認めてほしかった」と言う。この日，SCはいじめ防止対策推進法が規定する校内いじめ対策委員会に出席し，Aの課題と支援に関し説明責任を果たした。委員会はいじめを認定し，Aに対してはこれまでよく機能してきたケース会議が，また加害者にあたる生徒に対しては生徒指導部が，それぞれ中心となって支援にあたることが確認された。ケース会議は学校としての組織的対応に正式に組み込まれた公的な存在となった。この日のケース会議には部活動の顧問も参加し，事案の聴取時に，Aが「真剣に聴いてもらえてうれしい」と話したことを報告した。養護教諭は，退部することに罪悪感があり1度の自傷はその際のものだとAのことを報告し，この側面は保健室で相談主任と共同で支持することとした。Aは学級担任が担当する教科に関する資格取得に興味を持ち始めたという。学級担任との関係修復の可能性が検討された。

　＃6（12月），Aは，学級担任に自傷のことを問われたため「最近は切っていない」と答え最後の傷を見せたこと，学級担任がノートにメモをする代わりに教師自身の内腕に傷を真似た線を赤ボールペンで書き込んだこと，その瞬間「汚い傷」と思ったことを話した。そして，「後で自分でも試したら，信じられないくらい汚かった」と笑う。ケース会議で，学級担任はその関わりを反省するが，SCは自傷の利益が失われた可能性を指摘した。

　＃7（12月），Aは「あの赤ボールペンを思い出すと切る気にならない」と言い，学級担任のことを「汚いと思っているわけではない」と付け加えた。「信用はできないけど，秘密を親に漏らした先生（学級担任）は良い人だと思う」と話す。この日のケース会議には保健主事が参加し，生徒全員を対象とした自傷の予防教育の実施を提案した。学年主任は対応から予防に移りたいという思いから，生徒指導主事は全校共通の課題であるという認識から，相談主任は自殺対策基本法が規定する学校の責務を基にこれに賛成した。学級担任はAの戸惑いを予測し，養護教諭は他の要支援生徒も含めその時間は保健室でのグループ支援が可能だとした。予防教育は職員会議での検討と校長の決裁を経て実施が決まり，SCは講師を承引した。

　＃8（1月）までの間，Aに自傷はなかった。Aは「競技に挑戦できなくなったとき，自傷に挑戦したのかも」「今は資格に挑戦」と現在の理解を語る。ケース会議では，再発を心配する意見もあったが，これまでも自傷が完全に止まることではなく，自傷の間隔が空くことが解決だと捉えて支援してきたことを確認した。

　＃9（2月），Aは資格試験の不合格を話すが適応的で自傷もなく，年度内でSCによる面接を終結させることに同意した。ケー

ス会議ではこれまでの支援と変容が整理され，参加者は教育職による指導援助に自信を見せた。

まとめ

　本事例では，SCと教師らとの間のラポールは，見立てや評価の過程とSCの共感的態度の下で形成された。はじめ教師らは面接でのAの発言を知りたがったが，テーマに関する教師らのニーズに応えることができれば具体的なエピソードは不要であり，守秘義務が連携の妨げになることはなかった。意義や見通しが得られることに利益を感じた教師らは，ケース会議に進んで参加してくれるようになった。公認心理師の組織内での役割は，利益と信頼に支えられて明確となる。そこで提供された情報を参加者の多様な視点で点検し，確かな仮説の生成につなげることができれば，アセスメント，目標設定，方策の創出，試行，評価などすべての側面での連携が可能となる。これを経験すると，SCの不在日でも教師らだけでこの作業を重ねるようになる。また，事案発生後の対応に追われるばかりでなくプリベンション（予防）の試みに視野を拡大させるなど，個人を対象とする支援と同様に組織も成長する。その一方で，訪問日以外でも教師がSCに支援を求めてくるといった契約の枠組みを壊そうとする試みも，同様にしばしば発生する。質の高い支援を担保する意味でも，SC自身のヘルスプロモーションに配意する意味でも，業務内容を明確化し支援全体をマネジメントする技術が必要となる。その資質向上も公認心理師の法的義務の一つである。

文献

Klonsky, E. D., Victor, S. E. & Saffer, B. Y.（2014）Nonsuicidal self-injury : What we know, and what we need to know. Canadian Journal of Psychiatry 59（11）; 565-568.

松本俊彦（2019）児童・青年期の非自殺性自傷．児童青年精神医学とその近接領域 60（2）; 158-168.

文部科学省（2022）生徒指導提要．

特別支援教育に関連する法規と合理的配慮を踏まえた支援

佐藤美幸

本事例では，小学校の通常学級において特別な教育支援を必要とする児童に対して合理的配慮を行った。本事例を通して，合理的配慮を義務付けている障害者差別解消法（内閣府，2016），通常学級における特別支援教育の対象として想定されている発達障害を規定する発達障害者支援法（文部科学省，2005），特別支援教育の制度と目的を定めた学校教育法（文部科学省，1947）について紹介し，特別支援教育を実施する際の法的根拠を解説する。

事例の概要

公認心理師であり公立小学校で勤務するスクールカウンセラー（以下，SC）は，勤務校の3年生の男児Aの保護者から相談を受けた。Aの保護者は，Aが幼稚園の頃から周りの子に比べてすぐに怒ったり，言うことを聞かなかったりすると感じていた。小学3年生になって，家でAに宿題や学校の用意などをするように注意しても全く言うことを聞かず，さらに激しく怒り出すようになった。心配になって児童精神科を受診し複数の検査を受けた結果，自閉スペクトラム症（以下，ASD）の診断を受けたという。保護者はAがASDの診断を受けた後，インターネットなどでASDについて情報収集をしており，Aの学校での生活や友人関係を非常に心配していた。そのため，子どもが学校で辛い思いをしないように学校で合理的配慮を行うことを希望していた。

SCがAの学級担任に確認すると，学校でもAに指示をすると怒り出すことがよくあり，最近は離席も目立つようになってきたという。授業中に指示が理解できていない様子も見られ，学習面では国語の登場人物の気持ちの変化を具体的に想像するのが難しいとのことであった。学級担任は，Aが指示を理解していない時には，指示をわかりやすい端的な言葉に言い換えたり，黒板に指示の概要を板書したりしていた。また，国語の授業では登場人物の気持ちを図解するなどして理解できるように工夫していた。

SCは勤務校所属の特別支援教育コーディネーターと話し合い，保護者と話し合いの場を持つことにした。話し合いには保護者，学級担任，特別支援教育コーディネーター，SCが参加し，今後Aに対してどのような支援を行うことができるか検討し

た。保護者は合理的配慮として，Aに支援員をつけることを希望した。

問題の整理

2016年4月に施行された「障害を理由とする差別の解消の推進に関する法律（以下，障害者差別解消法）」では，障害者に対する不当な差別的取り扱いの禁止と合理的配慮の提供を定めている。不当な差別的取り扱いとは，障害があるという理由だけで障害のない人と異なる取り扱いをすることであり，国・自治体，民間企業・事業所共に禁止されている。合理的配慮とは，障害者から社会的なバリアを取り除いてほしい旨の申し出があった場合に，実施に伴う負担が過重でない範囲で必要かつ合理的な配慮を講ずることであり，国・自治体は義務，民間企業・事業所は努力義務となっている。2021年に改正法が可決され，それまで努力義務であった民間企業や事業所の合理的配慮が2024年4月から義務となる。したがって，合理的配慮については国公立小学校が義務，私学の小学校も2024年から義務となる。

障害者差別解消法では障害者を身体障害，知的障害，精神障害（発達障害を含む），その他の心身機能の障害がある者としている。小学校の通常学級において最も支援ニーズが多いのは発達障害である。文部科学省（2022）は，「通常の学級に在籍する発達障害の可能性のある特別な教育的支援を必要とする児童生徒に関する調査」において，通常学級に在籍する発達障害の可能性のある（学習面または行動面で著しい困難を示す）児童生徒が8.8％存在していた

と報告している。30人学級であれば2～3人は発達障害の可能性があり，特別な教育的支援が必要であると考えられる。発達障害の定義については発達障害者支援法において定められており，「自閉症，アスペルガー症候群その他の広汎性発達障害，学習障害，注意欠陥多動性障害その他これに類する脳機能の障害」とされている。本事例はAがASDの診断を受けており，保護者からの要請があるため合理的配慮を実施することが求められる。

学校で行われる合理的配慮は非常に多岐にわたるため，中央教育審議会（2012）は教育内容・方法，支援体制，施設・設備という3つの観点から合理的配慮のあり方をまとめている（表1）。本事例では保護者が相談に来る前から，指示を分かりやすい言葉に言い換える，板書や図解など視覚的な情報を提示するなど「情報・コミュニケーションおよび教材の配慮」が行われていたと言える。

保護者と学校の話し合いにおいて，保護者は支援員をできるだけ長くつけてほしいと要望していたが，人的リソースの確保がすぐには難しいことから，負担が過重にならない範囲で時間を調整して支援員を配置し，支援員がつかない時間はこれまで行ってきた配慮について説明し，継続することで合意した。

事例の展開

特別支援教育については学校教育法に規定があり，第81条において「教育上特別の支援を必要とする幼児，児童及び生徒」も対象とされていることから，通常の学級に

表1　合理的配慮の観点（中央教育審議会初等中等教育分科会（2012）を参考に作成）

「合理的配慮」の観点（1）──教育内容・方法

（1）－1　　　教育内容
（1）－1－1　学習上または生活上の困難を改善・克服するための配慮
（1）－1－2　学習内容の変更・調整

（1）－2　　　教育方法
（1）－2－1　情報・コミュニケーションおよび教材の配慮
（1）－2－2　学習機会や体験の確保
（1）－2－3　心理面・健康面の配慮

「合理的配慮」の観点（2）──支援体制

（2）－1　　専門性のある指導体制の整備
（2）－2　　幼児児童生徒，教職員，保護者，地域の理解啓発を図るための配慮
（2）－3　　災害時等の支援体制の整備

「合理的配慮」の観点（3）──施設・設備

（3）－1　　校内環境のバリアフリー化
（3）－2　　発達，障害の状態および特性等に応じた指導ができる施設・設備の配慮
（3）－3　　災害時等への対応に必要な施設・設備の配慮

おいても支援ニーズがある子どもに特別支援教育を実施することになる。「発達障害を含む障害のある幼児児童生徒に対する教育支援体制整備ガイドライン」（文部科学省，2017）では，特別支援教育の対象となる子どもは必ずしも診断を受けている必要はなく，特別支援教育に関する委員会（校内委員会）を設置し，ニーズの把握，支援内容の検討・評価などを行い，必要な支援を実施するとしている。

　学校では校内委員会でAの支援について検討することになった。SCは校内委員会のメンバーではなかったものの，保護者の許可を得たうえで適宜情報の共有を行った。学級担任や特別支援教育コーディネーターによると，Aは指示を理解できるようになってきているが，指示された際に怒り出すことや離席はあまり減っておらず，SCはAの

クラスでの様子を観察することとした。Aが着席している時に学級担任から全体に向けて教示や発問をすることが多く，Aが離席をするとAに対する教師の個別の指示や指導が多くなって，Aが怒り出すという場面が観察された。このため，Aが着席している時の学級担任の注目が少なく，Aが離席している時に教師の注目が増えることで，離席行動が維持されていることが推測された。

　そこでSCは，O'Nions et al.（2013）による，ASDの子どもは指示や要求される場面を非常に嫌うという知見から，絵カードや文字カードを使用して事前にできる限りすべきことをAに伝えて，学級担任が面と向かってAに指示をしたり要求をしたりする場面を減らすように提案した。さらに庭山・松見（2016）による，対象児が着席す

るという適切な行動をしている時に教師が
ほめることによって離席が減少したという
研究結果を参考にした。SCは学級担任に，
Aが学級担任に注目してもらいたいがため
に離席していること，Aの着席を増やすた
めにはAが着席している時に注目し，Aが
離席している時には注目しないという方
針で対応することが効果的であると説明し
た。具体的には，学級担任に一定の間隔で
振動する機器を携行してもらい（庭山・松
見（2016）の場合は5分に1回），振動した
時にAが着席している場合にはAの方を見
て，やっていることを賞讃したり話しかけ
たりしてもらった。Aが着席していない場
合には，Aの方は見ずに話しかけないよう
にしてもらった。

　以上のような方法で，学級担任がAに指
示や要求をしなければならない場面を減ら
しながら，Aが着席している時に学級担任
が話しかける回数を増やして，Aが着席し続
けることを支援した。提案した支援を行っ
た結果，Aの離席や怒り出すという行動は
低減したとの報告があった。

まとめ

　特別支援教育の分野で公認心理師が活動
する際に注意が必要なのは，合理的配慮や
特別支援教育の実施が法律によって規定さ
れているという点である。そのため，関連
法規の知識が必須であると言える。また，
学校で支援を行う際には文部科学省の通知
やガイドラインでどのような分掌や役割分
担が定められているのかを知ることで，SC
の役割がより明確に理解され，スムーズな
連携に繋がる必要がある。

文献

中央教育審議会初等中等教育分科会（2012）共生社会の形成に向けたインクルーシブ教育システム構築の
　ための特別支援教育の推進（報告）(https://www.mext.go.jp/b_menu/shingi/chukyo/chukyo0/gijiroku/__
　icsFiles/afieldfile/2012/07/24/1323733_8.pdf（2023年7月28日閲覧)).

文部科学省（1947）学校教育法（https://elaws.e-gov.go.jp/document?lawid=322AC0000000026_20230401_
　504AC0000000076&keyword=学校教育法［2023年8月1日閲覧］).

文部科学省（2005）発達障害者支援法（https://elaws.e-gov.go.jp/document?lawid=416AC1000000167［2023
　年7月26日閲覧］).

文部科学省（2017）発達障害を含む障害のある幼児児童生徒に対する教育支援体制整備ガイドライン
　(https://www.mext.go.jp/component/a_menu/education/micro_detail/__icsFiles/afieldfile/2017/10/13/
　1383809_1.pdf［2023年8月1日閲覧］).

文部科学省（2022）通常の学級に在籍する発達障害の可能性のある特別な教育的支援を必要とする児童生徒
　に関する調査結果について（https://www.mext.go.jp/content/20230524-mext-tokubetu01-000026255_01.
　pdf［2023年8月1日閲覧］).

内閣府（2016）障害者差別解消法（https://elaws.e-gov.go.jp/document?lawid=425AC0000000065_2022061
　7_504AC0000000068&keyword=障害者差別解消法（2023年7月26日閲覧］).

庭山和貴・松見淳子（2016）プロンプトによる教師の注目の増加が通常学級に在籍する自閉症スペクトラ
　ム障害のある児童の授業参加に及ぼす効果．行動分析学研究31（1）；55-62.

O'Nions E., Viding E., Greven C. U. et al.（2013）Pathological demand avoidance : Exploring the behavioural
　profile. Autism 18（5）；538-544.

第3章

アセスメントとケースフォーミュレーションを実践する

小関俊祐

1 アセスメントの観点とその意義

公認心理師が支援を展開するうえで，要支援者のアセスメントに基づいた支援を展開することは，エビデンスベイスト・プラクティスの観点から不可欠である。ここでいうアセスメントの対象には，教育分野において公認心理師が直接的に関わる児童生徒や保護者，教師などだけではなく，関係職種，学級・学年，学校組織，地域に関するアセスメントなども含まれる。特に，現在生じている不適応行動の整理に加えて，適応行動のアセスメントも欠かせない適応行動に着目することによって，不適応行動が生起しやすい状況を，**環境調整**によって適応行動が生起しやすい状況に変えることが可能になる。

また，知能検査や発達検査を用いた発達面のアセスメント，学習上，あるいは対人関係上の課題，これまでの支援歴，本人や保護者，教師のニーズなど，**多面的なアセスメント**が必要となる。支援歴を把握し，これまでの支援を適切に踏襲することは，クライエントに対してシームレスな支援を提供するうえで重要である。

さらに，本人を取り巻く環境へのアセスメント，とりわけ保護者や教師，友人からの関わりに関するアセスメントは重要となる。たとえば不登校の児童生徒のアセスメントにおいて，保護者が積極的に登校を促そうとする考え方をもっているかどうか，家族の考え方は一致しているかどうかといった点は，支援方針の立案に大きな影響を及ぼす。保護者や教師といった児童生徒に深く関わる者からの視点や意見を取り入れることで，さらに包括的なアセスメントが可能となりうる。

また，学級や学年，学校集団に対するアセスメントもあわせて実施していくことが望まれる（小関ほか，2020）。当該児童生徒にとっての友人との関係性や学級の特性，グループダイナミクスの把握などを行うことによって，直面する問題や集団の状況に応じた，児童生徒に対する直接的な介入だけではなく，集団に対する環境へのアプローチも組み合わせながら実施するという選択肢をもつことができる。

組織に対するアセスメントも重要となる。校風や学校での直近の取り組み，**通級指導教室**などの有無，**スクールカウンセラーやスクールソーシャルワーカー**，**教育相談員**などの関わりの方針，巡回相談などの学校外専門家のスタンス，**養護教諭**や**特別支援教育コーディネーター**の考え方など，学校組織や関係他職種についてのアセスメントを行うことで，機

能的役割分担を行い，継続的な支援を連携して提供することが可能となる。

2　アセスメントの手続き

　アセスメントの手続きは多岐にわたっており，**観察法**，**面接法**，**検査法**などがある。

　観察法は，児童生徒などの行動や態度を注意深く観察し，情報を収集する手法である。特に行動観察によって，被観察者の行動傾向や学習スタイル，対人相互作用，不適応行動および適応行動などを評価することができる。その一方で，観察者の客観的な観察スキルや評価基準に基づいて行われるため，公認心理師には観察スキルや客観的に共有可能な評価基準を設定するスキルなどの**アセスメントスキル**の習得と向上が求められる。

　面接法は，児童生徒などクライエントとの対話を通じて情報を収集する手法である。面接は構造化された形式や自由な形式で行われる場合があるが，特に面接法においては**面接の構造化**が求められる。面接の構造化によって，情報の一貫性や比較の容易さが向上し，客観的なデータの収集が可能となる。

　検査法は，標準化されたテストや評価尺度を使用して児童生徒の特性や機能を評価する手法である。検査法により，客観的なデータを提供し，比較や基準に基づいた評価を行えるようになる。

　これらの手法は，心理的アセスメントの一部であり，組み合わせて使用することが望ましいとされる。さらに，支援の実施前と実施後の**事前事後アセスメント**によって，介入や治療の効果を評価することができる。

3　アセスメントの実践

　これらのアセスメントの観点を踏まえ，さ

らに**生物心理社会モデル**に基づいてPDCAサイクルを回すためのアセスメントを含めて，**統合的・包括的なアセスメント**が行われる。また，具体的な行動の生起（あるいは非生起）に対しては，問題状況の**機能分析**を行うことが求められる。機能分析は，不適応行動の原因や維持要因を明らかにするための手法である。機能分析によって行動が生起した際の周囲の環境や先行刺激，個人の内的な要因などを考慮することで，不適応行動の理解と代替行動の立案が可能となる。このような観点に加えて，**学校適応アセスメントの3水準モデル**に基づいた理解が重要となる（大対ほか，2007）。学校適応アセスメントの3水準モデルでは，個人レベル，学級・学年レベル，学校組織レベルの3つの水準でアセスメントを実施する。個人レベルでは，児童生徒の個別のニーズや学習上の問題に関する評価など，学級・学年レベルでは，学級全体の適応度や教育環境に関する評価など，そして組織レベルでは，学校全体の組織的な要因や支援におけるリソースの評価が行われる。このモデルに基づくことで，学校における児童生徒の適応状況を総合的に把握し，適切なサポートや介入を計画することができる。

4　ケースフォーミュレーションの定義と手法

　認知行動療法に代表される臨床心理的支援においては，**ケースフォーミュレーション**（事例定式化）を行うことが，治療過程を最適化させ，エビデンスに基づく介入方針を立案する（下山，2014）ために不可欠な手続きであると考えられている。下山（2014）は，クライエントの心理的，対人的，行動的問題の原因，促進要因，および維持要因に関する仮説であり，クライエントに関する複雑な情報

を整理することを助けるもの，という問題のフォーミュレーションの定義（Eells, 1997）に介入方針を加えたものが，ケースフォーミュレーションに相当すると説明している。

下山（2014）は，ケースフォーミュレーションの手続きとして5つの段階を示している。第1段階はターゲットとする問題の特定であり，具体的に特定された問題が介入のターゲット行動となる。すなわち，「不登校」や「学校に行かない」という事態は介入のターゲット行動としては不十分であり，「朝7時に起きて8時までに学校に行き，5時間目まで教室で過ごす」など具体的で，クライアントを含む他者と共有可能な行動目標を設定することが最初のステップとなる。

第2段階は，問題を維持する悪循環の明確化である。その際に，中核的な役割を果たすのが機能分析である。たとえば，朝，「宿題ができていないことで，学校に行ったら先生に叱られるかもしれない」という不安が喚起したとする。それを先行事象とし，「お母さん，お腹痛いから学校休んでもいい？」という訴える行動が引き起こされ，結果的に休むことができると安心の出現（正の強化）もしくは不安の低減（負の強化）が随伴し，腹痛を訴える行動は強化される。そのため，同様の事態，すなわち教員からの叱責などの都合の悪い状況への直面化が予測される場合には，同様の行動が出現する可能性が高い。あわせて，腹痛を訴える行動の機能として「嫌なことからの回避」が予測でき，この場合，短期的な安心の獲得（不安の低減）が長期的な生活環境で強化されないことが問題となると考えられる。このような整理はミクロの（事象レベルの）ケースフォーミュレーションと位置づけられる（図1）。

第3段階はフォーミュレーションの妥当性の検討である。図1に示した内容はあくまで

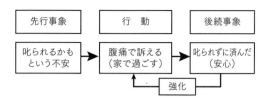

図1　ミクロの
（事象レベルの）ケースフォーミュレーション

も仮説であり，日常場面において同様の事象が実際に起きているかどうかを確認する必要がある。また，図1で示されたような一連の反応が，そのほかの場面においても生じているかどうかを確認するとともに，これらの事象が形成されることとなった背景となる要因にも着目して情報の収集を行っていく。これによって，マクロの（生物心理社会モデルに基づく）ケースフォーミュレーションが行われる（図2）。このときに，マクロ変数の中でも，手が出しやすい変数と，手が出しにくい変数に分けて整理することで，介入方針の優先順位をつけることが可能になる。さらに，適応行動に関する情報を積極的に扱うための枠組みを教員や保護者と共有することが，クライアントである児童生徒の適応行動を引き出すことにもつながる。

第4段階は，ケースフォーミュレーションに基づき，クライアントと共有しながら介入を進めていく段階である。適宜，クライアントの反応や変化を確認しつつ進めることが求められる。

第5段階は，介入効果の測定と評価，およびケースフォーミュレーションの修正である。必要に応じてケースフォーミュレーションを見直すことも求められ，より効果的な介入を提供していくこととなる。

5　ケースフォーミュレーションの実践

教育分野におけるさまざまな問題に対して，

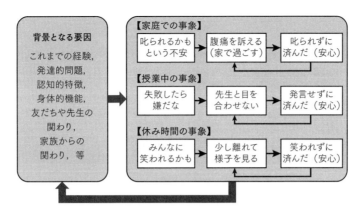

図2　マクロの（生物心理社会モデルに基づく）ケースフォーミュレーション

ケースフォーミュレーションを実践していくと，たとえば，いじめの問題は，二者以上の間における行動の相互作用によって生じる問題ととらえることができるようになる。不登校の問題においても，「なぜ不登校になったのか」という過去にある原因よりも，今現在，学校に行かないことで得ている「強化子」は何か，という維持要因に目を向けることで，行動の機能のアセスメントと支援方針の立案が可能となる。さらに発達や心の課題への支援を含む特別支援教育においても，自閉スペクトラム症や注意欠如・多動症などといった診断名に基づく理解ではなく，行動に基づいたアセスメントを行うことによって，環境調整を中心とした支援方針と本人に対する直接的な支援とを組み合わせて展開することができる。また，必ずしも臨床的な問題に限らず，日常の指導場面でも活用可能である。たとえば「友だちとうまく遊べない」という問題が観察された場合には，遊ぶためのスキルが未学習なのか，誤学習なのか，遂行困難なのか，あるいは周囲の受け入れの問題なのか，などのアセスメント結果によって支援方針も変わることが予測できる。

このようなケースフォーミュレーションに基づく支援を学校に浸透させるには，ケースフォーミュレーションに基づいた支援を，保護者や学級担任を含む多職種を巻き込みながらチームとして展開していくことが不可欠である（杉山ほか，2020）。さらに，アウトカム変数の共有によるエビデンスの構築も求められる。たとえば，不登校における「心のエネルギーの充足」を目的とするケースと，「登校」や「学校適応」を目的とするケースを，アセスメントを経たうえで適切に整理し，アウトカム変数が共有されるケースをまとめることによって，エビデンスの水準を高めていく対応が必要となる。

文献

Eells, T. D.（Ed.）（1997）Handbook of Psychotherapy Case Formulation. New York：The Guilford Press.
小関俊祐・杉山智風・新川瑶子（2020）児童生徒集団に対するストレスマネジメントのアセスメントと実践．Journal of Health Psychology Research 32（Special Issue）；185-190.
大対香奈子・大竹恵子・松見淳子（2007）学校適応アセスメントのための三水準モデル構築の試み．教育心理学研究 55（1）；135-151.
下山晴彦（2014）認知行動療法のプロセス（2）ケース・フォーミュレーション．In：下山晴彦・神村栄一＝編：認知行動療法．放送大学教育振興会，pp.59-71.
杉山智風・小関俊祐・新川瑶子ほか（2020）チーム学校に基づく支援体制の構築に求められる家庭と学校に期待される機能的な役割分担についての展望．ストレスマネジメント研究 16（2）；62-63.

ケースフォーミュレーションに基づく不登校支援

新川瑶子

本事例では，学級担任の紹介により来談した長期不登校児（女子，来談時中学2年生）と両親を対象とした支援を取り上げる。事例を通して，どのようなアセスメントに基づいてケースフォーミュレーションを行い，その結果を踏まえた上でどのように介入方針を立案し，介入の評価を行ったのか，という一連の手続きを整理する。また，当事者や関係者とどのように情報を共有し，理解を得た上で支援を展開したか，という点も紹介する。

事例の概要

A（女子，来談時中学2年生）は来談時，6カ月の長期不登校であった。家族構成は，父親（会社員），母親（会社員），Aの3人。不登校になる前のAに対する両親の評価は「友達もいて，成績も上位の方。繊細なところもあるが，手がかかる子ではなかった」とのこと。中学進学時の申し送りも「特に懸念なし」であった。

学校を休み始めた当初，Aを心配した両親は，無理に学校へ行かなくてもいい，と声をかけていた。学級担任も毎日電話で様子の確認をしていた。しかしAの状況は改善せず，欠席が続いた。欠席が1カ月以上続いた頃から，両親は「勉強したら？」「どうして学校へ行かないの？」といった声をかけるようになった。この頃から，Aはリビングに出てくる頻度も減り，自室にこもるようになった。あわせて，両親を無視する，一日中ベッドで過ごすなどといった行動が出現するようになった。これらの状況に対して，両親は学級担任と相談し，Aの「心のエネルギーが回復するまで」待っていた。しかし状況の改善は見られず，学級担任の紹介により，放課後の生徒がいない時間にAと両親が公認心理師であるスクールカウンセラーへ相談することとなった。

問題の整理

不登校の要因として「無気力・不安」が最も多く，全体の半数を占める（文部科学省，2023）。また，学校不適応の背景には，子どもの不安症やうつ病の併存率が非常に高いことが指摘されている（石川，2013）。このような知見も踏まえると，生育歴から見た発達面や認知的特徴などの生理面，不

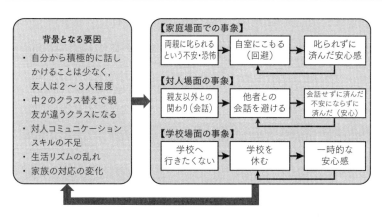

図1　本事例におけるマクロのケースフォーミュレーション

安症状や抑うつ症状を抱える可能性を考慮した心理面，学校での勉強や成績などの学習面，友人関係といった対人場面，家庭環境やクラス環境などの社会面，これら全般的な学校適応面をアセスメントすることが肝要である。また，治療に関する評価段階においても重要な役割を果たすため，援助や介入前のアセスメントと比べ，対象のケースに変化があったかどうかを評価することも重要である（石川，2013）。

1. ステップ1：情報を収集する

インテーク面接の結果，生活リズムの大きな乱れはないが入眠までに時間を要していることが確認された。社会的な側面では，基本的な外出や対人接触はないものの，同じクラスの特定の友人と連絡をとっていた。またA自身からは，最近はやる気が起きないと報告があった。自己報告式の検査では，社交不安症状を評価するSCAS（Ishikawa et al., 2009）の得点が38点（その中でも社交不安障害の得点が11点），抑うつ症状を評価するDSRS-C（村田ほか，1996）の得点が30点であり，社交不安症状と抑うつ症

状を呈していることが推測された。両親からは，「見守ったり怒ったりもしたが状況は変わらず，Aとどのようにかかわっていけばいいかわからない」という訴えがあり，疲弊している様子が見られた。

2. ステップ2：主訴を把握し，アウトカムを設定する

情報収集の結果，両親からの叱責や学校に関連する声かけなどの刺激によって，「怒られないように部屋にいる」といった回避的な行動の生起が確認された。これらの情報をもとに，ミクロのケースフォーミュレーションを作成した。このような家庭で観察される事象に加え，対人関係場面でも「親友以外との関わりを避け，学校を休む」といったネガティブな事態に直面する可能性のある状況を避ける行動が確認された。このような回避行動は一時的な不安の低減という負の強化によって維持されていると考えられ，マクロのケースフォーミュレーション（図1）が作成された。

なお，不登校状態の子どもに対し，「特に困っていない」「人が怖いから家にいた

い」などの言葉を支援者が誘導し，引き出している可能性が指摘されている（神村，2023）。そのため，クライエントによる言語報告のみを根拠に支援を進めることには慎重になる必要がある。クライエントの言語報告と観察可能な行動に齟齬がないか，クライエントが将来について現実的かつ具体的に想像しながら検討することができているか，という点まで把握して初めて，主訴の本質的な把握が可能となる。

事例の展開

　ここまでのケースフォーミュレーションに基づけば，介入におけるターゲット行動とそれに合わせたアウトカムが設定できる。ターゲット行動は，クライエントの理解と同意を得たうえで決定する。あわせて支援者である公認心理師は，最初は治療チームの一員として子どもの問題に取り組み，やがてその主導権が家族やその子にかかわる教師などの大人，そして子どもに移行していくように配慮する（Kearney & Albano, 2007）。そのためにも，支援の主体を移行することを当初から念頭に置いたうえで，周囲の関係者に対して情報を共有しておくことが望ましい。

1. ステップ3：ベースラインを設定する

　ケースフォーミュレーションに基づいたうえで，スクールカウンセラーが一方的に内容を伝えるのではなく，感情と行動の内容や量との関係について，Aや両親の気づきを促すことをねらいとし，セルフモニタリングを実施した。また，SCASの社交不安症状得点とDSRS-Cの抑うつ症状の得点をアウトカムに設定した。

　ベースラインの設定には，周囲の助けが必要となる場合もある。ベースラインを把握するため，環境に適した両親や学級担任などの関係者とともに，本人が自分の行動傾向を把握できるよう支援を展開する。

2. ステップ4：介入効果に関する情報や方針を関係者に共有する

　セルフモニタリングの結果から，A自身，回避することは結果的に強化事態が得られないことと，行動することで強化事態が随伴することに気づくことができた。これを踏まえ，Aの適応行動のレパートリーを増やすことが，強化事態を経験する頻度を高め，結果的に学校復帰につながると公認心理師が判断し，Aとも共有した。これに基づいて，次の段階として1週間後の面接時に，Aと両親はそれぞれが記録したセルフモニタリングシートを持参した。Aは「ずっとベッドにいた日は無気力」「友達と電話をした日は良い気分で楽しい気持ち」といった随伴性に気づき，両親からは「家族でテレビを見ている時は少し笑顔が見えた」「朝，学校のことについて聞かなかった日はリビングに来た」といった情報が得られた。

　Aと両親とこれらの気づきが得られたことを共有し，次の段階として，行動活性化（神村，2019）における心理教育を実施した。Aとは，楽しい時間を増やすための「作戦会議」と題して，問題解決訓練（杉山ほか，2022）を援用しつつ協働して計画を練った。その結果から，「欲しかった漫画を買いに行く」「リビングにいる時間を増やす」などの行動目標を設定した。両親とは，「Aの好きなテレビを一緒に見る」「朝

はおはようと声をかける」を目標に設定した。

3. ステップ5：ケースフォーミュレーションの修正や情報共有の関係者への理解の促進

ここまでのセルフモニタリングや行動活性化に基づき，Aの抑うつ症状には改善が見られ（CES-D＝9点），Aは家で安心して過ごすことができていた。一方で，SCAS得点は減少傾向だが，対人不安が依然として見られた。また，「授業も受けたいし教室にも行きたいけど，教室に入るのはやっぱり不安」といった発言も確認された。

このように，介入効果を高めるためには，保護者や教師といった関係者がどのような行動の変化に着目することが奏功するのかを心理職が把握し，着目するべき行動や整えるべき環境を具体的に共有することが大切になる。また，一定の介入効果が得られると，次の中・長期的な目標が本人の言葉として出てくることもある。その際には，初期に立てたケースフォーミュレーションを再検討しつつ，Aや両親，学級担任と次の長期的な展望を検討する。同時に，Aとその関係者に，終結も見定めながら，心理職が担っていた機能を移譲する作業を行う。

まとめ

本事例のように，ケースフォーミュレーションを行い，情報をクライエント本人や保護者などと共有していくことは重要である。クライエントの状況を理解し，筋道を立てて方向性を持って支援を行う土台となるケースフォーミュレーションは，支援の時期によって常に更新していく必要がある。また，スクールカウンセラーのように業務時間に限りがある場合には，本人に対する直接的な支援のみに留まらず，意図して保護者や教師を巻き込んで支援の主体を意図的に引き渡すことも求められる。

文献

石川信一（2013）子どもの不安と抑うつに対する認知行動療法──理論と実践．金子書房．

Ishikawa, S., Sato, H., & Sasagawa, S. (2009) Anxiety disorder symptoms in Japanise children and adolescents. Journal of Anxiety Disorders 23 (1); 104-111.

神村栄一（2019）不登校・ひきこもりのための行動活性化──子どもと若者の"心のエネルギー"がみるみる溜まる認知行動療法．金剛出版．

神村栄一（2023）不登校をめぐる物語と科学──"令和型不登校"にどう向き合うか？．シンリンラボ 第1号（https://shinrinlab.com/feature001_04/ ［2023年10月30日閲覧］）．

Kearney, C. A., & Albano, A. M. (2007) When Children Refuse School : A Cognitive-Behavioral Therapy Approach, Therapist Guide (2nd Ed.). Oxford : Oxford University Press.（佐藤容子・佐藤寛＝訳（2014）不登校の認知行動療法──セラピストマニュアル．岩崎学術出版社）

文部科学省（2023）令和4年度児童生徒の問題行動・不登校等生徒指導上の諸課題に関する調査結果について（mext.go.jp/content/20231004-mxt_jidou01-100002753_1.pdf ［2023年10月30日閲覧］）．

村田豊久・清水亜紀・森陽次郎ほか（1996）学校における子どものうつ病──Birlesonの小児期うつ病スケールからの検討．最新精神医学 1；131-138．

杉山智風・髙田久美子・伊藤大輔ほか（2022）高校生を対象とした問題解決訓練における抑うつ低減効果の検討──活性化と回避の機能的変容に焦点を当てて．認知行動療法研究 48 (3)；285-295．

個別の教育支援計画，個別指導計画に基づく支援方針の立案と共同的支援

土屋さとみ

　本事例は，行動の問題が生じている児童に対し，経時的データに基づく支援を展開することをテーマとしている。具体的には，アセスメントに基づいた個別の教育支援計画および個別の指導計画の作成を行い，保護者や学校，外部支援機関など，児童の関係者がこれらを共有したうえで支援の提供を行った。アセスメントには観察法を用いており，学校や家庭などの場面で共通して観察される行動の機能を分析し，習得すべき代替行動を検討した。そして，その行動の生起頻度を効果指標として，支援の効果を確認した。本事例を通して，アセスメントに基づく支援の計画および立案，および実践の成果を，関係者にフィードバックをしながら確認していくというPDCAのプロセスとサイクルについて確認する。

事例の概要

　小学1年生の男児Aは，周囲から「落ち着きがない」と言われている。Aは共働きの両親との3人家族である。母親は，保育園入園頃からAが言うことを聞かなくなったと感じている。学校でも，授業中に立ち歩いてしまうなどの行動が報告されている。1年生のため他にも落ち着かない児童は多く，Aにかかりきりにはなれないが，Aが立ち歩くと学級担任は「歩かないよ」と声をかける不適応行動の減弱を教育目標とした指導を行ってきた。学校と家庭で共通して報告されているAの「落ち着きのなさ」から，1年生の3学期より通級指導教室の利用を開始することとなった。Aは発語が少ないことや，興味があるものに注意が奪われてしまうことを保育士から指摘されていた。そのため，現在は放課後等デイサービスを利用している。保育園の時は補助の職員が個別で対応し，Aが困らないように先んじて声をかけるようにしていたため，集団でも活動に参加できていた。

　放課後等デイサービスの利用にあたり実施したWISC-IVの検査の結果は，FIQ=88，VCI=84，PRI=109，WMI=82，PSI=86であり，言語による理解の苦手さはあるものの非言語による理解は一般水準であること，注意の持続や順序立てた物事の理解が苦手であること，といった特徴がうかがえた。

問題の整理

個別の教育支援計画および個別の指導計画の作成にあたり，Aの「落ち着きのなさ」について客観的に観察および再現可能な行動に基づいた整理を行った。落ち着きのない姿勢や態度がどのような行動であるかを定めることは支援方針を立案するうえで重要となる（瀬戸・笹山，2011）。

そこで，Aの「落ち着きのなさ」に関する家庭での具体的行動について，母親から聞き取りを行った。母親の話から「遊んでいるときは集中しているが，宿題をするよう促しても立ち歩いたり，好きなパズルを始めたりしてしまう」ことが明らかになった。特にAが苦手な漢字の宿題では立ち歩きが多いと母親は感じていた。また，授業の様子をスクールカウンセラーが観察した際，問題を解く間に学級担任が教室を巡回していると，Aが離席する様子が見られた。得意な算数の時間には集中して課題に取り組んでいたが，苦手な国語の穴埋め問題になると立ち歩く様子が見られた。

以上の行動観察と聞き取りに基づき，家庭でも学校でも確認されるAの「離席の回数」を標的行動として定めた。授業中の離席回数を記録したところ，算数の時間には45分の授業中1回と少なかったものの，国語の授業中は5回の離席が確認された。家庭では，宿題に取り組む30分間の離席の回数や時間を記録した。その結果，国語の宿題を行うと開始から3分後には立ち歩きを始め，その後，別の遊びを始めてしまうことが確認された。このことから，Aの立ち歩きは，苦手な問題を回避する機能を有しているとともに，問題がわからず困っていることを他者に伝えられない場合に注目を得る機能を有していると推察された。

そこで離席の回数を減らすことを教育目標とし，課題に取り組む時間の直前に「わからなかったらそのままでもいいよ」と声をかけ，課題の時間には必ず着席しているよう促した。ところが，初めは席についていたものの，学級担任が他児の方へ行くと，そわそわした様子で立ち歩きを始めた。家庭では，母親がそばでAの宿題を見ることにしたところ，初めは喜んで取り組もうとしたものの，問題が解けず間違いを注意されると立ち歩く様子が観察された。

事例の展開

個別の教育支援計画は，長期的な視点に立ち，対象児が進級や進学をした場合にも，一貫した支援を行うために作成する計画である（文部科学省，2008）。保護者は，Aが自立するためには，言葉によるコミュニケーションをとることや，苦手なことにも逃げずに取り組むことが必要であると考えている。またA本人は，好きな算数は頑張りたいと思っている。本人や保護者の願いを含め，具体的な目標を設定するためには，問題行動の減少だけでなく，適応行動の獲得に向けた指導を展開する必要がある。

放課後等デイサービスでは，個別の療育支援を行うなかで，学校や家庭と同様にAの学習時の離席を減らす支援のあり方について，放課後等デイサービスに勤務する公認心理師が中心となり検討した。支援者がAに声をかけ，苦手な国語問題を始めようとすると，席を離れたがる様子が見られた。その際，支援者がAの苦手さを理解し，「わ

表1　本事例における個別の教育支援計画（文部科学省（2010）を参考に作成）

個別の教育支援計画　　　　　　　　　　　　　　　　　　　　　　作成日　　年　　　月　　　日

氏名	A
生年月日	X年　XX月　XX日
性別	男
学年・組	1年2組
担任	B先生
通級指導学級担任	C先生
特別支援教育コーディネーター	D先生

本人の願い	・算数の勉強を頑張りたい
保護者の願い	・言葉を使ってコミュニケーションをとり，困ったときに周囲に伝えられるようになってほしい ・苦手なことにも取り組んでほしい

得意なこと 好きなこと	・パズル ・算数
苦手なこと 嫌いなこと	・国語（文章の読み取り，作文） ・どうしたいか自分で伝えること

支援の目標	本児が得意なことやできることに自信をもって取り組み，困ったときには本児なりに発信する方法を身につけること。
支援の方法	授業において，わからないことがあったときに，先生に「わかりません」と伝えられるよう促し，選択肢を提示するなどの支援を行う。
合理的配慮を含む支援	言語だけに限らず，先生の身体をトントンと叩くなどの行動によって，困っているサインを出せることをまずは重視する。

からないときは『わかりません』と言おうね」と声をかけることとし，Aが「わかりません」と伝えた場合はヒントを出す対応をした。ヒントを出すと選択肢を選ぶことを楽しむ様子が見られ，A自ら「ヒントは？」と聞く行動が観察されるようになった。Aの回避行動を減らすために，事前に課題の難易度を下げることも支援の一つとして考えられる。

　その一方で，好きな教科は頑張りたいという意欲はAの強みであり，できているところに着目してAがそのことに気づくことができるようフィードバックを提示するという，強化的な関わりを行うことも重要である。そこで公認心理師が学校と連携し，難しい課題が生じた際に，ただ離席しないことを目標とするのではなく，わからないときに「わからない」と発信することで課題に取り組むことができるよう，支援を計画するよう提案した。また保護者には，Aのできているところを伝えることで，A自身が自分のできていることを認識できるよう援助する方針を共有した。このような多職種連携を公認心理師が中心となって働きかけつつ，目標を共有し，長期的な支援を構築していくことは重要である（文部科学省，2018）。

　これらの連携を経て，公認心理師である支援者が中心となって個別の教育支援計画（表1）を作成した。それに基づき，学級担任と学校の特別支援教育コーディネーターが中心となって個別の指導計画が作成された。学校では，わからないときは手を挙げて「わかりません」と言う，という行動目標を立て，Aおよび学級担任と共有した。また，「わかりません」と伝えられた場合に

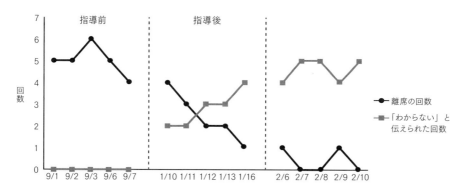

図1　国語の授業中（45分間）の離席の回数および「わからない」と伝えられた回数の推移

は，伝えたことに対して言語的称賛を提示し，選択肢やヒントを出すようにした。初めは立ち歩いて学級担任を呼びに行くこともあったが，学級担任を呼ぶことができたことを評価しつつ，手を挙げて呼ぶよう促した。これらの対応はAだけではなく，学級として取り組むこととし，他の児童とも方針を共有した。

以上の結果，手を挙げてわからないことを伝えられるようになり，同時に，離席の回数が減少した（図1）。家庭では，好きな算数の宿題から取り組むことをきっかけに着席の時間を延ばせるようになり，母親はAの着席に伴う課題従事行動を積極的に称賛した。苦手な国語の宿題に取り組む際は，学校と同様，わからないときには「わからない」と伝えるよう促し，選択肢やヒントを提示することで課題従事ができた。

まとめ

本事例では，問題となる行動の背景として，本児にとって難しい課題を回避する機能と，立ち歩くことによって学級担任や母親の注目を得る機能があると考えられた。そのため，指導計画のなかに，各教科の課題の達成度による評価だけでなく，わからないときに困っていることを適切な形で伝えるスキルを学習することを行動目標として設定した。また一連の支援は，言語でのコミュニケーションが苦手な本児が，学習の場面だけでなく，日常生活のなかで困った際に援助要請を行う行動を身につけるための教育的支援となる。本事例のように，生じている問題を本児の性格や保護者の育て方に原因帰属することなく，行動的アセスメントに基づく支援計画の作成を行い，保護者や学校，支援機関が連携した共同的支援を実施することによって，児童についての適切な理解に基づいた支援を行うことが重要である。

文献

文部科学省（2008）小学校学習指導要領.

文部科学省（2010）個別の指導計画の様式例（https://www.mext.go.jp/a_menu/shotou/tokubetu/material/1298214.htm［2023年4月15日閲覧］）.

文部科学省（2018）教育と福祉の一層の連携等の推進について（通知）.

瀬戸梓・笹山龍太郎（2011）通常学級における落ち着きのない児童への支援に関する実践研究――包括的な支援を中心に. 教育実践総合センター紀要 10；125-131.

第4章 連携・協働をじょうずに
進める

大橋 智

キーコンピテンス

1 コンサルテーションの定義

　連携・協働の技法として，コンサルテーションを欠くことはできないだろう。Gerald Caplanは，このコンサルテーション技法を定式化した最初期の専門家の一人である。Caplanによるコンサルテーションの定義は，表1の通りである。この定義では，校内のスクールカウンセラーや特別支援教育コーディネーターが教職員を対象に相談を実施することは，コンサルテーションではなく，「コラボレーション」とされる。コンサルテーションには，導入，査定，実施，評価の4つの段階がある（Dougherty, 2013）。

2 導入プロセス

　コンサルテーションの導入プロセスにおいて，コンサルティが，コンサルタントである心理師をどのような立場として受け止めるかを確認する。コンサルティがあくまで組織の外部の専門家としてコンサルタントを受け止めた時，問題解決の主体はコンサルティの側にあると理解される（Caplan & Caplan, 1999；山本，1978）。一方で，コンサルティが組織の内部の専門家であるとコンサルタントを受け止めた時，問題解決の主体性が損なわれたり，直接の問題解決を依頼されるかもしれない。

　コンサルテーションは，当事者が主体的に

表1　コンサルテーションとコラボレーションの定義

コンサルテーションの定義（Caplan & Caplan, 1999）
専門家であるコンサルタントと，コンサルタントの専門分野に属すると思われる職務上の問題について，コンサルタントの助けを求めるコンサルティという二人の専門家の間の相互作用のプロセスである。職務上の問題とは，相談者の一人または複数のクライエントの管理や治療，あるいはクライエントに対応するプログラムの計画や実施などである。クライエントとは，相談者の専門的な業務の対象となる一般人のことで，教員にとっての幼児児童生徒，看護師や医師にとっての患者，聖職者にとっての信徒，弁護士にとっての依頼者などを指す。

コラボレーションの定義（Caplan & Caplan, 1999）
クライエントの抱える課題に対して，複数名の専門家がその状態について協働で責任を持ちながら，ニーズの評価や支援計画の作成，チームの業務分担の割り当て，実施するプログラムの監督とフォローアップなどのケースマネージメントを行うもの。

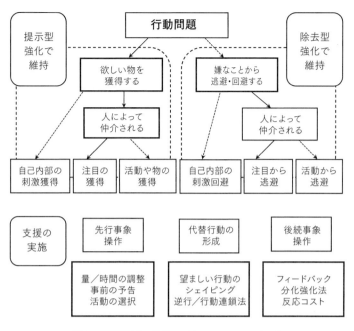

図1　機能分析の枠組み（O'Neill et al., 2014）

問題解決に関わるよう助けることを目指しており，コンサルタントはコンサルティや組織の責任者とともに支援の「目的」を共有すべきである。例えば，局内者となる自治体の教育相談室では，担当指導主事とともに問題解決の主体について協議することや，それらを明文化して管理職と共有することも必要だろう。

さて，局外者として訪問する際に，コンサルタントはどのように学校に受け入れられているのだろうか。例えば，巡回相談員の訪問が学校の玄関に掲示されていたり，事務職員に挨拶すると滞りなく校内の担当者に繋がれば，十分な組織体制が整備されているといえるだろう。

3　査定プロセス

査定プロセスにおいては，コンサルタントにはクライエントである幼児児童生徒，コンサルティである教職員，その環境であるクラスと学校組織，それぞれのアセスメントが求められる。

1. クライエントのアセスメント

児童生徒が抱えている問題をアセスメントする方法として，行動の機能分析（Functional Analysis）が代表的である（Kratochwill & Bergan, 1990）。機能分析では，図1にあるように類型化し，予防的な先行事象における支援方法，代替行動など行動成立に関わる支援方法，後続事象における支援方法を検討する（O'Neill et al., 2014）。またクライエントの行動は，学級集団の持つ風土や関係性を反映することも理解しなければならない。

これらのアセスメントにおいては，本人の好み・興味関心などの情報や本人の置かれている生活環境なども重要になる。特に就学などを前にしている幼児児童生徒の場合には，就学・進路先との連携を前提に保護者や本人の願いについて丁寧に確認する必要があるだ

ろう（Sheridan & Kratochwill, 2007）。

2. コンサルティのアセスメント

支援方略を検討するにあたり，コンサルティである教職員にそれらの支援が可能であるかを検討するため，コンサルティのスキルや人的・時間的コストを把握し，支援行動が般化・維持する随伴性の整備が求められる。コンサルティの持つ抵抗感（Gonzalez et al., 2004）や被援助志向性（谷島，2020）のような確立操作として機能する要因を検討することによって，支援行動がその後も維持・継続することや，教職員にとっての専門性を高める機会として機能しうるか，校内体制が支援行動をサポートしうるものかなども視野に入れたい。

3. 学校組織のアセスメント

クライエントの抱える「問題」には，学校組織やコンサルティがクライエントの当該行動を「問題」として取り扱う背景や来歴が反映されている。過去に生活指導上の課題が多くあった学校や長く分掌にあった教職員は，言語ルールとして「問題」を過度に捉えることがある。

コンサルテーションが有効に機能するためには，クライエントやコンサルティの相互作用のようなミクロな次元から，コーディネーターや管理職，学校組織などのマクロな次元までを見据えて，人と環境の適合（Person-Environment Fit）を目指すアセスメントを行う必要があるだろう（山本，1978）。

4 実施プロセス

クライエントへの支援の実施にあたり，コンサルティの負担が小規模のものから順に，

①席替えなどの環境調整，②教室内のルールの適用などの学級運営上の調整，③プリント教材の利用などの学習方法の変更，④個別の支援（声かけや教示など）に関わる調整，⑤校内連携における調整などが選択肢となる。

支援が計画通りに行われるよう，コンサルティに対してスタッフ・トレーニングを実施することは，効果を保証するために推奨される（例えば，野口・加藤，2010）。これは，コンサルティのスキルのアセスメントを行う必要があることを示している。またコンサルティの経験年数や校務分掌により，効果に対する認知に違いが見られるため，個々人の態度，価値観なども把握して取り組むことが推奨される（大橋，2017）。

5 評価プロセス

教職員の支援行動やクライエントである児童生徒の行動変容について，コンサルティである教職員やコーディネーターを対象にフィードバックを行うことは，支援行動の維持や般化にとって効果的である（野口・加藤，2010）。業務内の限られた時間の中でクライエントのデータについて細かくフィードバックすることは難しいが，変化の大要やその意味付けを共有することは重要なコンサルタントの役割である。

近年では，ICTを活用して行動記録を行う方法の提案（例えば，井上ほか（2019））もなされているが，学校教育環境においては教職員が利用可能なICT機器の配置が進む中でその利用が期待される。これらの導入から，診断，実施，終結のプロセスが有機的に連携するならば，図2のような連携の中で支援が実施されるだろう。

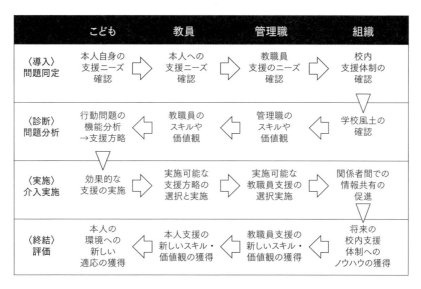

図2　学校におけるコンサルテーションの展開（大橋，2022）

文献

Caplan, G., & Caplan, R.B.（1999）Mental Health Consultation and Collaboration : Concepts and Aapplications. IL : Waveland Press, Inc.

Dougherty, A. M.（2013）Psychological Consultation and Collaboration in School and Community Settings. Boston, MA : Cengage Learning.

Gonzalez, J. E., Nelson, R. J., Gutkin, T. B. et al.（2004）Teacher resistance to school-based consultation with school psychologists : A survey of teacher perceptions. Journal of Emotional and Behavioral Disorders 12（1）; 30-37.

井上雅彦・中谷啓太・東野正幸（2019）行動上の問題に対する行動記録アプリケーション "Observations" の開発．行動分析学研究 34（1）; 78-86.

Kratochwill, T. R. & Bergan, J. R.（1990）Behavioral Consultation in Applied Settings : An Individual Guide. New York : Springer US.

野口和也・加藤哲文（2010）教育場面における行動コンサルテーションの介入整合性の促進——フォローアップ方略の構成要素の検討．行動療法研究 36（2）; 147-158.

大橋智（2017）保育巡回相談におけるコンサルテーションの機能の質的分析——KJ法を用いたモデル化とテキストマイニングによる属性分析．明星大学発達支援研究センター紀要 : MISSION 2 ; 11-24.

大橋智（2022）学校教育における巡回相談を通した行動コンサルテーション．In : 小関俊祐・嶋田洋徳・戸ヶ﨑泰子ほか : 公認心理師の会共催企画シンポジウム1　教育・特別支援分野　教育・特別支援分野における認知行動療法の浸透に向けて．日本認知・行動療法学会第48回大会．

O'Neill, R. E., Albin, R. W., Storey, K. et al.（2014）Functional Assessment and Program Development for Problem Behavior : A Practical Handbook. Boston, MA : Cengage Learning.（三田地真実・神山努＝監訳，岡村章司・原口英之＝訳（2017）問題行動解決支援ハンドブック——子どもの視点でポジティブに考える．金剛出版）

Sheridan, S. M. & Kratochwill, T. R.（2007）Conjoint Behavioral Consultation : Promoting Family-School Connections and Interventions. Berlin : Springer Science & Business Media.

谷島弘仁（2020）教師が学校コンサルテーションを利用しない理由とその背景．生活科学研究 42 ; 21-28.

山本和郎（1978）コンサルテーションの理論と実際．精神衛生研究 25 ; 1-19.

幼稚園における個別の指導計画作成と運用に対する支援

遠藤 愛

幼稚園教育要領（文部科学省，2018）では，特別な配慮が必要な幼児への支援として，関係機関との連携のもと専門家からの助言や指導を得ながら，個別の指導計画を作成し日々の保育に活用することを求めている。保育・教育現場における個別の指導計画の運用においては，①アセスメント・目標の設定，②計画立案，③実施・評価というサイクル（Linked System）が重要である（Pretti-Frontczak & Bricker, 2004）。しかし真鍋（2013）は，我が国の保育・教育現場における個別の指導計画の運用は，園内で各プロセスをどう展開させるかという検討が不足していることを危惧している。

本事例では，公立幼稚園における個別の指導計画の作成と運用をバックアップするためのコンサルテーションの実践を紹介する。この実践では，モデル事例となった幼児の支援目標に関わる標的行動を軸として，個別の指導計画の運用において重要となる，①アセスメント・目標の設定，②計画立案，③実施・評価という各過程での協働の経過を報告する。

事例の概要

首都圏郊外にある公立幼稚園のうち，3〜5歳児クラスがそれぞれ単学級の小規模園を対象とした巡回相談の中でコンサルテーションの実践を行った。本事例のコンサルティは，4歳児クラスを担当する女性保育者1名（勤続6年目）と，特別支援教育コーディネーターを担う主任保育者1名（勤続23年目）であった。また，支援対象であるクライアントは，自閉スペクトラム症の診断を有する4歳の男児Aであった。

Aは，数や文字に強い関心を持ち，それらを独自に習得するほどに知的能力が高い反面，一度執着するとなかなか気持ちや行動を切り替えることができないといった，適応上の難しさを抱えていた。例えば，自由遊びの際に，積み木やパズル，特定の絵本など，気に入った遊びや玩具を見つけると自由遊びの終わりの時間が来てもなかなかそれをやめることができなかった。その際，学級担任や他の保育者が終わりを促すと激しく怒り，物を投げる，保育者を叩くなどの行動が見られた。また自分の使いたい玩具を他の子どもが使おうとすると，そ

の子どもに対しても同様の激しい攻撃を加えた。また，時間やスケジュールに対するこだわりも強く，遊びに対して執着したことで給食や帰りの会などの開始に遅れると，これに対しても受け入れることができず，泣いて怒るなどの行動が見られた。

　保護者からは，本児が4歳児クラスに在籍した頃に医師から診断を受けたことが伝えられ，その際に園での生活において個別的な配慮の申請があった。保護者によれば，自宅でも夢中になっていることや好きなことをやめられず，保護者の促しに対して強く怒ったり泣き出したりすること，特に家族で出かける時や幼稚園に行く時など，外出の予定がある際に，行く・行かないで保護者ともみ合いになることが多いとのことであった。また，Aが一度機嫌を損なうと気持ちを切り替えるのにも時間がかかることを何とかしたいというニーズが伝えられた。

　園では，これらの保護者のニーズを受けて，Aを対象とした個別の指導計画を作成することとなった。しかし本園では，個別の指導計画の作成・運用に関する経験値が浅く，これらを軸とした支援体制も未確立であったため，巡回相談を活用し，個別の指導計画の作成と運用を中心とした園内支援体制の構築に着手した。本事例にて筆者は，公認心理師・臨床心理士資格を有する巡回相談員（コンサルタント）として，Aの見立てと個別の指導計画作成に関する本園へのコンサルテーションを実践した。

問題の整理

①目標の設定

　保護者からのニーズと，Aの園での実態を照合させ，Aの支援目標は「今着手している活動や遊びから行動を切り替えて，次の活動に参加することができる」と設定した。特定の遊びに執着するために次の活動の時間に間に合わないことにも苦しんでしまうAの様子を踏まえると，この目標はA本人のニーズにも合致しており，本人を中心とした計画（Person-Centered Plan）という視点からも妥当であると判断した。さらにこれらの支援目標の達成状況を査定するために，特別支援教育コーディネーターが無理なく記録を取り評定できるよう，評定場面を「給食」と「帰りの会」に設定した。そして，その場面で測定する標的行動を「各活動の開始時間までの着席行動」と設定した。

②計画立案

　Aが示している「目の前の遊びや活動に執着する行動」に有効な介入方法を検討するために，1週間の予備観察期を設定した。予備観察では，Aが目の前の活動を終わらせて次の活動に向かえた時（正反応）と，そうでない時（誤反応）の条件分析を実施した。その結果を図1に示す。誤反応の直前の出来事として，①遊びを複数探索する（10回），②終わるように促される（7回）などの出来事が生じている割合が高かった。一方，正反応の直前の出来事としては，①一つの遊びに没頭する（11回），②遊びの中で保育者と会話をする（6回）などが生じている割合が高かった。以上の結果から

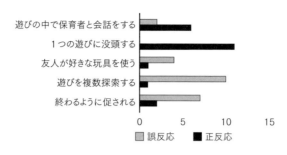

図1　条件分析の結果

Aは，（a）遊びがなかなか定まらず探索をしている時間が長い時には十分に遊びに没頭できず，かえって所定の時間に終わることができないこと，（b）そのような時に保育者から終わりを促されるとますます頑なになること，といった可能性が示唆された。以上から，Aへの介入として，（a）自由遊び場面中，Aが十分に遊びに没入できるよう，遊びの導入段階で保育者が積極的に関与すること，（b）遊びの最中にはAの行動をとらえて「すごいね」とフィードバックするなどして遊びを盛り上げること，という2点を実施することに決定した。そしてこれらの手続きについて，個別の指導計画の「実践・手引き」の欄に詳細に記載した。

事例の展開（③実施・評価）

コンサルテーションではこれらの予備観察結果と支援方針を共有し，学級担任がAに対して介入を実施することとなった。BL期（ベースライン期）として，介入を実施しない回を3日分設定した後，7日間にわたり介入を実施する期間を設け，介入効果を検証した。また，特別支援教育コーディネーターがこの間のAの標的行動「各活動

の開始時間までの着席行動」に関する記録を実施した。評定場面を「給食」と「帰りの会」に設定し，各活動の開始時間までに着席できた場合を2点，着席はできずとも各活動を実施している保育室内に入室できた場合を1点，入室も着席もできなかった場合を0点とした。図2は，全10日間の実践期間中の標的行動の推移をグラフ化したものである。給食場面・帰りの会場面ともに，BL期には0〜1点であったが，介入期にはどの場面においても1〜2点に上昇している傾向がうかがえる。なお，給食場面では時折1点の回が出現した。学級担任によると，給食のメニューで嫌いな食べ物がある時には，時間通り入室してもなかなか着席しないことがあったという。

なお，介入の実施状況について，学級担任と特別支援教育コーディネーターに聴取したところ，「無理なく実施できた」「自由遊び場面で介入することで，機嫌が悪くなる前に関わることができたため，関わる側としては心理的負担が減った。Aの笑顔が見られることが増え，こちらも関わりやすくなった」との回答が得られた。特別支援教育コーディネーターからは，「記録がきちんとできるかどうか不安だったが，記録す

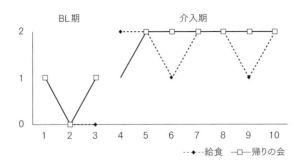

図2　標的行動の出現の推移

る場面が2場面に限定されていたこと，時間通り着席できたかという1点に集中すればよかったため，無理なく記録ができた」との回答が得られた。

まとめ

本事例では，個別の指導計画作成における実践サイクル（Linked System）について報告した。具体的な手続きとして，「①アセスメント・目標の設定」では，Aに対する保護者のニーズと園での実態を照合させたうえで，最終的にPerson-Centered Planの視点を踏まえながら支援目標と標的行動を決定した。「②計画立案」では，予備観察期を設けて標的行動が生じる環境条件を特定するための条件分析を行い，その結果を踏まえて介入方法を決定した。「③実施・評価」では，現場で実践しやすい標的行動の観察記録方法を提示しながら，介入の成果を評価した。その結果，Aの支援目標が達成されると同時に，コンサルティである学級担任や特別支援教育コーディネーターより，介入手続きや記録方法の実践において，社会的妥当性が担保された。個別の指導計画の作成と運用にあたっては，支援目標から標的行動を設定すること，裏づけのある介入方法を提案すること，現場で実践可能な評価や記録方法を捻出すること，という3点において，外部専門家の助力が必要だろう。本事例では，幼稚園での個別の指導計画の作成と運用に，外部専門家をどのように活用するかという一例を提案できたと思われる。

文献

真鍋健（2013）保育者と外部支援者との協働による個別の指導計画作成に関する研究──Linked System における「アセスメント」から「目標設定」に焦点を当てて．保育学研究 51（3）；69-81.

文部科学省（2018）幼稚園教育要領解説〈平成30年3月〉．フレーベル館.

Pretti-Frontczak, K. & Bricker, D.（2004）An Activity-Based Approach to Early Intervention. Baltimore : Paul H. Brookes Publishing Co.

事例 2 気になる行動を示す児童と学級担任へのコンサルテーション

脇 貴典

本事例では外部機関に所属する公認心理師が学校に訪問し，問題行動を示す小学校男子児童に関する情報収集，問題の同定と分析，支援方針の策定，支援効果の確認などを行った一連のプロセスについて，コンサルテーションを通した間接支援を報告する。特に，コンサルテーションを通じて，クライアントの行動とコンサルティへの支援それぞれにどのような変容があったのかについて紹介する。

事例の概要

教育委員会において，児童生徒および保護者の教育相談に対応する部署である教育センターに勤務する公認心理師が，公立小学校の学級担任より対象男子児童Aについての相談の依頼を受け，コンサルテーションを実施した事例である。相談の主訴はAが授業に集中できないことであった。なお，当該教師は今年度初めて学級担任業務を任されていた。Aの情報については，主に学級担任が記入した実態把握票，Aの授業時の行動観察，学級担任への聞き取りから得ることができた。

事前に提出されたAの実態把握票によると，小学5年生のAは父，母，姉，本人の4人家族であった。両親は仕事が忙しく，子どもの状況には無関心な様子であった。Aの学校での様子は，国語の授業には比較的取り組むが，算数の授業にはあまり参加しないこと，どの授業においても，集中して参加できないことが，気になる行動として記入されていた。対人関係においては本人から他の児童に自発的に関わる機会はあまりなく，休み時間を一人で過ごすことも多い。また，自分の行動がうまくいかなかった場合などには，すぐに落ち込み，その後の取り組みが維持されない様子が記入されていた。これらの様子については学期が進んでも大きな変化がなく，Aの状況は改善していなかった。

問題の整理

外部専門家などの立場で，クライアントへの直接支援を実施する機会がない場合の支援方法として，コンサルティである学級担任へのコンサルテーションが有効である（加藤・大石，2011）。特に，クライアン

トの問題解決には行動コンサルテーション（Bergan & Kratochwill, 1990）が有効であり，国際的にも広く用いられるモデルである。ここでは行動コンサルテーションの中でも，Berganモデルに準じた実践について報告する。

1. 問題の同定と分析

公認心理師による行動観察ではAの算数の授業の様子を観察した。Aは授業に集中できずに，ノートに落書きをしたり，机に伏せたりしていた。学級担任は机間巡視中にAに声かけをするという対応を行っていた。声かけの後には，Aは一時的に板書をノートに写すなどの行動が見られるものの，継続した学習にはつながらなかった。授業終了時に公認心理師がノートを覗いたところ，ノートに記入されていたのは授業冒頭の基礎問題とその答え，応用問題の問題文，本人の好きなキャラクターの絵であった。

次に，公認心理師は実態把握票と行動観察の結果をもとに，学級担任とAの支援計画に関する面接を行うこととした。初回の面接ではBerganモデルの問題同定段階，問題分析段階に準じて面接を行った。その中で，Aの示す問題の定義やその分析を行い，仮説的に問題解決の手立てと，短期的な支援目標を講じた。

公認心理師は行動観察の様子や実態把握票から，Aの実際の状況や補足的な情報について学級担任と確認し，その結果を踏まえて協議を行った。なお，学級担任への聞き取りでは，問題同定面接，問題分析面接，機能的行動アセスメントインタビューを参考に作成した質問項目（脇・須藤，2020）を参考に行った（表1）。

学級担任がAに対して集中力がないと感じている行動を整理すると，①授業中に外を眺める，授業で使用しないページを見るなど授業に関連する内容以外に注目する行動，②板書の視写活動を行う時にノートに落書きをする，問題を解く場面で机に伏せるなど，学級担任の指示とは異なる行動であった。これらの行動が生起するきっかけとしては，Aが苦手とする科目（算数など）において，独力での回答が難しい課題が示された後や，自分で考えて意見を述べるなどの苦手な活動に入った後に従事できなくなることが多く，前述の行動によりAは結果的に課題に取り組まずに済んでいた。そのため，これらの行動は課題からの回避の機能を有しているという仮説を立てた。

2. 支援計画の策定と実行

仮説に基づきコンサルティが実施する支援として，①Aへの個別指導（机間巡視中にヒントや追加の指導を行う，Aと解き方を確認したりモデルを示すなど），②Aの望ましい取り組みへの肯定的な評価（言語賞賛，うなずき，ほほえみなど），③Aの望ましい行動の形成（わからない時に手を挙げる，先生を見るなど自分から支援を求める行動を試す）について検討した。これらの支援を行うことでAが学級担任に注目したり，板書を写したり，問題を解くといった望ましい行動が増加し，前述の不適切な行動が低減することを目標に検討した。学級担任の目標として，まずは全体の4割程度の従事率を設定し，これらの支援計画に基づいて学級担任による個別支援を進めることで合意を得た。

表1　コンサルテーションでの質問項目（脇・須藤（2020）より一部抜粋）

	問題解決スキル	内容	具体例
1	主訴の具体化	相談の内容を聞く，相談活動の開始	今現在困っていることは何ですか？　今日相談したいこととは何ですか？
2	行動的定義	具体的，明確，観察可能な行動として答え直す	具体的にはどのようなことですか？　問題行動についてもう少し詳しくお聞かせください。
3	頻度	問題行動の生起頻度を問う	どのくらいの頻度で起きていますか？
4	強さ	問題行動の強さを問う	問題行動の強さはどの程度ですか？
5	持続時間	問題行動の持続時間を問う	どのくらいの時間続きますか？
6	起こりにくい状況	問題行動が生起しない場面についての質問	問題行動が起きない時はどのような状況ですか？　うまくできている時はありますか？
7	先行事象	問題行動の直前（行動を引き起こす事象）について問う	問題行動が起きる前に何が起きていますか？行動のきっかけとなるものはありますか？
8	後続事象	問題行動の直後（行動の結果起きた事象）について問う	問題行動の後はどうなりますか？　その後本人にどのようなことが起きますか？
9	これまで行った支援	コンサルティがこれまでクライアントに行った対応や支援についての質問	これまでこの問題に対して，先生はどのような支援を行われましたか？
10	セッティング事象	問題行動に影響を及ぼす生理的，物理的，情緒的要因についての質問	問題行動を起こしやすくする要因はありそうですか？（朝怒られてきた時はどうですか？）
11	協働する人的資源を明確にする	問題行動（および対象児）に対応できる人員を問う	この問題に協力してくれる人はいますか？　先生以外で対応している人はいますか？
12	教師の目標	コンサルティ（教師）の本人に対する支援目標・方針を聞く	先生はこの子にどのようになって欲しいですか？長期的にはどうなるとよいですか？
13	教師の考え	コンサルティ（教師）の問題行動についての仮説を聞く	なぜこの子はこのようにふるまっていると思いますか？　先生の考えをお聞かせください。
14	代替行動	問題行動と同じ機能で社会的に妥当な行動レパートリーについて聞く	同じような時にうまくいくことはありますか？問題行動を起こさなくてもできることはありますか？
15	好きなもの	本人の自発的・成立可能な行動レパートリーについての質問	この子の好きなものは何ですか？　休み時間はどのように過ごしていますか？
16	本人の強み	個人間（あるいは個人内）での本人の得意としていること	この子の得意なものは何ですか？
17	授業／学力	本人の学習・授業場面，認知的特性について質問する	授業の様子はどうですか？　成績はどうですか？　好きな科目はありますか？
18	他機関	他機関の利用について聞く	どこか相談機関や他機関を利用していますか？
19	行動変容のための目標	問題行動の変容目標についてコンサルティに尋ねる（数量的，反応の変化）	この行動はどのようになれば受け入れられますか？　問題行動は何回くらいなら対応可能ですか？

	問題解決スキル	内容	具体例
20	構成要素をまとめる	インタビューで出てきた要素をまとめる。上記2つ以上の項目をまとめる	問題行動は○○の時に起きやすく，きっかけとして△△が多いのですね。
21	データ収集の手続き	問題行動の状況を調べるための方法について聞く	本人の様子をどんなところでチェックできそうですか？　学校ではいつデータを取り始めますか？
22	目標の合意を得る	コンサルティ（教師）の目指す目標について同意を得るように働きかける	最終的に問題行動が○○になることを目標にしていくことで良いですか？
23	介入計画の実行	問題行動についてコンサルティが実行可能な実践を聞く	問題行動の対応について具体的にどう進めていきますか？　問題行動が起きる時にはどうしますか？
24	次の段階の計画	コンサルテーションの継続，次回の予定について言及する	いつこの続きについて話しましょうか？　次回どのようにこの計画を進めるか話しましょう。

事例の展開

　ここからは学級担任による計画実行段階に移る。その際，学級担任が面接で決められた通りに，支援を正確に，かつ継続的に実施できているかについて留意する必要がある。これらの概念は介入整合性と呼ばれ，計画実行段階において重視されている（野口・加藤，2010）。介入整合性を高める方法として，チェックリストの使用やコンサルティへのパフォーマンスフィードバックなどがあげられる。

　また，コンサルテーションの効果評価に関しては，間接支援という性質上，クライアント，コンサルティそれぞれの視点での評価が重要である。例えば，対象となるクライアントの行動（望ましい行動・不適切な行動）の増減，コンサルティの受容性や満足度，社会的妥当性などの評価があり，それぞれの視点を踏まえた上でコンサルテーションの効果を包括的に判断する必要がある。

1. 計画実行と効果評価

　公認心理師との面接を踏まえて学級担任による支援が行われた。計画実行段階では，学級担任は一斉授業を進めつつ，Aへの個別支援を両立させることに苦労していた。特に，Aへの個別の言語賞賛などは授業中に実施できないことが多かったと報告があった。後日，公認心理師が授業の様子を見た際にも，同様の状況が確認された。学級担任にその様子について聞くと，認識はしているが授業を進めることを優先してしまい，Aへの個別支援ができなくなるとのことであった。そのため，次の面接において，Aへの個別支援の項目を簡易的に羅列したチェックリストを作成し，学級担任は1つの授業で最低1回ずつチェックリストに記載された支援を実施することを目標とした。学級担任も新しい方略による支援の提案を肯定的に受け入れた。

作成したチェックリストを用いることで，授業内での学級担任のAに対する個別支援の頻度が高まった。これによりAの望ましい行動が増加し，相対的に集中できない時間（授業中に外を眺める，ノートへの落書きなど）が減少した。公認心理師も学級担任の取り組みによるAの変容や従事率の向上についてフィードバックした。介入実施後の評価の段階では，Aはクラスの他の児童と同程度の参加状況には至らなかったが，介入前に比べて望ましい行動が生起する傾向に変化し，目標として設定した4割程度の従事率を達成した。学級担任としてもAの行動変容に十分な効果があったと判断した。公認心理師の支援についても，学級担任は自身が問題解決に至るために的確な支援を受けることができたと感じていた。また，その後チェックリストを使わなくても，学級担任がAへの個別支援を必要な時に実施できるようになったこと，Aの従事率が6割程度に向上したことから，学級担任なりにAへの対応方法や今後の支援方針がつかめた様子であった。そのため，相談は一時終結とし，必要に応じて再度連絡を取ることになった。

2. 関係者との連携した支援

これらの支援内容については学級担任だけでなく，特別支援教育コーディネーター，スクールカウンセラーとも共有された。情報共有や連携の際に，主観的な口頭報告だけでは，Aに合わせた効果的な支援が行われないだけでなく，人によって対応が異なるなどの問題にもつながりかねない。本事例では，これまで検討・実施したAについての問題の定義や望ましい行動，具体的な支援方法などをまとめた簡易的な「対応マニュアル」（松岡，2007）を作成した。加えて，それを基に関係者間でAの支援内容について打ち合わせを行い，具体的な支援方法などの詳細を確認した。それによって学級担任以外の関係者もAに対する支援方針を把握でき，個々の関わりに応用できた。このように対象児童の適切な理解，ならびに，その理解に基づいた支援については，対応マニュアルを作成し，関係者が同じ情報源を参照しながら，それぞれが適切な支援を自発できるような組織的な仕組みを設けることも重要であろう。

まとめ

直接支援のみならず，連携・協働を通じた間接支援は学校現場などで公認心理師に求められている業務である。そのためには，コンサルテーションの基本的な考え方や具体的な技法について習熟しておくとよい。この事例では，Aの支援に向けて，さまざまな情報収集を行い，それを基に公認心理師と学級担任とで支援案を検討した。計画を進める中で修正が必要になった場合には，改めて両者で計画を修正しながら，支援を実行した。効果評価も複数の視点から判断することで，社会的に妥当な変容を示すことができた。また，連携の際には共通のツールを用いるなど，関係者間で見立てと手立てをすり合わせる仕組みを設けた。これらのプロセスを通じて，Aの示す問題の解決のみならず，同時に支援者である学級担任の支援も行うことができた。

文献 ||||||||||||||||||||||||||||||||||||||||||||||||||||||||||||||||||||||||||||||||||||||||||||||||||||||||||||||||||||||

Bergan, J. R. & Kratochwill, T. R.（1990）Behavioral Consultation and Therapy. New York : Plenum.

加藤哲文・大石幸二（2011）学校支援に活かす行動コンサルテーション実践ハンドブック──特別支援教育を踏まえた生徒指導・教育相談への展開．学苑社．

松岡勝彦（2007）通常学級における特別支援のための継続的行動コンサルテーションの効果．特殊教育学研究 45（2）；97-106.

野口和也・加藤哲文（2010）教育場面における行動コンサルテーションの介入整合性の促進──フォローアップ方略の構成要素の検討．行動療法研究 36（2）；147-158.

脇貴典・須藤邦彦（2020）特別支援教育コーディネーターへの集中トレーニングによるコンサルテーションスキルの獲得と維持．教育心理学研究 68（1）；33-49.

第5章 PDCAをなめらかにまわす

佐々木恵

キーコンピテンス

　本章では，コンピテンスリストの「カテゴリーV．支援とPDCAに関わるコンピテンス」に沿った実践の運営全体について扱う。カウンセリング，コンサルテーション，学級単位での介入など，日々の実践の中で支援計画を立て（Plan：P），支援計画に基づいて支援を行い（Do：D），その支援が実際に対象者や周囲の環境に良い変化をもたらしているかを確認し（Check：C），改善が必要な部分は検討し直す（Action：A），つまりPDCAをまわしていく段階となる。各論については他章にも詳述がなされているので併せて参照されたい。

　「カテゴリーV」の大項目①の児童・生徒・学生（以下，「児童ら」とする）への個別支援については，学校カウンセリング，応用行動分析学，認知行動療法などの理論と技法を活用した対応が選択肢となる。本書第Ⅲ部の各事例にあるように，詳細なアセスメントとケースフォーミュレーションに基づいた介入を行った上で，想定されていた結果が得られたかどうかを確認しながら，次の介入ステップへ進んでいく。どのような理論や方法論に基づく場合でも，なぜ今その働きかけを行うのか（行わないのか）という根拠を，公認心理師は常に明確にし，他者にも説明できるようにしておく必要がある。

　「カテゴリーV」の③の学級集団への支援については，学校規模ポジティブ行動支援（e.g.,大対，2022）が代表的なものの一つである。ポジティブ行動には，学業，仕事，社会，余暇，地域，家族などさまざまな場面における成功や満足感を高めるすべてのスキルが含まれる（Carr et al., 2002）。このような学級集団全体に対する介入は，受容的で安心感のある環境の基盤を作り，①で個別支援を受けている児童らにとっても，周囲の行動がモデルとなることで望ましい行動が生起しやすくなり，個別支援で学習したことが日常生活において般化・維持されていく機会を増加させる機能も備えている。高等教育においては，学生が単一のクラスに固定される機会が減るため，中等教育までのようにクラス集団全体への働きかけを行うことには限界がある。しかし，近年では初年次教育において予防・開発的な教育を試みている機関もあるため（e.g.,安達・安達，2019），今後のさらなる発展が期待される。また，高等教育においてはスクリーニング・アセスメントに基づく早期対応は各機関の実情に合わせた形で普及しており（e.g., 佐々木，2017），公認心理師は所属機関における最良の方法に習熟しておくことが求められる。

「カテゴリーV」の②保護者への支援，④教職員・支援スタッフへの支援については，児童らの適応を促すための間接援助やコンサルテーションという側面と，保護者や教職員・支援スタッフ自身の支援という側面とがある。前者については本書第Ⅲ部第4章の詳述を参照されたい。後者については，①の児童ら本人への支援と原則は共通しているが，各立場に特有の環境（学校現場，家庭など）と臨床像（バーンアウトなど）をアセスメントした上で，校内・学内の公認心理師が介入を行うことが適切なのか，校外・学外の公認心理師や諸機関と連携・協働し役割分担を行う必要があるのかを見極め，コーディネーションしていくこととなる。

「カテゴリーV」の⑥子どもや関係者の多様性への理解促進と支援については，①～⑤のどの支援を行う上でも考慮しなければならない。ジェンダー，言語や宗教も含む文化的背景など，要支援者ならびに学校教育関係者の多様性を理解しながら対応する必要がある（e.g., 文部科学省初等中等教育局児童生徒課，2016；文部科学省総合教育政策局国際教育課，2022）。また，教育現場におけるこれらの多様性の理解を促進するための取り組みや支援を，公認心理師が下支えすることも重要である。

「カテゴリーV」の⑦の進路・キャリアに関わる支援においては，児童らが社会的自立や自己実現を果たすための支援が中心となる。集団を対象としたものとしては，各教育段階においてさまざまなキャリア教育が行われている（c.f., 永作・三保，2019；高綱，2022）。進路指導やキャリアカウンセリングなどの個別相談対応においては，特に障害や症状を抱えている要支援者に対して，就労移行支援や就労定着支援などの選択肢も含めた検討を行いつつ，必要に応じて校外・学外の福祉関連

事業所との連携を行う。

「カテゴリーV」の⑧大学・専門学校での学生相談活動については，①～⑦の原則を踏まえた上で，高等教育ならではの修学環境への適応支援（修学支援）と，社会へ出るための準備段階における支援（進路相談・就活支援）という側面が存在する。高等教育においては，中等教育とは教育カリキュラムや教育機関の体制が違うことに加え，地元を離れる学生にとっては生活環境そのものも激変し，多くの場面で学生の自主性が強く求められる場となる。特に大学においては，構成する部局数も非常に多くなり，公認心理師としての要配慮情報の取り扱いや学内連携においても，各機関の内部規定に沿った留意と工夫が必要である。また，いじめについては中等教育まではいじめ防止対策推進法に基づいたいじめ対応が行われるが，高等教育においては学生・教職員も含めた構成員間における事案はハラスメント防止対策の枠組みでの対応となることにも留意する必要がある。

教育現場における一連の支援のあり方を考える上では，Margaretha et al.（2023）によって提示されている，包括的な学校保健（comprehensive school health）の構成要素が参考となる（図1）。これは，世界保健機関，ユネスコ，ユニセフなどの国際機関が発表している，学校ベースのメンタルヘルス・プロモーションのガイドラインを整理した上で抽出されたものである。この概念図をコンピテンスリストと対照させてみると，大項目①③⑤については，介入範囲（scope）のそれぞれに該当する。いずれにおいても，アセスメントに基づいて設定された当初の介入対象（focus：介入内容）や介入方法（approach：わが国で言えば日本政府の法令や学校内外の方針・資源に照らした調整）が，児童らの不適応行動を減少させ適応的行動を増加させて

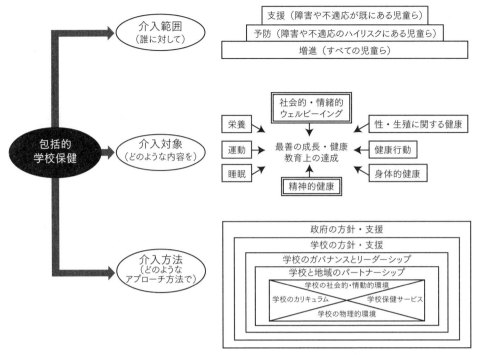

注）Margaretha et al.（2023）の Figure 3 を基に作成（一部意訳）

図1 PDCA をなめらかにまわすために必要な学校保健の包括的枠組み

いれば（機能していれば）継続・発展させるべきであり，機能していなければ見直しが必要となる。想定された行動変容が見られない，つまり，介入に含まれている要素のいずれかが機能していない場合には，対象となる児童らの適応的な行動を引き出す関わり方や，教職員・スタッフにとって指導しやすい方法を取り入れることが選択肢となる（c.f., 嶋田, 2021）。

教育現場における支援は期間限定的であり，関わりが終わった後の支援効果の維持を保証する方法を検討することも重要となる（米山, 2021）。そのためにも教育領域の公認心理師は，各教育段階でのバトンをつなぎながら，要支援者が教育の場を離れた後でも，地域の支援者に援助要請できるように支援していくことが求められる。

文献

安達知郎・安達奈緒子（2019）大学新入生に対するアサーション・トレーニングの効果——適応感とアイデンティティ，自己受容に注目して．教育心理学研究 67（4）；317-329.

Carr, E. G., Dunlap, G., Horner, R. H. et al. (2002) Positive behavior support : Evolution of an applied science. Journal of Positive Behavior Interventions 4 (1) ; 4-16, 20.

Margaretha, M., Azzopardi P. S., Fisher, J. et al. (2023) School-based mental health promotion : A global policy review. Frontiers in Psychiatry 14 ; 1124767.

文部科学省初等中等教育局児童生徒課（2016）性同一性障害や性的思考・性自認に係る，児童生徒に対するきめ細かな対応等の実施について（教職員向け）(https://www.mext.go.jp/b_menu/houdou/28/04/__icsFiles/afield file/2016/04/01/1369211_01.pdf［2023年6月20日閲覧]).

文部科学省総合教育政策局国際教育課（2022）日本語指導が必要な児童生徒の受入状況等に関する調査結果について (https://www.mext.go.jp/content/20230113-mxt_kyokoku-000007294_2.pdf［2023年6月20日閲覧]).

永作稔・三保紀裕＝編（2019）大学におけるキャリア教育とは何か——7人の若手教員による挑戦．ナカニシヤ出版．

大対香奈子（2022）中学校での学校規模ポジティブ行動支援が中学1年生の不登校，学校肯定感および自己肯定感に及ぼす効果——生徒主体による取り組みの効果に着目して．近畿大学総合社会学部紀要 10（2）；15-28.

佐々木恵（2017）留学生を含めたメンタルヘルスのスクリーニング．CAMPUS HEALTH 54（2）；24-29.

嶋田洋徳（2021）実践入門！ 学校で活かす認知行動療法．ほんの森出版．

高綱睦美（2022）小学校キャリア教育の研究動向の調査——子どもの変容にもとづく研究の充実を展望して．名古屋大学大学院教育発達科学研究科紀要（教育科学）69（2）；101-109.

米山直樹（2021）教育領域において効果のある支援とは何か——期間限定性を念頭においた支援と効果測定．科学者－実践家モデル 2；15.

不適応行動を示す児童の学級担任に対する行動コンサルテーション

大谷哲弘

　本事例は，支援とPDCAに関わるコンピテンスを用いたスクールカウンセリングにおける実践例である。ここでは，スクールカウンセラー（以下，SC）として働く公認心理師が行うPDCAは，応用行動分析学により具体化されるものと考える。そこで，公認心理師であるSCによる学級担任への行動コンサルテーション，すなわち機能的行動アセスメントの実施，その結果を踏まえた上での支援方針および介入計画の立案，介入の実施，その評価という一連のプロセス（加藤・大石，2004）を紹介する。学校場面は，応用行動分析学の方法を尊重しながら現実に即した工夫をすることがPDCAをなめらかにまわすコツと言えよう。

　なお，本事例は小関（2015）の事例を中核とし，複数の事例を基に構成した仮想事例である。

事例の概要

　公立小学校の通常学級に在籍する5年生男児は，進級当初は他の児童と同様の授業態度であったが，授業中にシャープペンシルやボールペンを分解したり，消しゴムを定規で細かく切り出したり，練り消しゴムを取り出して遊んだりする行為を示し始めた。

　このことについて学級担任は「この子は何度叱っても言うことが聞けない」とSCに相談してきた。事情を聴き取ると「少しの指導で泣くため，どのように指導をしたらいいのかわからない」と述べ，この児童を「授業中の学習態度が悪い児童」と表現した。

問題の整理

　学級担任は授業中の児童の逸脱にその場で対応せざるを得なかったため，P（計画）を満足にできないままD（支援実施）を行う状況となっていた。加えてDに対するC（評価）の観点が不足しており，有効な支援方法を発見するには至っていなかった。そこでは修正すべきターゲットが「授業中の学習態度が悪い」という表現通りの態度だと理解され，対象とすべき行動に注意が向かず，Cを行えない仕組みとなっていた。そこでSCは，応用行動分析学の視点から，抽象的な「授業中の学習態度が悪い」ではなく，先行事象に対する仮説，後続事象に

対する仮説，ターゲット行動とその行動の機能の仮説を共有することとした。

事例の展開

1. P1：学級担任に対する機能的行動アセスメント

この仕組みの中で，学級担任のこれまでの指導を確認したところ，「止めなさい」と制止をしたり，「そんなことをやっていると中学に行ったら大変なことになるよ」という注意をしていたことを振り返り，学級担任は自身の指導について点検し始めた。そうすると「叱ってばかりいました」「そのとき何を叱っているのかを言っていなかったし，自分自身もどの行動を修正させようとしていたのか意識できていませんでした」と話した。学級担任は児童の態度が悪かったときに記録を取っており，その頻度の情報を確認することができた。しかし，記録の焦点は「授業態度が悪かった」「指導に素直に従わなかった」「指導をすると泣いた」など，行動への注目も，先行事象や後続事象の記録も不十分であった。そこで，ターゲット行動の設定につながる具体的な行動の記録を取ることを確認した。その記録の取り方について，当日の児童の様子を想起してもらい，学級担任に練習してもらった。

2. P2：児童に対する機能的行動アセスメント

次の訪問時に，記録を基に児童の行動を三項随伴性の枠組みで整理し，SCと学級担任が共に機能的行動アセスメントを行った。あわせて学級担任と協議し，シャープペンシルやボールペンを分解する行動，消しゴムを定規で細かく切り出す行動，練り

消しゴムを取り出して遊ぶ行動，という3つをターゲット行動とした。そして，学級担任から提供された情報を基に次の仮説を立案した。シャープペンシルを分解する行動は，一人遊びが楽しいという楽しさの獲得の機能を持ち（実際には嫌悪刺激からの逃避や注目の獲得なども整理される必要があるがこの報告では割愛した），授業中に学級担任の指示を見失っているときに生じており，先行事象にあたると考えられた。ボールペンを分解する行動，消しゴムを定規で細かく切り出す行動，練り消しゴムを取り出して遊ぶ行動についても，同様の機能と先行事象によるものと考えられた。そのため児童は，特定の行動に固執しているわけではないことが推察された。

3. P3：ベースラインの測定

次の訪問までに1週間の記録がなされた。記録されたのは行動の出現回数とその先行事象として考えられる事柄であった。学級担任は行動に注目できるようになったため，この3つの行動の出現回数が正確にカウントされていた。ただしこのときすでに，学級担任は行動を捉える視点を獲得していたため，好ましくない行動をカウントしつつ以前よりもターゲットとなる行動を明確にした注意を始めていた。

本来，ベースラインは未介入の状態で把握するべきであるが，実際の学校教育の場面ではこのような現実的な調整が必要となる。

4. P4：支援方針および介入計画の立案（具体的対応方法の立案）

先行事象：先行事象の整理から，児童の

行動は授業中に学級担任の指示を聞き取れないときに生じていると推測された。また一方で、受け止めた指示が保持できていない可能性は低いと考えられた。機能的行動アセスメント時は「指示を見失っている」と見立てられ、指示を受け止められないのか、保持できないのかが不明であったが、前者であることが確かめられた。そこで学級担任が指示の出し方を改善する試みを行った。

後続事象と機能：3つの行動について、機能的行動アセスメント時は「特定の行動に固執しているわけではない」と見立てられたが、実際の行動の出現頻度は同程度でいずれかに偏っているわけではなかった。また順番が決まっているわけではなく、1つの行動は10分程度で別の行動に移っていた。以上より、いずれかの行動のみが児童に強烈な快刺激を提供しているものではないと考えられた。

これまでの経緯から行動修正の目標を他の児童と同様に授業に集中させることに設定するのは非現実的と予想された。また3つの行動で得ている楽しさの獲得に関して、「授業内容が理解できる」という楽しさの獲得に移行させるのも、学習が遅れていることから現実的ではなかった。したがって、学級担任が容認できない行動から容認できる行動に移行できれば適応したと考えることとした。ペンを分解する、消しゴムを切る、練り消しゴムをこねるという3つの行動から、手先での作業の要素が含まれていれば楽しさの獲得を代替させることができると考えた。過去、授業の中で教員側が課した作業のうち手先での作業の要素を含むもので本人が熱中できたことを学級担任に想起してもらうと、「白地図の色塗りは熱心だった」とのことであった。そこで、まずは3つの行動を白地図の色塗りで代替させることを試みた。具体的には線の入った都道府県の白地図を用意して本児童に提供し、学級担任が「何をやればわからないときはこれをやってみたら？」と提案した。すると、本児童は「これをやれば先生に怒られないんだ」と乗り気になった。同時に学級担任は、白地図の色塗りを始めたら指示が通っていないと理解できるサインであることにも気づいた。

5. D：介入の実施

実際に行うと、本児童は殊の外この作業が気に入り、3つの行動は軽減した。それでも消しゴムを切り出すことがあり、それは日本地図を塗るのに飽きてしまったときと考えられた。本人に「地図を塗りなさい」と言うと、「日本地図でないものもほしい」と話したため、ヨーロッパやアジアなどの世界の白地図を渡した。すると3つの行動を繰り返すのと同じように、いろいろな地図を取り替えながら塗るようになった。

また、学級担任は本児童が白地図の色塗りを始めたときに個別の再指示を出すようにした。

6. C＋A：介入の評価と改善案

先行事象の仮説である指示が聞き取れないときに、児童は白地図の色塗りをしたり3つのターゲット行動を取ったりすることがわかった。これは指示の出し方の改善によってそれらの頻度が減ったこと、白地図の色塗りを始めたときに個別の再指示を出すことで通常の取り組みに戻れる場合もあったことから確認できた。さらに、結果

的に授業の取り組みが改善され，理解できる授業内容が増え，指示も通りやすくなったことによって，3つの行動が減ったと考えられた。

後続事象として3つの行動から得ている楽しさの獲得に対して，白地図の色塗りを代替行動とした。これについて，それまで3つの行動を取っていた場面の約80％が白地図の色塗り行動に置き換わり，3つの行動は軽減した。これにより行動の機能が楽しさの獲得であること，白地図の色塗りで代替できることが確認された。しかし，指示が単純でわかりやすいときには授業の内容そのものに取り組むことができ，指示内容が複雑で理解しにくいときにはなお3つの行動が見られた。また，代替行動について，白地図の色塗りは社会の授業においては比較的適応的で許容されるものと考えられた。そこで，代替行動を継続させるにあたってはそれぞれの教科科目の特徴を活かすこととした。例えば，国語の授業では消しゴムを切るように漢字の部首とつくりを分解する作業とした。このように本人の好む手先での作業である，分解・切る・こねるなどの特徴が活きる学習場面については，学級担任自らがアイディアを出した。

7. その後の経過

しばらくは白地図の色塗りなどの代替行動から指示が聞き取れていないことを学級担任側が理解したが，その後，指示が聞き取れないときには手のひらを小さく挙げて学級担任に助けを求められるようになった。すなわち，指示が聞き取れないという先行事象そのものを児童自らつぶすことができるようになったのである。すると代替行動の持つ利益が失われ，白地図の色塗りや漢字の分解などを使う頻度が最も大変なときの1/10になった。

まとめ

学校では厳密な評価はしにくいものである。学校は教育の実践場面であるため条件を統制しながら実験できるわけではなく，ベースラインの測定で挙げたように先行事象と同時に後続事象にも介入する必要があり，大学で学んだ通りのプログラムが進行できるわけではない。そのため，学校場面でPDCAをなめらかにまわすためには，本来のエビデンスに基づいた介入の方法を尊重しながらも，児童生徒の状態を査定しその成長を阻害せず促進させる現実的な工夫をしながら支援することが必要となる。つまり，エビデンスの重視と現実の学校場面での支援を両立させるために，公認心理師はその都度誠実に，可能な支援を遅らせることなく介入することが，職業的な倫理と考えられる。また，教員が児童生徒を支援したときの戸惑いや成長の実感を心理職として聞き，その戸惑いや実感の意味を読み解くことも重要であろう。

文献

加藤哲文・大石幸二＝編著（2004）特別支援教育を支える行動コンサルテーション──連携と協働を実現するためのシステムと技法．学苑社．
小関俊祐（2015）不適応行動を示す小学校3年生児童への行動コンサルテーションの適用．行動療法研究 41（1）；67-77．

大学学生相談におけるPDCAサイクル

堀田 亮

　本事例では，大学の学生相談室に来談した男子学生への支援を取り上げ，学生のメンタルヘルスおよび学生を取り巻く環境をアセスメントし，支援方法の見立てや効果評価に活用していくプロセスを解説する。本事例を通じて，本人への心理療法，心理教育的介入のみならず，学部の教職員との連携およびコーディネート機能といった複合的な視点で支援していく必要性を提示する。あわせて，学生相談における成長発達的支援の視点を紹介する。

事例の概要

　6月のある日，「気持ちが落ち込む，やる気が出ない，人と関わるのがしんどい」ことを主訴に，大学2年生の男子学生Aが，学生相談室に自主来談した。公認心理師は初回面接で以下の情報を得た。

　Aは第一志望の大学に現役入学した。1年次は特に悩みを自覚しておらず，単位を落とすことなく進級できた。通学に片道2時間かかるため，アルバイトやサークル活動をする時間はなく，友人との交流も少なかった。

　2年生に進級してから数週間が経ち，気分が落ち込むことが増え，何事に対してもやる気が出ない状態が続くようになった。食事は三食摂れていたが，夜なかなか寝つけないことが多く，昼夜逆転気味の生活リズムになっていた。最近は授業への遅刻も目立つようになり，また，実験などで人と関わる場面があると強いストレスを感じるようになっていた。

　面接中のAの様子は，質問には問題なく受け答えできていたが，憔悴していた。Aは，気持ちが上向きになることと，睡眠の改善を希望し，週1回の継続的なカウンセリングを行うこととした。

問題の整理

　鶴田（2001）は入学期，中間期，卒業期，大学院生期からなる「学生生活サイクル」を提唱し，学年ごとに存在する心理的課題を克服することで学生は成長していくと考えた。Aは中間期にあたり，将来を考え，自分らしさを探求することが心理的課題となる。その中で，中だるみによる無気力やスランプといった心理的不調に陥って

いる可能性があると公認心理師は考えた。

公認心理師はAの心理状態のアセスメントおよび変容をモニタリングするために，Aの同意を得た上で，毎回の面接開始前に自己報告式の質問紙調査を行うこととした（図1）。質問紙はCounseling Center Assessment of Psychological Symptoms日本語版（CCAPS-Japanese；Horita et al., 2019；2021）を用いた。CCAPSとは大学生の心理・精神症状の測定に特化した心理尺度で，8因子55項目から構成されている。得点が高いほど心理的ストレスが高いことを表しており，各因子にはカットオフ値が設定されている。初回面接時のAは，抑うつ，全般性不安，社会不安が高得点であった。加えて，学業ストレスも高い値を示していたが，初回面接時には学業に関する悩みは一切語られなかった。学生相談機関に関する全国調査で，「学業」は「精神衛生・心身健康」に次いで，近年増加している相談内容の第2位となっている（杉江ほか，2022）。公認心理師はAの心理状態を把握するためにも，修学状況に関して注意深く情報収集し，必要に応じて修学サポートや関係各所への働きかけ（環境調整）をすることが必要であった。

またAは心理状態の改善と共に，睡眠の質の改善も強く希望していた。実際，Aの睡眠リズムは乱れており，日常生活への支障が懸念されたため，公認心理師はAを学内の保健管理センターの精神科医に紹介した。Aは学生相談と精神科医の診察を並行して受けることになり，診察では睡眠薬が処方された。

事例の展開

継続面接では，Aは「気づいたら1日が終わっている」「親から今の自分を責められているようで悲しくなった」など，気持ちの落ち込みや意欲の低下を繰り返し語った。毎回の面接後に「話して少し気持ちが楽になりました」と語るものの，CCAPS得点にはほぼ変化がなく，初回来談時と変わらず，憔悴しているように見えた。睡眠薬の服用により，生活リズムは幾分整ってきたが，このまま積極的傾聴や感情に関する心理教育によってAに関わるだけでは十分な支援とならないと感じ始めていた。

4回目の面接時に，公認心理師はこれまでのアセスメント結果をAにフィードバックした。学業ストレスが高いことに触れ，学業に関する悩みや困りごともあれば話してほしいと伝えると，Aは驚いた様子で「ここ（学生相談）って勉強の悩みも相談していいんですか？」と話した。続けて，2年生で教養科目中心から専門科目中心の履修構成になり，難易度の高さについていけなくなったこと，相談できる友人がいないため，レポートの書き方や試験対策の仕方がわからないこと，実験では強い劣等感を抱き，他の学生の輪に入れないこと，学部の専門性を活かした就職をしていいのか迷っていることが語られ，学業や進路選択に関して大きな悩みを抱えていることが明らかになった。

公認心理師はAの語りを支持的に受け止めながら，修学状況が好転すれば，現在の精神的不調も改善する可能性があると考えていた。そこで，Aの同意を取り，所属学部の学務係に連絡をして，学部からAに対

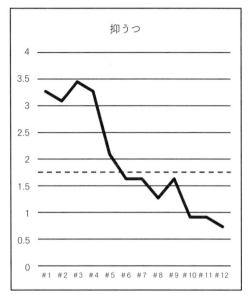

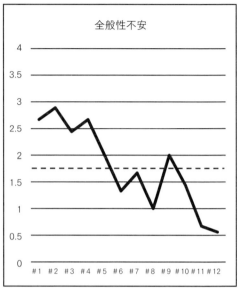

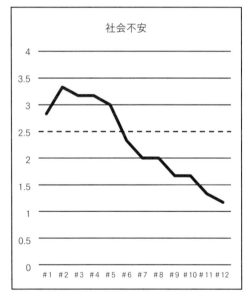

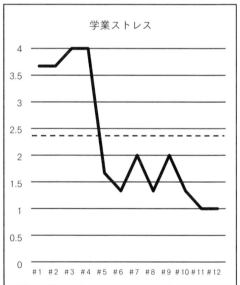

図1　CCAPS得点の推移

（注）各因子の点線はカットオフ値を示す。食行動，敵意，家族ストレス，飲酒得点に関しては本事例では省略した。＃4と＃5の
　　　間に学部との面談を実施した。＃9からは隔週でカウンセリングを行った。

して修学面のサポートをしてほしい旨を依頼した。学務係は担当の教学委員（教授）と日程調整をして，A，公認心理師，教学委員，学務係の四者で面談を行うこととした。

四者面談では，公認心理師から面談設定の経緯を説明し，Aから学部関係者に修学に関する困りごとを伝えた。高等教育機関では規模が大きくなるほど，個々人の修学状況の把握が難しくなり，Aのように"人知れず"学業不振に陥っている学生も出てくる。話を受けた教学委員は，各科目の勉強方法や参考図書の紹介，到達目標の見通しなど具体的なアドバイスを行った。加えて，演習や実験では，Teaching Assistant（TA：大学院生による授業補助）が個別に質問を受け付けていることも紹介した。話を聞いているAには次第に安堵の表情が広がり，できること・やるべきことが明確になったようであった。

その後の面接では，徐々に抑うつや不安症状にも変化が見られ，Aの語りからも学業に適応できてきている様子が窺われた。公認心理師は心理的サポートを行うと共に，課題の進捗や〆切の確認などペースメーカーの役割も担った。勇気を出して質問に行ったある講義の担当教員が非常に教育熱心であったことから，Aはその教員の研究分野に興味を持ち始め，卒業後の進路選択のイメージも膨らむようになった。前期試験間際に学業ストレスが再び高まったが，単位を落とすことなく乗り切ることができた。

夏季休暇期間は面接は実施せず，後期開始から隔週で再開した。当初は抑うつ，不安症状が高まったが，Aが抱える悩みを丁寧に聴き取り，支持的に関わることで，前期に比べれば不安定になることはなくなった。AはTAの紹介で，週末に地域団体と協働して地域課題の解決を目指すサークル活動に入会しており，充実した大学生活を送っていた。2年後期も大きな不適応状態に陥ることなく過ごせており，CCAPSの結果も安定していたため，公認心理師とAは両者合意のもと，面接の終結に至った。

それから約2年が経ち，卒業式を間近に控えたある日，Aはひょっこり学生相談室を訪れた。Aから「その後，希望した研究室に入れて，同期や先輩とも仲良く研究活動に打ち込めました。就職は第一志望には落ちたけど，挫けることなく，同じ業種の別企業に就職します」と報告があった。公認心理師は来談してくれたAに感謝を述べ，今後の社会人生活に向けてエールを送った。

まとめ

大学生活に関する多面的かつ包括的なアセスメントを通してケースフォーミュレーションを実施することは，介入方針を決定する上で重要な作業である。当初，Aは抑うつや意欲の低下を支援ニーズとしていたが，アセスメント結果を用いたことで，学業不振という，より本質的な問題に取り組むことができた。本事例のように，大学生は修学状況をきっかけに強い抑うつや不安症状を呈したり，ひきこもり状態になるケースもある。その場合，公認心理師は学生本人に対する直接支援のみならず，学内外の医療機関との連携，所属学部の教職員も交えた大学組織として学生を支える体制を構築することが必要となる。また，講義

や大学のWebサイト，学内掲示板などを活用し，学生相談機関の存在と役割を広く周知することも求められる。こうした活動が精神的不調や不適応状態にある学生の早期発見，早期支援につながるからである。

　最後に，今回は心理・精神症状の効果評定を中心に扱ったが，学生相談は学生の個性を尊重し，成長発達を支援する側面も有している（日本学生相談学会, 2020）。Aの語りからは，対人関係の広がりと深まり，適切かつ希望した進路選択など大学生活を通じた成長が感じられた。公認心理師よりこれらを言語的にフィードバックすることに加え，内面的変化の評定を試みることも有用である。

文献 ┈┈

Horita, R., Kawamoto, A., Nishio, A. et al. (2019) Development of the counseling center assessment of psychological symptoms-japanese version : Pilot study. Clinical Psychology & Psychotherapy 27 (1) ; 97-105. https://doi.org/10.1002/cpp.2412.

Horita, R., Nishio, A., Kawamoto, A. et al. (2021) Validity and reliability of the counseling center assessment of psychological symptoms-Japanese version. Japanese Psychological Research 65 (1) ; 9-20. https://doi.org/10.1111/jpr.12345.

日本学生相談学会＝編 (2020) 学生相談ハンドブック [新訂版]. 学苑社.

鶴田和美 (2001) 学生のための心理相談──大学カウンセラーからのメッセージ. 培風館.

杉江征・杉岡正典・堀田亮ほか (2022) 2021年度学生相談機関に関する調査報告. 学生相談研究 43 (1) ; 56-100.

第6章

特別支援教育を熟知・実行する

戸ヶ﨑泰子

キーコンピテンス

1 はじめに

2007年4月からすべての学校において特別支援教育が本格的に開始した。この学校教育の改革は，大きな期待と戸惑いをもたらし，特に小・中学校の通常の学級を担当する教員にとっては，特別支援教育の充実に必要な知識・技能の修得や対応力の向上が求められることに対する心配が大きかった。そこで本章では，小・中学校における特別支援教育に焦点を当てて，特別支援教育の推進を支えるという視点から公認心理師の役割やキーコンピテンスを整理する。

2 小・中学校における特別支援教育の対象児童生徒とその学びの場

特別支援教育の本格開始によって注目されたのは「発達障害」という概念である。この概念について，発達障害者支援法では「発達障害とは，自閉症，アスペルガー症候群その他の広汎性発達障害，学習障害，注意欠陥多動性障害その他これに類する脳機能の障害であってその症状が通常低年齢において発現するものとして政令で定めるもの」と定義されており，学校教育においても，この法律に準

じて概念整理がなされている。また，DSM-5-TR（American Psychiatric Association, 2022）においては，これらの各障害は，神経発達症群に分類されており，それぞれ限局性学習症，注意欠如・多動症，自閉スペクトラム症として診断基準が示されている。知的な発達の遅れは認められないが上記のような障害特性が見られ，学業や社会生活の機能低下を示す児童生徒の多くは，通常の学級で合理的配慮を得たり，通級による指導や特別支援学級を利用したりしながら学校生活を送っている。

つまり，発達障害の特性を示す児童生徒に対する学校での指導・支援を検討する際には，どのような指導・支援を得ながら学ぶかを考えるだけでなく，どのような学びの場を選択・利用するかを検討することも重要となる。したがって，公認心理師は，WISC-Vをはじめとする知能検査や発達検査による支援対象児童生徒の特性理解に関するアセスメントだけでなく，行動観察法や面接法によって学業や生活上の困難の状態とその発生機序を理解しなければならない。その上で，彼らの適応を促進するために必要な支援体制を整えたり，適切な学びの場の選択や教室環境の整備，具体的な指導・支援の方策を考えたりするために，早期からの丁寧な教育相談に取り組まな

くてはならない。

　なお，わが国の就学に関する考え方は，2013年に文部科学省から通知されており，障害等のある子どもの就学先の決定にあたっては，①インクルーシブ教育の考え方に基づきながら，子どもの年齢や能力，特性を踏まえること，②認定子ども園・幼稚園・保育所といった関係機関と連携しながら，本人と保護者に就学に必要な情報を提供すること，③障害の状態，地域の教育体制，専門家の意見を踏まえて総合的かつ慎重に検討し，本人・保護者の意向を最大限に尊重しながら，教育的ニーズの確認と必要な支援に関する合意形成を図ることなどが記されている。つまり，特別支援教育に関わる公認心理師には，心理学の専門家の一人として，支援や配慮に関する合意形成や適切な就学先の選択に必要な情報の提供及び相談支援に関わることが求められている。

3　特別支援教育におけるアセスメントとケースフォーミュレーション

　学びの場の選択や学校生活への適応に向けた支援を検討する際，重要になる視点の一つが，2001年にWHO総会で採択された国際生活機能分類（International Classification of Functioning, Disability and Health : ICF）である。ICFは，個人の生活機能と障害を説明するフレームワークであり，「心身機能・身体構造」「活動」「参加」という3つの次元から生活機能を捉え，生活機能の低下が生じている状態を「障害」と理解する。また，生活機能の状態は，健康状態や環境因子，個人因子と相互作用の関係にあり，例えば，脳性まひによる下肢の機能低下があっても，電動車イスの利用や施設などのバリアフリー化によって活動や社会参加が十分に可能な状態であるな

らば，生活機能の著しい低下は生じていないと見ることができる。つまり，特別支援教育の対象となる児童生徒の学習や生活上の困難のアセスメントにおいては，医学的・生理学的視点から障害の有無などを判断するためのアセスメントに加えて，個人と環境因子との相互作用の視点から対象児童生徒の生活機能の状態を把握するアセスメントを行い，その結果に基づいたケースフォーミュレーションを進めなくてはならない。

4　特別支援教育体制整備と関係機関との連携

　特別支援教育の推進には，「学校組織としての取り組み」とともに，心理や福祉などの専門家や専門機関との「円滑な連携・分担」が可能となるような体制の整備・強化も重要となる。そのために取り組むべき具体的事項については，「発達障害を含む障害のある幼児児童生徒に対する教育支援体制整備ガイドライン」（文部科学省，2017）が参考になる。なかでも，特別支援教育コーディネーターは，校内の支援体制の充実や関係機関との円滑な連携のキーパーソンであり，実態把握の実施や個別の教育支援計画・個別の指導計画の作成，児童生徒の教育的ニーズに即した指導・支援を推進する役割を担っている。したがって，公認心理師には，心理学の専門家の立場から特別支援教育コーディネーターと連携して，対象児童生徒のケースフォーミュレーションを手助けしたり，指導・支援にあたる教員を間接的に支援したりするといったコンサルテーションを行うことが求められる。

　特別支援教育におけるコンサルテーションを進めていくための方法として，応用行動分析学の理論に基づいて問題解決を図る「行動コンサルテーション」の適用が効果的である

ことが実証されている（加藤，2012）。特に，Berganが体系化した「問題の同定」「問題の分析」「介入の実施」「介入の評価」というステップで構成される4段階の介入モデルを参考にした実践が多く報告されている（大石，2016）。例えば，松岡（2007）では，通常の学級に在籍する行動問題を示す児童（クライエント）の学級担任（コンサルティ）に対して，外部専門家（コンサルタント）が行動コンサルテーションによる継続的な支援を行っている。そして，行動観察の結果に基づくターゲット行動の同定と分析，学級担任が行う指導・支援の方法についての提案・助言を行い，客観的エビデンスに基づいてクライエントの行動が変容したことを確認している。なお，この実践では，コンサルティ自身が支援の引き継ぎに向けた支援マニュアルを作成することで支援体制の充実が図られたり，コンサルティ以外の教員への研修機会の提供につながったりするなどの波及効果も報告されている。最近では，特別な教育的ニーズを呈する児童生徒を含む学級全体に向けた指導・支援についての行動コンサルテーションに関するエビデンスも蓄積されている（森・岡村，2018）。教育相談センターや発達支援センター，医療機関などで勤務する公認心理師は，直接支援だけでなく間接的支援にあたることも多いことから，この支援アプローチを身に付けておくとよい。

5　特別支援教育における指導・支援の諸技法

上述した行動コンサルテーションにおける「介入の実施」の段階では，介入効果が実証されている介入方法の提案がなされる。もちろん，公認心理師が対象児童生徒に対して直接支援する場合もケースフォーミュレーション

に従って介入を進めていく。ここで適用される介入方法の多くは応用行動分析学や認知行動理論に基づくアプローチである。例えば，課題に取り組まないといった授業場面での問題行動や攻撃行動の軽減，適応行動の促進をねらいとして，適応行動が生起しやすくなるように環境条件を整える環境調整法やカリキュラム修正法，適応行動を強化し，問題行動を弱化する代替行動分化強化を挙げることができる（下山・園田，2010）。また，友人関係を築くことが苦手な場合は，良好な人間関係の形成・維持に必要なソーシャルスキルの獲得と表出を促すソーシャルスキルトレーニング（Social Skills Training：SST）が介入方法として選択されることが多い（半田，2019）。

対象児童生徒に，抑うつや不安，怒りなどの認知的・情動的問題が二次障害として生じている場合は，認知再構成法やリラクセーション，エクスポージャーといった認知行動療法の技法を用いた介入が行われており，問題行動の減少，不安や抑うつなどの心理的問題の改善，生活の質の向上などに効果があることが実証されている（石川ほか，2016）。

特別支援教育の対象児童生徒の教育的ニーズは，読み書きなどの学習から心理・行動的問題まで実に多様ではあるが，いずれにおいても，効果が実証されている指導・支援の方法が開発されている。したがって，公認心理師は，教育的ニーズに合わせてエビデンスに基づく指導・支援を適用・提案することができるよう，最新の研究知見に注意を払い，自身の専門性向上に努めることが求められる。

6　最後に

特別支援教育の支援対象は，児童生徒が中心であることは言うまでもないが，しばしば，その家族・保護者も支援対象になる。実際，

障害のある子どもを育てる保護者の育児スト
レスや苦痛は，定型発達児の保護者よりも深
刻であることが報告されている（渡部ほか，
2002）。したがって，発達障害のある子ども
の保護者のメンタルヘルスや子育てを支える

認知行動療法や行動的ペアレント・トレーニ
ング（Behavioral Parent Training：BPT）（井
上，2017）についても，公認心理師は理解を
深め，適用できるよう研鑽を積んでおくこと
が望まれる。

文献

American Psychiatric Association（2022）Diagnostic & Statistical Manual of Mental Disorders, Text Revision：DSM-5-TR. Arlington：American Psychiatric Publishing Press.（髙橋三郎・大野裕＝監訳（2023）DSM-5-TR 精神疾患の診断・統計マニュアル．医学書院）

半田健（2019）日本における自閉スペクトラム症児を対象としたソーシャルスキルトレーニングに関する研究動向．LD研究 28（4）；494-503.

井上雅彦（2017）発達障害に対するペアレント・トレーニングの実際と課題．発達障害研究 39（1）；87-90.

石川信一・桐山佳奈・吉満紗貴（2016）［WS10-3］ASDの認知行動療法に必要な工夫．児童青年精神医学とその近接領域 57（1）；137-144.

加藤哲文（2012）「学校へのコンサルテーション」の特集にあたって．行動療法研究 38（2）；101-103.

松岡勝彦（2007）通常学級における特別支援のための継続的行動コンサルテーションの効果．特殊教育学研究 45（2）；97-106.

文部科学省（2017）発達障害を含む障害のある幼児児童生徒に対する教育支援体制整備ガイドライン．

森一晃・岡村章司（2018）通常の学級担任に対するクラスワイドな支援を用いた行動コンサルテーションの効果の検討——教師の支援行動の評価を含めて．特殊教育学研究 56（3）；169-182.

大石幸二（2016）行動コンサルテーションに関するわが国の研究動向——学校における発達障害児の支援に関する研究と実践．特殊教育学研究 54（1）；47-56.

下山真衣・園田繁樹（2010）カリキュラム修正と前兆行動を利用した代替行動分化強化による激しい自傷行動の軽減．行動分析学研究 25（1）；30-41.

渡部奈緒・岩永竜一郎・鷲田孝保（2002）発達障害幼児の母親の育児ストレスおよび疲労感——運動発達障害児と対人・知的障害児の比較．小児保健研究 61（4）；553-560.

特別な教育的支援を必要とする児童生徒に対する学習面の指導と支援の実際

野田 航

　本事例では，通級指導教室に通う発達障害（限局性学習症および注意欠如・多動症）のある児童1名を対象として，通常学級内で行う支援（合理的配慮を含む）と通級による指導の中で行うアセスメントに基づく学習支援を取り上げる。本事例を通して，通常学級担任と通級による指導担当教員（公認心理師）が，児童のニーズに合わせて連携して支援を行っていく方法について紹介する。

事例の概要

　読み書きの困難を示す小学4年生の女児Aは，限局性学習症および注意欠如・多動症の診断を受けているものの，診断した医師からは学習支援に関する具体的な助言は特になく，通常学級における授業参加に著しい困難（読めないことによる内容の理解不足，書けないことによる課題従事の遅れ）を示していた。授業妨害などの行動問題はほとんど見られず，ボーッとして学級担任の話が聞けていなかったり，課題には取り組むものの書字困難もあって授業時間内に半分程度しか終わらなかったりする様子が

たびたび見られていた。4年生に進級するにあたり，保護者が通級による指導を希望し，通級による指導担当教員（公認心理師）がAへの支援を開始した。年度当初，個別の指導計画を作成する際には，保護者から「学習面の遅れをなんとかしてほしい。勉強が嫌いにならないようにしてほしい」という要望が出されていた。

問題の整理

　学習面の困難は，他のさまざまな行動面の困難につながる可能性が指摘されており（e.g., Lin et al., 2013），学校場面における支援においては，授業参加などの行動面の支援だけでなく，学習困難に対する支援も極めて重要になる。教室内の学習困難に関するケースフォーミュレーションには，"can't do/won't do assessment"（VanDerHeyden, 2014）が有用であることが応用行動分析学の分野で指摘されている。ある児童が授業中に学習課題に参加しない場合，それは学業スキルを実行「できない」からである場合と，実行はできるが強化随伴性が不十分で「やりたくない」からである場合，お

よびその組み合わせが考えられる。前者の場合は，個別的な学業スキルの指導（できるようにする支援）が重要となり，教室内での支援には限界もある。一方，後者の場合は，授業参加行動や課題従事行動に対する十分な強化（言語賞賛やトークンエコノミーシステム）を設定するなど教室内での支援（やりたくなるようにする支援）が中心となる。

そこで通級指導教室担当の公認心理師は，通常学級と通級による指導の連携の一環として，Aの学級担任への聞き取りおよび授業観察を行った。その結果，Aは基本的な読み書きについて困難を示していること，授業中の授業参加行動に対する強化随伴性が十分ではない（学級担任はあまり言語賞賛などを行っていない）ことが明らかとなった。公認心理師は，Aについての事前情報（診断名やその特性）と学業スキルに関する聞き取り，教室観察の情報から，①教室内の授業環境改善と，②読み書きの指導の2つを進める必要があると考えた。①については，授業中の授業参加行動に対して学級担任による言語賞賛を増やすこと，ノートPCの読み上げ機能を活用した読み困難支援や，一部書字の代わりにタイピングで課題作成を許可するなどの合理的配慮を提供することを計画した。②については，教室内で個別的な読み書きの指導を行うことは現実的ではないため，通級による指導の中で対応することを計画した。

公認心理師は学級担任と協議の機会を設け，上記の支援計画を説明した。その際，学級担任の負担感をできるだけ軽減するために，通級指導教室では読み書きのスキルを伸ばすことを目指し，通常学級内では授業参加行動を増やすことを目指す（読み書きはできなくても参加できる授業方法を工夫する）という役割分担を強調した。また，通常学級内で学級担任の言語賞賛を増やすことは，Aに対する個別支援という意味を超えて，学級内のすべての児童を対象としたユニバーサルな手立てとなり，学級全体の授業参加行動も向上するはずだと説明した。通常学級内での合理的配慮については，事前に本人・保護者さらにはクラスメイトに説明する機会を設けること，必要であれば公認心理師が同席することを伝えたところ，学級担任は支援計画について了承した。

通級による指導の中での読み書き指導については，指導の階層性の枠組み（Martens & Witt, 2004）に基づき，正確性と流暢性の両方の観点を考慮した指導を行うこととした。学業スキルは，単に正しく正確に実行できるだけでは不十分であり，正確かつ流暢に実行できるまで指導することの重要性が指摘されている（Johnson & Layng, 1992）。そこで，正確性と流暢性の両観点の評価ができる「改訂版標準読み書きスクリーニング検査」（STRAW-R；宇野ほか，2017）によるアセスメントを行い，その結果に基づいて教材作成および指導を行うこととした。

事例の展開

支援計画に基づき，①教室内の授業環境改善を行った。授業参加行動に対する学級担任による言語賞賛を増やすため，公認心理師は，最初は場面や時間を限定して取り組むこと，賞賛する行動をあらかじめ決め

ておくこと，できる範囲でどのくらい賞賛できていたか回数をメモしておくことをアドバイスし，1，2週間に1回程度，公認心理師と情報共有することとした。最初の1，2週間についてはあまり言語賞賛が増えなかったが，その結果や様子を公認心理師と共有して具体的に改善策を検討することで，3週目あたりから言語賞賛の回数が徐々に増加していった。Aの授業参加について具体的な記録は取れなかったが，学級担任への聞き取りからは，以前のようにボーッとしている時間が減り，ノートPCも活用しながら課題に取り組む時間が増加していることがうかがえた。

　②読み書きの指導については，週に1回の通級による指導の中で公認心理師が対応した。通級指導教室で実施したSTRAW-Rの結果から，平仮名や片仮名については顕著な困難は見られないこと，漢字の読み書き獲得については2年生程度の漢字までの水準であることが明らかとなったため，3年生で学習する漢字熟語を対象とした読み指導を行うこととした。次に，「漢字の読み」をキーワードとして文献検索を行い，複数の研究において効果が示されている刺激ペアリング手続き（e.g., 野田・豊永，2017；Omori & Yamamoto, 2013）を実施することとした。Microsoft PowerPoint® を用いて刺激ペアリング手続きの教材を作成し，ノートPC上で指導した。その際，漢字熟語5個を1セットとし，指導と評価（正答数のグラフフィードバック）を繰り返すことでAの学習意欲を持続させ，読み獲得データをAと共有しながら指導を継続することで，読める漢字熟語が増加した。さらに，獲得した漢字熟語の読みの流暢性を向上させるために，獲得した漢字熟語に対する流暢性指導を行った。獲得した漢字単語をランダムな順番で提示し，できるだけ速く読む練習を行い，読み終わるまでに要した時間を記録してグラフによるフィードバックを行った。Aは頻繁にフィードバックを受ける指導方法を非常に肯定的に捉えており，「がんばった分だけできるようになったのがはっきりわかるから面白い。やればできるって感じがする」と評価していた。Aの保護者からも「家でもノートPCで調べ物をすることが増えてきた。以前はこんなことはなかった」と肯定的な評価を得た。

まとめ

　本事例では，学習困難を抱える発達障害のある児童Aを対象として，通級による指導の担当教員であった公認心理師が学級担任と連携して支援を進めた。学校場面における学習困難に対しては，児童生徒の「いま，ここ」における「学びにアクセスする権利」（授業内容への参加・理解）をすぐに保障するための教室環境・授業方法の整備（合理的配慮の提供含む）と，より長期的な視野に立った「学業スキルの獲得」の両方の観点をケースフォーミュレーションに含めることが重要である。公認心理師には，このようなケースフォーミュレーションに基づき，最新のエビデンスを参照しながら，学校現場のリソースを評価し，適切な役割分担に基づく介入計画を立案・実行することが求められる。

文献 |||||||||||||||||||||||||||||||||||||||||||||||||||||||||||||||||||||||||||||||||||||||||||||||||||||||||||||||||||||||||||||||||||||||||

Johnson, K. R., & Layng, T. V. J.（1992）Breaking the structurist barrier : Literacy and numeracy with fluency. American Psychologist 47（11）; 1475-1490.

Lin, Y. C., Morgan, P. L., Farkas, G. et al.（2013）Reading, mathematics, and behavioral difficulties interrelate : Evidence from a cross-lagged panel design and population-based sample of US upper elementary students. Behavioral Disorders 38（4）; 212-227.

Martens, B. K., & Witt, J. C.（2004）Competence, persistence, and success : The positive psychology of behavioral skill instruction. Psychology in the Schools 41（1）; 19-30.

野田航・豊永博子（2017）知的障害のある児童の漢字熟語の読みに対する刺激ペアリング手続きの効果と般化および社会的妥当性の検討．行動分析学研究 31（2）; 153-162.

Omori, M. & Yamamoto, J.（2013）Stimulus pairing training for Kanji reading skills in students with developmental disabilities. Research in Developmental Disabilities 34（4）; 1109-1118.

宇野彰・春原則子・金子真人ほか（2017）改訂版 標準読み書きスクリーニング検査——正確性と流暢性の評価．インテルナ出版．

VanDerHeyden, A. M.（2014）Best practices in can't do/won't do academic assessment. In P.L. Harrison & A. Thomas（Eds.）Best Practices in School Psychology : Data-Based and Collaborative Decision Making. 6th Edition. MD：NASP Publications, pp.305-316.

特別な教育的支援を必要とする児童生徒に対する心理・行動面の指導と支援の実際

岡島純子

本事例は，通常学級に在籍し，友だちとうまくコミュニケーションが取れないという悩みを抱える自閉スペクトラム症の診断のある児童について，複数の事例を基に構成した仮想事例である。学級内での相互作用について機能的アセスメントを行い，標的スキルの設定の仕方やソーシャルスキルトレーニングの実施方法について紹介する。また，個別の教育的ニーズのある児童に対して，同じ場で共に学ぶことを追求するとともに，児童の自立と社会参加を見据えた教育的ニーズに的確に応える指導であるインクルーシブ教育について検討する。

事例の概要

対象は，公立小学校の通常学級5学年に在籍する，自閉スペクトラム症の診断のある男児Aである。「友だちとうまく関われずに，一人でいることが多い」「クラスメイトを叩く」ことを主訴として，小学校のスクールカウンセラー（以下，SC）である公認心理師に相談があった。保護者からの情報によると，A児は，幼児期に言葉の遅れを指摘され，地域の発達支援センターに通っていた。小学校は通常学級に入学したが，入学後も友だちとうまく遊べずにクラスメイトを叩いてしまうことがあった。3年生の終わり頃になると，A児が「友だちにいじめられる」と母親に訴えることが増え，放課後に友だちと遊ぶことがなくなり，一人で過ごすようになった。この頃，地域の病院にて，医師から自閉スペクトラム症の診断を受けた。5年生になり3，4年生時と比べてトラブルは減ってきてはいるものの，友だちとの関わりも減っている。学校から帰ってきて家のトイレに閉じこもって出てこない，朝に登校をしぶる行動が出てきたことを母親は心配している。

学級担任は，A児の教室内の様子として，授業と授業の切り替えが遅く，また，よく物を紛失することを気にしていた。一方で，授業を妨害するといった大きな問題は見られない。休み時間は一人で過ごすことが多いが，たまに，指で友だちをつつき，ちょっかいを出すこともある。学級担任は，「A児の他児に関わりたいと思う気持ちがないわけではないが，相手にうまく伝わっていない」と感じていた。SCが教室での行動観察を行った際，A児は，上のシャツをズボンの

中に入れており（お腹をこわしやすいという理由），クラスメイトが指摘していた。A児からは返事などの反応はなかった。学級担任からの情報では，クラスメイトのこのようなちょっかいが過剰になると，A児が怒って相手を叩くことがあるとのことだった。

問題の整理

A児はクラスメイトから働きかけられた際に反応することがなく，また，自ら話しかけることもほとんどない。一方で，"A児がクラスメイトを指でつつくことがある"という学級担任の情報から，A児からクラスメイトと関わりたいのに関われないといった遮断化（確立操作）が起きている可能性が考えられた。クラスメイトがA児の近くにいるという状況で（先行刺激），（A児が）指でつつく（行動），ことによって，注目が得られている（結果事象）。したがって，指でつつく以外の関わり方の行動レパートリーの取得が必要である。一方でクラスメイトもA児の反応が少ないことから，関われないという遮断化（確立操作）が起き，声かけをする（行動）が，しばらくはA児の反応がなく（結果事象），遮断化が解消されないため，行動はバーストする。ゆえに，声かけが過剰になり，そのことによってA児が怒りだし，A児は注目を得られる（結果事象）ことで行動が持続しているのではないかという仮説を立てた。

そこで，A児がクラスメイトからの声かけに反応するスキルを獲得できれば，A児もクラスメイトも関わりたいのに関われないといった遮断化が生じにくくなる。そうすればクラスメイトからの声かけの言葉の内容が過激になったり，過度な回数にならず，最終的には，A児の怒る行動も減るという仮説を立てた（図1）。そこで，反応するスキルとして，あいづちを打つための「上手な聞き方」，あいづちのレパートリーを増やすための「共感する」スキルを標的とした。あわせて，A児からの働きかけのレパートリーを増やすため，「あたたかい言葉かけ」「話に入る」「会話を続ける」などのエントリースキルや会話スキルを標的スキルとした。A児が困ったときに必要な主張スキル「やさしい頼み方」「上手な断り方」も組み込んだ。母親や学級担任は，A児がクラスメイトを叩くことを一番の問題と捉えていたため，怒りに焦点を当てた感情のコントロールに関するスキルも標的スキルとした。また，母親や学級担任から，困ったときの対処方法がわからないことも報告されていたため，問題解決スキルも取り入れた（表1）。

訓練手続きは，①問題場面の提示，②教示，③モデル提示，④行動リハーサル・フィードバック・強化，⑤般化の促進，⑥ホームワークであった。ホームワークでは，練習したスキルに応じて，家で保護者と行動リハーサルを毎日行い，A児がポイントを守って実施できたかについて，保護者が△，○，◎でチェックする。さらに，「学校でできたかな」という欄を設け，A児に△，○，◎でチェックさせるという流れとした。

事例の展開

表1の流れに沿ってトレーニングが行われた。＃6後に，ホームワークの「学校で

A児がクラスメイトを指でつつく行動の機能分析

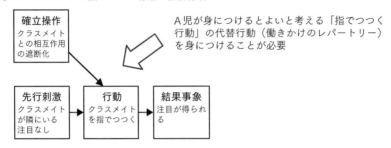

クラスメイトがA児に声かけをする行動の機能分析

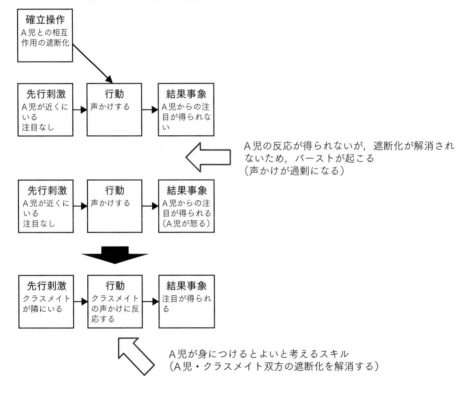

図1　A児とクラスメイトの機能分析と標的スキル

表1 標的スキルとトレーニングの内容

	標的スキル	内容	ホームワーク
#1	自己紹介	・ソーシャルスキルトレーニングの説明 ・自己紹介 ・アセスメント ・ふりかえり	
反応するスキル #2	上手な聞き方	・上手な聞き方 ・ホームワーク（HW）の説明 ・ふりかえり	保護者に30秒間話してもらい、A児がリハーサルを行う。
#3	共感する	・気持ちをわかって働きかける（共感する） ・HWの説明 ・ふりかえり	保護者に30秒間、「楽しかったこと」「ショックだったこと」などの話題をしてもらう。
#4	あたたかい言葉かけ	・あたたかい言葉かけ ・HWの説明 ・ふりかえり	カードを引き、カードのシナリオに沿って、元気がない友だち役を保護者が行う。
#5	やさしい頼み方	・やさしい頼み方 ・HWの説明 ・ふりかえり	カードを引き、カードのシナリオに沿って、頼まれる役を保護者が行う。
働きかけに関するスキル #6	上手な断り方	・上手な断り方 ・HWの説明 ・ふりかえり	カードを引き、カードのシナリオに沿って、保護者が誘う役を行う。
#7	会話の入り方	・会話の入り方 ・HWの説明 ・ふりかえり	カードを引き、カードのシナリオに沿って、話をしている友だち役を保護者が行う。
#8	会話の維持のしかた	・会話の維持のしかた ・HWの説明 ・ふりかえり	カードを引き、カードのシナリオに沿って、話をしている友だち役を保護者が行う。
問題解決スキル #9	感情コントロール	・感情コントロール ・HWの説明 ・ふりかえり	カードを引き、カードのシナリオに沿って、ちょっかいを出す役を保護者が行う。
#10	問題解決	・問題解決 ・HWの説明 ・ふりかえり	カードの内容に対して、困りごと解決シートを使って、保護者と一緒に考える。
フォローアップ	ふりかえり	・ゲーム ・ふりかえり	

できたかな」という欄（2週間分）に，5回分の△が記載されていた。この欄は△，○，◎を記載する欄であり，これまでは空欄であったため，A児に聞いてみると，友だちと楽しく関われた日には，△を記載しているようであった。＃7後に学級担任から，A児のクラスの中での変化について，「以前は表情が硬かったが，笑顔が増えた，友だちと関わる場面を多く見るようになった」との報告があった。クラスメイトからは，「冗談が通じるようになった」「笑顔が増えた」「4年の時は，叩かれたけど，今は，やめてと言ったらやめてくれるようになった」「相手にしてくれるようになった」という内容が報告された。放課後，A児が友だちのところに遊びに行ったことを，母親は嬉しそうにSCに報告した。＃8では学校がある5日間の内，1～2日は遊びに行っており，習い事や病院に出かける日以外は，ほとんど遊びに行くようになった。＃9後，学校行事で行われた授業参観で，母親はA児がクラスメイトと関わっているところや，一緒に取り組んでいる様子を目にした。当初の困りは解消されたため，＃10にて終結とすることで合意が得られた。＃10後，1月末にクラスメイトにちょっかいを出されてカーッとなることがあったが，叩かずに席に戻ったことを学級担任が目撃した。クラスメイトは，今でもA児を「ちょっとかわった子」として捉えているが，A児への

理解が深まったように感じると学級担任から感想が述べられた。母親からの報告によると，家庭では，朝，登校をしぶることがほとんどなくなったということであった。

1カ月後のフォローアップセッション時，放課後に友だちのところに遊びに行く頻度は維持されていた。新年度はクラス替えがなく，学級担任よりA児とクラスメイトの相互作用は継続しているとの報告を受けた。

まとめ

本事例では，友だちとうまくコミュニケーションが取れない悩みを抱えた通常学級に在籍する児童について，学級担任，保護者からの情報，さらにSC（公認心理師）の行動観察からの情報を得て，機能的アセスメントを行い，代替行動としての行動レパートリーを増やすためのソーシャルスキルトレーニングを行った。A児自身について周りの児童は「ちょっとかわった子」と評価しているが，みんな個性があって，それでよいというクラスの雰囲気が醸成されていた。このように，同じ場で共に学ぶこと（インクルーシブ教育）を追求する上で，ソーシャルスキルトレーニングは大いに貢献できるだろう。社会参加を見据えた教育的ニーズに的確に応える指導は，児童が，自身の持つ力を最大限社会で発揮していくために非常に重要である。

文献 ▏▏▏

國分康孝＝監修，小林正幸・相川充＝編著（1999）ソーシャルスキル教育で子どもが変わる 小学校——楽しく身につく学級生活の基礎・基本．図書文化社．

岡島純子・谷晋二・鈴木伸一（2014）通常学級に在籍する自閉症スペクトラム障害児に対する社会的スキル訓練——般化効果・維持効果に焦点をあてて．行動療法研究 40（3）；201-211．

佐藤正二・相川充＝編（2005）実践！ ソーシャルスキル教育（小学校）——対人関係能力を育てる授業の最前線．図書文化社．

佐藤正二・佐藤容子＝編（2006）学校における SST 実践ガイド——子どもの対人スキル指導．金剛出版．

山本淳一・作田亮一＝監修，岡島純子ほか（2021）親子で成長！ 気になる子どもの SST 実践ガイド．金剛出版．

第7章

「学校不適応問題」に
チャレンジする①

いじめ，不登校

榎本拓哉

榎本拓哉

キーコンピテンス

　学齢期では幼児期と異なり，生活の中心が家族から学校という同年齢集団が集まる場に移行していく。そのため，学校での生活や同年齢集団での適応が，心理・行動に重要な影響を与える。その中でも，いじめや不登校の問題は，その後の予後に大きな影響を与えることが報告されている（亀田ほか，2017；中地，2011）。本章では，学校不適応の中でも公認心理師が主体となって関与する"いじめ"および"不登校"について理解し，エビデンスに基づいた支援方法を紹介していく。

1　いじめの理解

　1990年代に入ると，いじめが原因とされる自死が多く発生し，学校での心理的援助の必要性が議論されるようになった。このような中，文部科学省は1994年に「いじめ緊急対策会議」を設置し，学校での問題に対する支援制度の整備を開始した。文部科学省（2013）ではいじめを，①一定の人間関係にある他の児童等が行う，②心理的又は物理的な影響を与える行為であって，③当該行為の対象となった児童等が心身の苦痛を感じているものと定義している。近年，いじめには，被害者－加害者－観衆－傍観者などの役割を担う児

童生徒同士が影響しあい，単にいじめる者－いじめられる者という二者関係の問題ではないと捉えられている（森田・清永，1994；Andreou & Metallidou, 2004）。特に観衆や傍観者がいじめの発生・維持に与える影響は大きく，クラスメイトがいじめ加害者の行動を社会的に強める傾向が強いほどいじめの発生頻度が高くなり，逆に被害者を支援・擁護するクラスメイトが多いほど発生頻度が低くなることも報告されている（Kärnä et al., 2008）。つまり，いじめという行動問題への支援においては，個人に対してのアプローチだけでなく，その児童生徒が属しているクラス・学校などへのアプローチが不可欠である。

2　不登校の理解

　いじめと同様に1980年代から90年代にかけて，病気や家庭の事情ではない長期欠席者が増加していった（前島，2016）。このような児童生徒は，怠学や学校嫌い，登校拒否などの変遷を経て，現在では不登校と呼ばれている。不登校とは，「何らかの心理的，情緒的，身体的，あるいは社会的要因・背景により，児童生徒が登校しないあるいはしたくともできない状態にあること（ただし，病気や経済的

な理由によるものを除く）」と定義されている（文部科学省，1992）。不登校のきっかけについての調査では，人間関係，身体の不調，生活リズムの乱れなど多岐にわたっている（文部科学省，2021）。一方，不登校状態を示す児童生徒だけが要因ではなく，いじめや学級崩壊など学校環境も要因として指摘されており，単純に児童生徒の状況を改善するだけでは解決に結びつかない可能性も報告されている（Maynard et al., 2014）。そして近年では，不登校の捉え方に大きな視座の変化が起こっている。文部科学省が2019年に公布した「不登校児童生徒への支援の在り方について（通知）」では，不登校児童生徒への支援は，「学校に登校する」という結果のみを目標とするのではなく，自らの進路を主体的に捉えた社会的自立を目指すとしている。つまり現在の不登校支援の目標は登校復帰ではなく，生活の質や対人関係の広がりのような社会活動の拡大となっている。そこで各々の状態像に合わせた柔軟な目標設定および支援の選択が望まれているのである。さらに，心の支援からのみのアプローチではなく，魅力的な学校作り，いじめなどを防ぐ教室環境の整備，学習の補助などの多面的なアプローチを学校全体の組織的な支援体制で達成することにも言及されている。上記のように不登校という現象が大きな転換を迎える中，2021年，2022年に不登校者数が2年連続20％以上の増加率を見せるなど，不登校支援は危急の問題かつ公認心理師の知識や技術の刷新が求められている領域であるといえる。

　上記の内容を受け，不登校のアセスメントも大きく変化している。今までは，学校での傷つき体験などから学校場面を回避するようになり，そこに家庭の抱え込み（再登校への押し出しの弱さ）による登校意欲の低下から不登校が生起・維持されると理解されてきた（寺田，2018）。このような理論から，2010年前後までは不登校児童に傾聴的態度や受容的態度で関わることによって登校意欲が高まり再登校に繋がると考えられてきた（河本，2002；大鐘，2005）。しかし不登校の要因は複雑であり一概には言えないことも示されており（Maynard et al., 2014），不登校は本人の心の問題といった理解からの転換が求められている（文部科学省，2019）。特に受容的な態度を主軸とした心理支援では限界があることが指摘されている（和久田，2023）。個別性の高い不登校を理解し支援に繋げるために，登校の開始要因／維持要因の分析，現在の生活・活動状態の評価，発達の問題や精神的問題の評価，など多面的なアセスメントが必要である。不登校の開始要因／維持要因の分析では，不登校になったきっかけと現在の不登校状態を維持している要因は別である（もしくは別かもしれない）と考える。維持要因については，不登校児者と環境の相互作用によって維持されると考える不登校の行動アセスメントが提案されている（奥田，2005）。不登校の行動アセスメントとは，不登校状態を形成・維持している条件を明らかにし，再登校に必要な条件を整備し目標をスモールステップで設定することである（式部・井澤，2009）。行動アセスメントと合わせ，不登校児者の現在の社会的環境・リソース（学校以外の居場所があるのか，関わる他者がどれくらいいるのか，学習の補助が行われているか，余暇活動のレパートリーはどれくらいあるか）も評価する。社会的環境が貧困である場合は，単純な再登校ではなく，本人が繋がれる教育サービスや福祉サポートへの接続が支援目標となる場合もある。さらに発達の問題や精神的な問題が不登校の背景になっている場合は，医療的なケアを含めた支援も必要となる。対人

不安や学校不安などが大きく影響している際には，認知行動療法や継時接近法，強化随伴性の要因が大きい場合には行動契約法やトークンエコノミー法を利用するなど，支援方法を柔軟に選択することが肝要である（井澤，2002）。

3　学校不適応への支援

学校不適応の内容を問わず，広く支援効果が報告されている支援モデルとして，積極的行動支援（Positive Behavioral Support：PBS）がある。PBSとは，適応的な行動を最大限に増やし，不適切な行動を最小限にするために環境を再構築する支援方法である（Carr et al., 2002）。PBSでは複雑要因によって起きる学校不適応への支援を，すべての人を対象にした支援（第1層の支援），グループへの支援（第2層の支援），個別的に特化した支援（第3層の支援）（学校－クラス－個人）の3層から考えることで，個人と環境との相互作用の問題全体に包括的な支援を提供する。本章ではPBSの枠組みを参考に，いじめ・不登校への支援を，①個人への支援，②クラスへの支援，③学校への支援，というう3つの側面から紹介する。

1. 個人の支援

不登校の児童生徒の個人の支援では，本人の社会的活動の幅・強さを増進させていくことを主な目標として，スモールステップで目標を設定する。その際，学校への接近だけでなく，教育・福祉リソースへの接続も考慮する。また，不登校の児童生徒の登校に関係する学校不安や対人不安に対して，認知行動療法による支援が不安症状の改善と再登校に寄与したことが報告されている（Andreou & Metallidou, 2004；奥田，2010）。他方，いじ

めなど暴力的な不適応行動への介入については，暴力以外の方法で葛藤解決を行えるスキルを獲得するソーシャルスキルトレーニング（SST）が報告されている（Meyer et al., 2000；小関ほか，2011）。また，強い加害行動への支援方法には，セルフモニタリングによる行動修正手続きも一定の成果を示している。セルフモニタリングとは，自分の行動について観察を行い，頻度や時間，生起条件などを記録することで，特定の行動を制御する手続きである（Takeuchi & Yamamoto, 2001）。セルフモニタリングは行動問題を持つ対象者の嫌悪感情や強い情動反応を喚起しないようにする行動修正手続きであり，暴力などの激しい行動問題についても短期間での修正効果があることが報告されているため，いじめ加害者への支援方法の一つとして考えられる（Wood et al., 1998；榎本・竹内，2013）。

2. クラスへの支援

クラスへの支援は，教室内や仲間関係の調整など，支援対象に直接関わる他者への支援領域である。不登校の場合にはクラスの中で起きた発生要因だけでなく，維持要因（たとえば学力面の問題，発生要因とは直接関係のない他者との関係性など）についても評価が望まれる。再登校を阻害する要因が明らかなときは，維持要因への介入・支援も必要となる。クラスへの支援で大きな成果を報告している支援に学級単位の集団ソーシャルスキルトレーニング（Classwide Social Skills Training：CSST）がある。CSSTとは，学級単位の集団全体で実施されるソーシャルスキルトレーニングであり，学級の全員がソーシャルスキルを学習できる機会になることに加え，ソーシャルスキルの般化の促進が期待できるという特徴を持っている（藤枝・相川，2001）。CSSTの実践からは，学校不適応を示す個人の適応

的なコミュニケーション行動が促進されただけでなく，児童生徒間の相互作用も改善されること（小関ほか，2009）や，学校不適応を示す児童生徒に対する仲間からの受容が促進されること（本田ほか，2009）などが報告されている。CSST以外の支援法略では，クラス構成員への心理教育についても報告されている。Salmivalli（2010）のレビュー論文では，いじめの加害者へ介入支援を行うことは難しいが，一方，傍観者に対して支援することの可能性を論じている。Pöyhönen et al.（2008）の実践研究では，いじめのプロセスにおいて傍観者が果たす役割の解説，被害者の苦境に対する共感的理解を深める教材の提供，教室の社会的報酬構造を変化させることで，いじめの被害者への支援や擁護の頻度が増加したことを報告している。

3. 学校への支援

学校への支援は，学校のルールの整備，教員との連携などを含む，最も広範囲にわたる支援領域である。そして特定の個人を既定するのではなく予防的介入としての位置付けを強く有している。学校システム全体に介入するプログラムとしては，学校規模積極的行動支援（School Wide Positive Behavioral Support：SWPBS）が成果をあげている。SWPBSとは，学校における行動問題の予防に向けた組織的アプローチであり（Horner et al., 2004），すべての児童生徒を対象に，学校のすべての場面で望ましい行動目標を提示し，それを一貫して強化する支援を行う（平澤，2019）。SWPBSを利用した学校規模介入

では，学校全体での機能的コミュニケーションの増加を狙った取り組みと，それが維持される随伴性の整備（フィードバックシステム）の導入によって，いじめだけでなく校内での暴力行動の低下や適切なコミュニケーションの増加，教員の満足度の上昇など多くの改善効果が報告されている（Nese et al., 2014；Stannis et al., 2019）。不登校のリスク要因となる学力の問題，友人関係，学校での孤立などを防ぐ取り組みとしてもSWPBSの有用性が報告されている（Flannery et al., 2014）。

4　まとめ

本章では学校不適応の中からいじめと不登校の支援について解説し，支援方法を個人－クラス－学校の3層支援モデルから紹介した。学校不適応に対しては，現在起こっている問題に取り組む緊急的対応だけでなく，予防的な側面も重要となる。そのため，認知行動療法やセルフモニタリングといった心理療法・行動修正法だけでなく，SWPBSを代表とした予防的な側面を持つ支援方略も紹介した。本邦の教育現場では公認心理師が学校のシステムに介入することの障壁は高いと言わざるを得ない。しかし，徐々に学校全体の運営に介入した実践も報告されてきている（たとえば，三田地ほか（2018）など）。文部科学省が提唱する『チーム学校』構想に従い，教員と協働しながら学校運営に参画できる公認心理師をめざすため，より一層エビデンスに基づく活動を進めるべきであろう。

文献

Andreou, E. & Metallidou, P.（2004）The relationship of academic and social cognition to behaviour in bullying situations among Greek primary school children. Educational Psychology 24（1）；27-41.

Carr, E. G., Dunlap, G., Horner, R. H. et al.（2002）Positive behavior support : Evolution of an applied science. Journal of Positive Behavior Interventions 4（1）；4-16.

榎本拓哉・竹内康二（2013）アスペルガー障害児におけるビデオセルフモニタリングによる不適切行動の制御──個別面接場面での逸脱行動の低減．明星大学心理学学年報 31；1-6.

Flannery, K. B., Fenning, P., McGrath Kato, M. et al.（2014）Effects of school-wide positive behavioral intervention and supports and fidelity of implementation on problem behavior in high schools. School Psychology Quarterly 29（2）；111-124.

藤枝静暁・相川充（2001）小学校における学級単位の社会的スキル訓練の効果に関する実験的検討．教育心理学研究 49（3）；371-381.

平澤紀子（2019）支援者の実行を支えるサポート──スクールワイド PBS から．行動分析学研究 33（2）；118-127.

本田真大・大島由之・新井邦二郎（2009）不適応状態にある中学生に対する学級単位の集団社会的スキル訓練の効果──ターゲット・スキルの自己評定，教師評定，仲間評定を用いた検討．教育心理学研究 57（3）；336-348.

Horner, R. H., Todd, A. W., Lewis-Palmer, T. et al.（2004）The school-wide evaluation tool（SET）: A research instrument for assessing school-wide positive behavior support. Journal of Positive Behavior Interventions 6（1）；3-12.

井澤信三（2002）学習障害が疑われる不登校生徒に対する行動論的支援過程の検討．発達障害支援システム学研究 2（1）；1-7.

亀田秀子・会沢信彦・藤枝静暁（2017）わが国のいじめの長期的影響に関する研究動向と展望──1980年から2016年までの学術論文・大学紀要論文における研究の動向と課題．文教大学教育学部紀要 51；333-347.

Kärnä, A., Salmivalli, C., Poskiparta, E. et al.（2008）Do bystanders influence the frequency of bullying in a classroom? The 11th EARA conference, Turin, Italy.

河本肇（2002）適応指導教室の目的と援助活動に関する指導員の意識．カウンセリング研究 35（2）；97-104.

小関俊祐・高橋史・嶋田洋徳ほか（2009）学級アセスメントに基づく集団社会的スキル訓練の効果．行動療法研究 35（3）；245-255.

小関俊祐・丹野恵・小関真実ほか（2011）対人葛藤場面に対する関与形態のアセスメントに基づく問題解決訓練が高校生の攻撃行動とストレス反応に及ぼす影響．ストレスマネジメント研究 8；31-38.

前島康男（2016）登校拒否・不登校問題の歴史と理論──学校に行かない・行けない子どもの言説史．東京電気大学総合文化研究 14；23-47.

Maynard, B. R., Brendel, K. E. & Bulanda, J.（2014）Psychosocial interventions for school refusal with Primary and secondary school students : A systematic review. Campbell Systematic Reviews 11（1）；1-76.

Meyer, A. L., Farrell, A. D., Northup, W. B. et al.（2000）Promoting Nonviolence in Early Adolescence : Responding in Peaceful and Positive Ways. New York : Kluwer Academic/Plenum Publishers.

三田地真実・大久保賢一・平澤紀子ほか（2018）日本における，スクールワイド PBS の発展と継続性を支えるもの．日本行動分析学会第35回年次大会発表論文集，p.14.

文部科学省（1992）学校不適応対策調査研究協力者会議報告．季刊教育法 88；60-81.

文部科学省（2013）いじめ防止対策推進法．平成25年法律第71号.

文部科学省（2021）令和3年度　児童生徒の問題行動・不登校等生徒指導上の諸課題に関する調査結果について.

森田洋司・清永賢二（1994）いじめ──教室の病い．金子書房.

中地展生（2011）不登校児の親グループに参加した母親からみた家族システムの変化に関する実証的研究．心理臨床学研究 29（3）；281-292.

Nese, R. N. T., Horner, R. H., Dickey, C. R. et al.（2014）Decreasing bulying behaviors in middle school : Expect respect. School Psychology Quarterly 29（3）；272-286.

大鐘啓伸（2005）適応指導教室に関する実態調査研究──心理的援助機能を考える．心理臨床学研究 22（6）；596-604.

奥田健次（2005）不登校を示した高機能広汎性発達障害児への投稿支援のための行動コンサルテーションの効果──トークン・エコノミー法と強化基準変更法を使った登校支援プログラム．行動分析学研究 20（1）；2-12.

奥田健次（2010）初期の投稿しぶりへの介入．児童心理 64（18）；60-66.

Pöyhönen, V., Kärnä, A., & Salmivalli, C.（2008）Classroom-level moderators of the empathy-defending link. The

20th Biennial ISSBD Meeting, Würzburg, Germany.

Salmicalli, C.（2010）Bullying and the peer group : A review. Aggression and Violent Behavior 15（2）; 112-120.

式部義信・井澤信三（2009）断続的な不登校状態を呈したアスペルガー障害児への行動支援の効果――本人およ び保護者へのアプローチにおける検討. 行動療法研究 35（3）; 271-282.

Stannis, R. L., Crosland, K. A., Miltenberger, R. et al.（2019）Response to bullying（RTB）: Behavioral skills and in situ training for individuals diagnosed with intellectual disabilities. Journal of Applied Behavior Analysis 52 （1）; 73-83.

Takeuchi, K. & Yamamoto, J.（2001）A case study of examining the effects of self-monitoring on improving academic performance by a student with autism. Japanese Journal of Special Education 38（6）; 105-116.

寺田道夫（2018）不登校の子どもの理解と支援――学校で今できることは何か. ナカニシヤ出版.

和久田学（2023）不登校の要因と支援――学校の在り方と子どもの発達との関連性. 子どものこころと脳の発達 14（1）; 33-40.

Wood, S. J., Murdock, J. Y., Cronin, M. E. et al.（1998）Effects of self-monitoring on on-task behaviors of at-risk middle school students. Journal of Behavioral Education 8（2）; 263-279.

不登校児童生徒に対する支援と学校連携

矢野善教

本事例では，不登校行動を示している中学1年生に対して不登校機能アセスメント尺度（School Refusal Assessment Scale：SRAS）と生態学的アセスメントを用い，保護者と学校を巻き込んだ支援方法を紹介する。学校関係者の関わり方のみでなく，家庭における保護者の関わりも加えることにより，学校・家庭の協働体制の構築についても言及する。

事例の概要

長期不登校生徒であるA児（小学5年生・男子）は学級担任の紹介により教育センターに来談した（以下，仮想事例を紹介する）。面談では以下の情報を得た。

小学4年生から断続的な不登校が始まり，教育センターの教育相談を繰り返し紹介していたが，来談には至らなかった。A児は小学4年生のときにスクールカウンセラー（School Counselor：SC）による面談を数回利用したが，本人からの継続の希望がなく，継続面談には至らなかった。SCと保護者が面談を繰り返し行っていた。また，A児への働き掛けは学級担任を中心に行っていたが，登校状態が安定しないまま，小学5年生に進級した。その当時の生活リズムは，朝5時から7時の間に寝て，夕方3時から5時の間に起きる昼夜逆転状態であった。しかし，この生活リズムは保護者からの語りであり，A児は自室に一人でいるため実際にどのような生活リズムであったかは確認が取れなかった。母親は朝10時に一度声をかけているが，起きてこない状況が続いていた。今は何に対してもやる気が起きず，登校に対しても全くモチベーションがない状態であった。小学5年生になり，始業式には参加できたが，翌日から欠席が続いたため，学級担任から再びA児と保護者に教育相談を勧めたところ，「来談する」との返答があり，来談に至った。

問題の整理

現在，不登校児童生徒数は増加の一途を辿っている。不登校支援は，心理教育的アプローチ（川合・金子，2008），精神分析学的アプローチ（植木田，2006），ソーシャルスキルトレーニング（SST）（皿田，2012），行動論的アプローチ（小野，1997）

などさまざまな側面からの支援が実施されている。小野（1997）は「1960年代は，症状除去モデル（小林，1969）が適用され，1970年代は不登校行動によって登校行動に関連する刺激が誘発されて起こる不安・恐怖の低減に焦点を当てた技法が選択されるようになった（園田，1971）」と指摘している。その後，1980年代に入り，池田・上里（1993）は，1984年から1992年までの国内における行動療法の立場からの不登校事例研究を概観し，各事例研究の主技法を基に10のカテゴリーに分類している。海外においては，Kearney & Silverman（1990）が登校拒否行動（School Refusal Behavior：SRB）という用語を用い，その治療に認知行動療法を導入し，2000年以降は国内においても紹介されるようになった（石川ほか，2012）。

事例の展開

　A児に対するアプローチは，①アセスメント，②介入支援計画の立案，③支援開始，④評価の流れで進んだ。

1. アセスメント

　A児が教育相談において週1回の継続面談を実施することとなったため，Kearney & Silverman（1990）が複数の行動チェックリストを基に独自に作成した不登校機能アセスメント尺度（子ども版）（School Refusal Assessment Scale Revised-Child：SRAS-R-C）を日本語訳した質問紙への回答を依頼した。本尺度は，①学校に関する嫌な刺激の回避，②評価を受けることや社会的場面の回避，③他者の注目を引く行動，④学校外

に楽しいことがある，という4つに分けられている。その結果，「①学校に関する嫌な刺激の回避」の1項目が高く，A児の不登校行動の維持要因は学校に関連することからの回避行動によって成立していることが分かった。そのほかに学習状況の確認と生態学的アセスメントを実施した。生態学的アセスメントの重要性については奥田（2006）や小野（2017）らが明らかにしている。学力のアセスメントとして，国語の配当漢字の確認と算数の四則演算の確認を行った。不登校の時期に家庭学習が習慣化されていなかったため，積み重ねができていない状況であった。A児に対して生態学的アセスメントを行った結果，特撮系ヒーローが好きなため，放映時間と特番などの時間には必ず下校をしなくてはならないという条件が明らかになった。

2. 介入支援計画の立案

　SRAS-R-Cと生態学的アセスメントから学校場面からの回避によって不登校行動が維持していることが明らかとなった。しかし，本児は学校場面を想起した際，「怖い」「辛い」とは語るが，身体症状（腹痛や吐き気，発熱，動悸，発汗など）は見られなかった。不安に感じている児童生徒への登校刺激を与える判断基準として「身体症状の有無」が挙げられる。身体症状が出ている場合には病院受診を行い，医療的な側面からのアセスメントを実施する。その結果，身体的な器質面には問題が無く，「辛い」「怖い」などの「神経症の症状」や「学校場面に対する認知の課題」が生じている場合には症状の除去（系統的脱感作法と現実的脱感作法のパッケージ）や認知の修正を行い

ながら，目標となる行動の獲得を自己決定（選択肢から選ぶことも含む）によって促すことで登校刺激を与えていく。このような登校刺激を与える際は，保護者と本人との行動契約を結ぶ必要がある。

公認心理師はA児と保護者との三者で介入支援計画を協議した。協議内容は学校の学級担任に共有するというインフォームド・コンセントは実施済みであり，両者から了承を得ていた。目標はスモールステップにより，学校場面に足を運ぶこととした。公認心理師はA児と保護者への週1日の教育相談を継続することとした。本児との面接において，「①学校に関する嫌な刺激の回避」に対する不安階層表による主観的障害単位尺度（Subjective Unit of Disturbance Scale：SUD）を作成した。最も高い得点（100）は「教室内で授業を受ける」であり，次いで，昇降口に入る（80），校門に入る（50），学校が見えるところに行く（30），制服を着る（10）であった。また，気持ちの温度計（0〜8度）を作成し，面接場面においてA児が不安を感じた際に伝えられるようにした。

3. 支援開始・評価

公認心理師はA児に対してSUDの得点の低い「制服を着る」から「教室内で授業を受ける」場面を，登校行動形成のために以下の手順で実施した。ステップ1：面接場面における系統的脱感作の実施，ステップ2：家庭場面における系統的脱感作の実施，ステップ3：現実場面での脱感作の実施。評価はそれぞれの項目ができた際は〇，できなかった際は×を付けて視覚化した。ステップ2はステップ1のホームワークとして

実施した。ステップ2からステップ3に進む基準は〇が5回続いた後とした。ステップ3で×が付いた際は，×が3回続いたら再度，ステップ2に戻り，ステップ1・2において〇が3回続いた後に再度ステップ3に移る手順を取った。目標となる行動を変更する基準はステップ3で〇が5回続いた後とした。

系統的脱感作では「制服を着る」から「教室内で授業を受ける」という状況をイメージしてもらい，不安を感じた際は気持ちの温度計によってどのくらい苦しいかを伝えられるようにした。家庭場面における系統的脱感作法の実施については週1回の教育相談において保護者に対するコンサルテーションを行い，現実場面における脱感作については学級担任に対するコンサルテーションを週1日の巡回相談の際に実施した。支援開始後，「制服を着る」と「学校が見えるところまで行く」についてはできなかった回数が0回であった。しかし，「校門に入る」から「学校の教室に入る」はできなかった回が存在した。介入結果を図1に示す。

まとめ

本事例のように，不登校児童生徒本人のみでなく保護者と学級担任も巻き込むことによって，家庭での不登校行動の維持要因を軽減することができ，登校行動につながる可能性が高まると考えられる。教育相談員（公認心理師）はチーム学校のメンバーであるSCやスクールソーシャルワーカー（SSW）と連携して，学校現場における不登校行動の改善にアプローチを展開していく必要がある。

図1　介入支援の結果

	制服を着る	学校が見えるところまで行く	校門に入る	校門に入る（2回目）	昇降口に入る	昇降口に入る（2回目）	教室に入る	教室に入る（2回目）
ステップ1	○	○	×	○	×	×	×	○
		○	○	×	○	○	○	○
				○		○		○
ステップ2	○	○	×	○	×	○	×	×
	○	○	×	○	×	○	○	×
	○	○	○		○		×	○
	○	○	○		○		○	
			○		○		○	
			○		○		○	
ステップ3	○	○	×	○	○	○	×	○
	○	○	×	×	×	×	×	×
	○	○	×	○	○	×	×	○
	○	○			○	×		○
			○		○		○	
			○		○		○	

文献

池田真紀・上里一郎（1993）登校拒否の行動療法──その特徴と動向（文献解題）. In：上里一郎＝編：行動療法　ケース研究9・登校拒否Ⅱ. 岩崎学術出版社, pp.154-170.

石川信一・佐藤寛・野村尚子ほか（2012）不登校児童生徒における不登校行動維持メカニズムに関する検討──不登校機能アセスメント尺度適用の試み. 認知療法研究 5（1）；83-93.

川合智子・金子幾之輔（2008）中学校における不登校生徒に対する心理教育援助の効果. 日本教育心理学会第50回総会発表論文集 PA1-42.

Kearney, C. A. & Silverman, W. K.（1990）A preliminary analysis of a functional model of assessment and treatment for school refusal behavior. Behavior Modification 14（3）；340-366.

小林重雄（1969）学習理論に基づく心理療法の考察──症例研究による行動療法の適用範囲の検討. 山形大学紀要（教育科学）4（4）；85-108.

奥田健次（2006）不登校を示した高機能広汎性発達障害児への登校支援のための行動コンサルテーションの効果──トークン・エコノミー法と強化基準変更法を使った登校支援プログラム. 行動分析学研究 20（1）；2-12.

小野昌彦（1997）「不登校」の研究動向──症状論，原因論，治療論，そして積極的アプローチへ. 特殊教育学研究 35（1）；45-55.

小野昌彦（2017）包括的支援アプローチを適用した中学生長期不登校の再登校行動の形成と維持──学校条件の変容が困難であった事例. 特殊教育学研究 55（1）；37-46.

皿田洋子（2012）不登校支援にSSTを生かして. 福岡大学研究部論集 B.社会科学編 5；7-13.

園田順一（1971）学校恐怖症に関する臨床心理学的研究──行動理論からのアプローチ. 鹿児島大学医学雑誌 23（2）；581-619.

植木田潤（2006）不登校児例にみられる不安の特性について──対象関係論からの接近. 国立特殊教育総合研究所教育相談年報 27；9-17.

事例 2 暴力（いじめ加害者）の事例

竹内康二　宮田昌明

　注意欠如・多動症（以下，ADHD）の診断を受けた男児（以下，A児）に対して，公認心理師であるスクールカウンセラー（以下，SC）と小学校，そして家庭との連携によるトークンエコノミーと自己モニタリングを組み合わせた個別支援を実施することで，暴力や離席の改善が見られた事例を紹介する。

　なお，本事例の執筆にあたっては，保護者および関係者から公表の同意は得ているが，さらに本人が特定されない配慮として一部内容を改変した。

事例の概要

　A児は小学校の通常学級に在籍する1年生の男児で，小学校1年生時にADHDの診断を受けていた。知能検査（WISC）の結果は，FSIQ = 113，VCI = 113，PRI = 120，WMI = 106，PSI = 94であった。小学校の学級内で，離席して授業課題に取り組まず，同級生に暴力を振るうなどの行動が頻繁に生じていた。こうした不適切な行動に対して，保護者と学級担任がさまざまな対策を取ったが改善が見られなかったため，保護者から事例提供者であるSCに相談があった。

問題の整理

　小笠原・末永（2013）は子どもの自己記録に基づいて，大学で専門家がトークンおよびバックアップ強化子を与えるトークンエコノミーを実施することで，学校や家庭における発達障害児の暴力・暴言の低減に成功したことを報告している。こうした方法は，家庭だけでなく通常学級で生じる不適切な行動に対しても効果的な支援方法となる可能性が高いと考えられる。そこで本事例では，通常学級場面において問題行動を示していた男児を対象とし，SCと小学校と家庭との連携によるトークンエコノミーと自己モニタリングを用いた個別支援を実施した。

　個別支援は，A児の所属する小学校内の相談室で実施された。A児は相談室に週1回通っていた。相談室には，机と椅子，おもちゃや本などが入った棚があり，A児はSCと机を挟み一対一で座って面接を行ったり，遊んだりすることが多かった。

事例の展開

1. 標的行動

保護者および小学校校長と学級担任の要望から，男児への暴力，女児への暴力，授業中の不適切な離席を標的行動とした。

2. 手続き

(1)ベースライン期

SCが小学校の普段の授業および休み時間に行動観察を行った。観察の頻度は，週1回（1回の観察時間は3〜3時間半）合計6回であった。授業の妨げにならぬよう教室の横または後方で，かつA児とは少し距離をおいて観察を行った。

(2)介入期

①トークンエコノミー

学校におけるA児の適切な行動にはトークンとしてポイントを与え，不適切な行動があればポイントを没収するトークンエコノミーを実施した。適切な行動は，授業に参加することや，泣いている友達に声をかけることなどであり，不適切な行動は，授業中に廊下で過ごすことや友達を叩くことなどであった（表1参照）。一定のポイントをためることで，A児は個別面接の際に好きな遊びを選んで行うこと（バックアップ強化子）ができた。

適切な行動や不適切な行動の有無を判断するために，A児の所属する学級において，SCが週1回，合計15回の行動観察を行った。1回の観察時間は2〜3時間で，SCは観察されたA児の標的行動をメモ帳に記録した。また，学級担任には学校生活の中で特に記憶に残ったA児の適切行動につい

表1　トークンを与えた（没収した）行動例（一部）

適切な行動	不適切な行動
・全部の授業に参加した（+100P） ・泣いてる友達に声をかけた（+50P） ・友達を叩きそうになったけど，ガマンした（+50P） ・約束を守った（+30P） ・先生の手伝いで授業のプリントを配った（+20P） ・先生の言うことを聞いた（+20P）	・授業中に廊下で本を読んでいた（-50P） ・年下の子を仲間に入れてあげなかった（-30P） ・教室のロッカーの上に乗って遊んだ（-30P） ・男の子を叩いた（-30P）

て，可能な範囲でメモによる記録を取ってもらった。

週1回行われる相談室でのA児との個別面接で，SCは，①SCが観察した記録，②学級担任のメモ，③保護者が連絡帳に記載した内容，④A児のセルフモニタリングシート（詳細は後述）という。4種類の記録に基づいて学校での適切行動に対してトークンを与え，不適切行動に対してはレスポンスコストとして，トークンを没収した。

次に，A児の目の前で学級担任のメモを基に，A児の学校での適切行動および不適切行動に対してトークンを与えた（トークンを没収した）。さらに，保護者からの連絡帳を基に家庭での適切行動に対してトークンを与えた。そして，相談室で行われるA児との定期的な個別面接において，学校での適切行動および不適切行動に関する情報がSCに提供された。一つの適切行動に対して10ポイントから100ポイントの範囲でトークンを提示し，一つの不適切行動に対して10ポイントから100ポイントを没収することを原則とし，その行動の社会的な

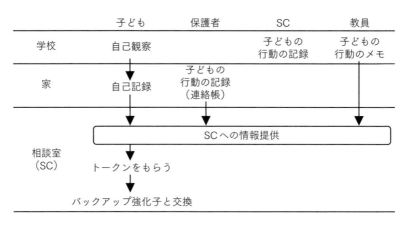

	子ども	保護者	SC	教員
学校	自己観察		子どもの 行動の記録	子どもの 行動のメモ
家	自己記録	子どもの 行動の記録 （連絡帳）		
	SCへの情報提供			
相談室 （SC）	トークンをもらう			
	バックアップ強化子と交換			

図1　本事例で用いたトークンエコノミーの概念図

望ましさ（または問題の深刻さ）に応じて SCがポイント数を決定した（表1を参照）。ただし，トークンエコノミーの手続きに対するA児の動機づけを維持するため，最終的に600ポイント以上のトークンが残り，バックアップ強化子と交換できるようにSCが調整した。バックアップ強化子はSCと好きな遊びができることとした。1ポイントあたり1秒の遊び時間として換算し，ポイントが多いほどA児は長く遊ぶことができた。遊びの内容は，フィギュアを使った遊びやパズルの作成などで，その都度A児が内容を選択した。

SCは学級担任や保護者とのやり取りの中で，できるだけ多くの適切行動に関する情報を得るよう心がけ，行動に応じたトークン（ポイント）がたくさんA児に与えられるよう配慮した。トークンの提示に引き続いて，ポイント数に応じたバックアップ強化子を与えた。このように複数の場面で行動の記録と評価を分担し，ある特定の子どもの支援に関わる人たちが協働で運用するトークンエコノミーの概念図を図1に示した。

事前にA児にはトークンが没収されることがあることも口頭で説明し，了承を得た上でトークンエコノミーに参加してもらっている。

②セルフモニタリング

A児自身が自分の行動について評価を書き込む自己モニタリングシートに基づいて，トークンを与える手続きを導入した（トークンの量は前述の基準と同様であった）。自己モニタリングシートは，SCとA児が話し合って決めた目標と評価を記入する空欄が書かれた様式であり，A児においてはA6判のノートの中にSCが手書きしたものであった。目標としたのは，①「女の子のことをぶったりけったりしない」，②「1日2このじゅぎょうと1まいのプリントをやる」，③「せんせいのおてつだいを1日1こやる」という3つの行動であった。A児には学校のあった日の帰宅後に家庭で自分の行動を評価するようにお願いした。評価の方法は，"○"ができた，"△"ができなかったけれどがんばった，"×"ができなかった，であった。行動する機会がなかった場合は，

"／" を引いてもらった。目標とした行動項目の評価が10日以上連続で○となった場合，SCとA児が話し合って目標の難易度を上げることがあった。

3. 標的行動の測定方法

A児の暴力については，観察日によって観察時間が異なるため1時間あたりの生起頻度を算出した。A児の離席については，観察時間を2分のインターバルで分割したインターバル記録法を用いて，生起インターバル率を算出した。計算式は次の通りであった──離席率（％）＝離席のあったインターバル÷すべてのインターバル×100。

4. 暴力，離席率の改善

トークンエコノミーを使った支援を実施した結果，A児の暴力行動（男・女），離席率ともに改善した。図2は，A児の小学校における暴力行動の生起頻度と離席率の減少を示したものである。ベースライン期では，男児に対する暴力行動は平均1.02回，女児に対する暴力行動は平均0.33回であった。離席率は，日によって変動が激しかったが，平均54.03％であった。介入期直前の第6日目の観察では，平均離席率80.77％と最も高い値を示した。介入期では，男児に対する暴力行動は平均0.13回，女児に対する暴力行動は平均0.08回であった。離席率は，平均24.58％であった。男児に対しては第11日目以降，女児に対しては第12日目以降で暴力行動が見られなくなった。第10日目，第12～14日目では離席が見られなかった。

まとめ

本事例では，通常学級に在籍するADHDの児童に対して，SCと小学校と家庭が連携し，学校での不適切行動の改善を目的としたトークンエコノミーによる介入を行った。その結果，A児の不適切行動に大きな改善が見られた。

小学校の集団場面では，適切行動であっても一定の基準以上の適切さがなければ評価が得られることは少ない。さらに，子どもの不適切行動が以前より減っていたとしても評価されることは少なく，不適切行動に手加減があっても評価されることはほとんどない。そうした中で，本事例で用いたトークンエコノミーは，時間をかけて一つひとつの行動を周りとの比較ではなく個人内での変化に基づいて評価することを可能にする手続きであった。その結果，子どもの小さな行動変化が見過ごされることなく，一貫した評価を得られるようになった。

このように自らの行動が一貫した評価を得られる環境下では，参加児の自発的な適切行動の報告が増加する傾向が見られた。例えば，「給食を残さずに食べた」「友達と仲良く遊べた」「イライラしたけど我慢した」「友達に消しゴムを貸してあげた」など，特に標的としていない行動についての報告が参加児から自発的にされることが増えた。自らの適切行動を観察・記憶・報告することの増加は，肯定的な評価を受ける機会を増やし，類似の適切行動が増えていくことも十分に考えられる。また，本事例で用いたトークンエコノミーの手続きは，学級担任や保護者に対して適切行動の記録や報告を求めるため，参加児の不適切行動

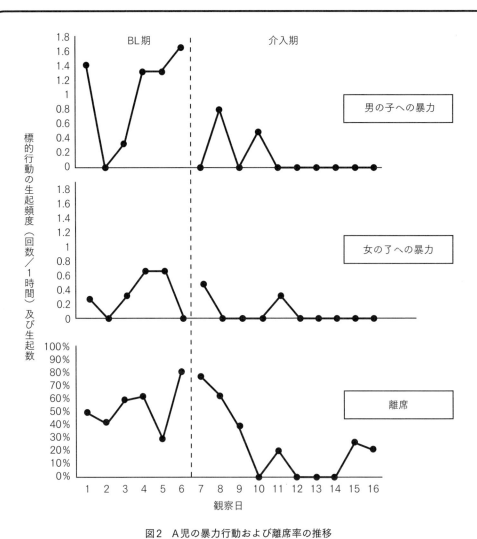

図2　A児の暴力行動および離席率の推移
（「男の子・女の子への暴力」については1時間あたりの生起頻度，「離席」については，観察総時間あたりの離席率である）

にばかり注目してしまうネガティブな視点から教員や保護者を自然に脱却させ，子どもの行動に対する客観的で肯定的な視点を促すことができたと考えられる。今まで不適切行動が目立ち，適切行動になかなか目を向けられず叱責されることが多かった参加児に対し，良い行動を取り上げていくということを徹底した結果，学級担任，保護者，SCと参加児の間でのポジティブな関係を促進することができたと考えている。

文献 ▏▏

小笠原恵・末永統（2013）広汎性発達障害児が示す暴力・暴言・物壊しの低減を目指した自己記録を中心とした介入パッケージ．特殊教育学研究 51（2）；147-156.

第8章

「学校不適応問題」にチャレンジする②

日常的な諸問題

田中芳幸

キーコンピテンス

　教育分野，特に小中学校や高等学校は，子どもたちにとって第二の生活の場ともいえる。それゆえに公認心理師が遭遇する学校不適応問題は多岐にわたり，教育場面を中心に展開する諸問題を超えて，福祉や司法など他分野と大きく関わる問題もある。また，小学校から高校にかけては，身体の成熟とともに心理面や社会面でも著しい発達が促される時期である。このため他年代では些細と感じるようなことすら大きな不安や悩みに転じたり，さまざまなトラブルに巻き込まれやすかったりもする。

1　教育場面に生じる多様な問題

　学校など教育場面に限定しても問題を挙げれば枚挙に暇がないため，一例としてまず，学業不振を取りあげる。**学業不振**とは，修学上の困難や遅延のことである。通常学級に在籍し，知的発達の遅れはないものの学習面や行動面で著しい困難を示す小中学校児童生徒は全体の8.8%，全日制・定時制高等学校でも2.2%との推計がある（文部科学省，2022）。学業不振は，知能レベルに比して学力不十分という個人内能力差と，学年相当の学力に満たないという社会基準との差，これら処方の

視点から捉えられる。明確な基準はないが，学力偏差値が知能偏差値に著しく満たない場合が前者にあたり，該当する子どもをアンダーアチーバー（Underachiever）と呼ぶこともある。後者では，科目評定の低さや2学年程度の遅れなどから判断されることが多い。

　類義の**学習困難**は，読字，書字，算数などの限局性学習症の文脈で論じられることが多い。いずれにせよ何に起因する修学上の困難なのかを把握することが，支援の入り口となる。知的能力でいえばさまざまな個別式知能検査もあるが，長時間をかけることが学校では困難であり，DAM（グッドイナフ人物画知能検査）やコース立方体組み合わせテストなど短時間で実施できる方法の活用や，外部機関の協力を得ることも多い。K-ABCで測定される認知処理過程や学習・計画能力の把握，各種記憶検査や注意・意欲を測定する検査が必要になることもある。

　検査器具を用いずとも，科目教員や学級担任との連携，校内での児童生徒との日常的な関わりを通じて，**知能**，**認知**，**言語**，**適応**，**意欲**などに関する**適切なアセスメントを実施**する。その上で，時として本書第Ⅲ部第6章で論じられる**通級指導教室**や**特別支援教室**などを含めた**適切な教育環境での支援**を考慮す

表1　学級崩壊を生じる要因の10類型（小松（2000）を基に一部修正）

①就学前教育との連携・協力の不足

②特別な教育的配慮や支援を必要とする子どもへの対応不十分

③必要な養育を家庭で受けていない子どもへの対応不十分

④授業の内容と方法に不満を持つ子どもへの対応不十分

⑤いじめなどの問題行動への適切な対応の遅れ

⑥校長のリーダーシップや校内の連携・協力の不確立

⑦教師による学級経営の柔軟性欠如

⑧学校と家庭などとの対話不十分に伴う信頼関係不構築による対応の遅れ

⑨校内での研究や実践の成果に関する学校全体の不活用

⑩家庭のしつけや学校の対応における問題

る。例えばアンダーアチーバーについては，教師や友人との関係性や家庭環境に起因することも多い。単なる勉学上の問題として捉えずに，生物心理社会モデルに基づく包括的なアセスメントを要する。詳述は避けるが，知的水準に比して高学力を示すオーバーアチーバー（Overachiever）の苦悩や，その知的水準に対する他者による把握や理解の難しさも念頭に置く必要がある。

　もう一つ，1990年代後半から深刻化し，マスメディアで多く紹介されたいわゆる学級崩壊に触れる。これは文部科学省が明示する「学級がうまく機能しない状況」，つまり「子どもたちが教室内で勝手な行動をして教師の指導に従わず，授業が成立しないなど，集団教育という学校の機能が成立しない学級の状態が一定期間継続し，学級担任による通常の手法では問題解決ができない状態に立ち至っている場合」を指す。勉学だけでなく，いじめ問題などとの関連も指摘される（河村・武蔵，2008）。学級崩壊は多様な学級機能不全を一括りにした語であるが，発生要因から10類型に整理され（表1），各要因に基づく状況への対応方針も示されている（小松，2000）。事例ごとで複合的に絡み合う要因の一つひとつに応じた支援の重要性も指摘されている。

　公認心理師がこれら諸要因へ対応するには，学校経営方針や学年経営方針といった各学校の経営ビジョンを事前に把握することが前提となる。経営ビジョンへ通じるように，各教員の学級目標などの学級経営に対する理解や支援を常日頃から心がけたい。就学前教育との連携や情報交換促進の一翼を担い小1プロブレムの低減を図ることや，管理職者の教職員内や各教員の学級におけるリーダーシップを支えること，家庭と学校との連携・協働の懸け橋となることなども，学級崩壊への理解や対応，さらには未然防止につながる。

2　学校外他分野との関わりが大きい諸問題

　虐待問題や非行は，教育場面を超えて子どもたちに生じる問題の一例である。児童相談所の児童虐待相談対応件数はこの30数年間に増加の一途をたどっており，2021年度は207,660件にのぼった（厚生労働省，2022）。心理的虐待が全体の60.1％と最多で，身体的虐待23.7％，ネグレクト15.1％，性的虐待1.1％と続く。経路別では警察等による通告が49.7％と半数近くを占め，近隣知人からの13.5％や家族親戚からの8.4％に比して，学校

からは6.7%とやや少ない。

相談数については，虐待そのものが増えたというよりも，要保護児童発見者の通告義務（児童福祉法第25条）の周知や，児童虐待に係る通告（児童虐待の防止等に関する法律第6条）対象の「虐待を受けた児童」から「児童虐待を受けたと思われる児童」への改正により認知できる件数が増えたという一面もある。2024年4月施行予定の児童福祉法等の一部を改正する法律が2022年に成立し，児童虐待の防止にも通じる，子育てに困難を抱える世帯に対する支援体制の強化も図られている。

より広く不適切な養育態度を捉える概念として，世界保健機関による**マルトリートメント**（Child maltreatment）がある。子どもの健康や生存，発達，尊厳を害し得るあらゆる種類の態度が含まれる。こういった日本では虐待とまではみなされない不適切な養育態度の全般や，**アタッチメント**（Attachment）など養育者と子どもとの情緒的結びつきにも目を向けることは，**虐待の早期発見に関わる視点を持ちながら活動する素地**となる。着衣や食事の様子，衛生状態など，生活の場であるからこそ目にできることも多い。先述したような関連法規や法で賄いきれない状態へも目を向け，福祉関連諸機関との**連携**による**継続的支援**など，**虐待問題における学校の役割を理解して対応すること**が重要となる。

非行では，**警察や少年サポートセンター，法務少年支援センター**など**司法関連機関との連携**を要する状況も多い。刑法犯での検挙や不良行為での補導は減少傾向にあるが，特殊詐欺加担や大麻など違法薬物犯で検挙される子どもは増えている（警察庁，2023）。SNSを介した関係性を基に犯罪行為に手を染めたり，性被害に巻き込まれたりする子どもも増えている。つまり非行問題は，日頃の生活態度を漫然と見ているのみでは気づきにくい様

相を呈している。

この情勢において，各学校の**生徒指導体制**に子どもたちの心理社会的課題への視座を提供することは，公認心理師の重要な役割である。また，易怒性や大人への挑発的行動を特徴とする**反抗挑発症**，攻撃性や他者所有物の破壊・窃盗といった行動パターンからなる**素行症**など，非行問題に通じやすい症状群もある。実際，刑法犯少年の再犯率は，この10年間35%ほどで推移している。矯正教育を離れた後に戻る生活環境の問題もあるが，症状を含む心理面への視点も**反社会的行動に対する理解と支援**にとって重要な要素である。

3　日常的諸問題に対する支援の展開

教育分野での多様な支援は，いくつかの理論モデルとして整理されている。例えば，Gerald Caplanの予防理論等を応用した3段階からなる心理教育的援助サービスのモデル（石隈，1997）は，多くの他書に紹介されている。ここでは，よりエビデンスが蓄積されているInstitute of Medicineによる枠組み（IOM Framework）（Mrazek & Haggerty, 1994）を用いて整理してみたい。医療分野発信のモデルであり治療などの語を用いて説明されることも多いが，ここでは教育分野で生じる諸問題への支援に適した語に変換して論じる。この枠組みに従うと，支援には，予防（prevention），対応（treatment），維持（maintenance）の3段階がある（図1）。

さらに予防段階には3層あり，常日頃から児童生徒の心身や対人関係などへ気を配り，**ソーシャルスキルトレーニングやストレスマネジメント教育**など心の健康教育を展開することは，予防開発的で普遍的な**集団への支援**にあたる。幸福感や強みなどポジティブな心性を醸成することも，諸問題への対処力を育

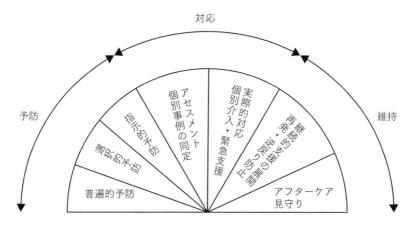

図1　IOM Framework の教育分野諸問題への応用（Mrazek & Haggerty（1994）を基にして作成）

む一助になり得る（田中ほか，2013）。子どもたちが置かれた地域性や養育者との関係性などへ目を向け，問題の発生リスクが高い集団や個人には選択的に，学力低下や着衣の乱れが認められるなどの前兆を呈する子どもには指示的に，それぞれ予防的支援を展開することは，学業不振や学級崩壊，非行といった諸問題の未然防止につながる。

　続く対応段階はまさにアセスメントやケースフォーミュレーション，連携・協働しつつPDCAを意識して相談対応を展開する場面であり，本書第Ⅲ部の第3章から第5章に詳述される。子どもたちが日常生活を送る教育場面ならではの事柄として，維持段階へ直接的に支援できることや，その支援の重要性があ

げられる。非行を例にとれば，問題を呈さなくなれば終結というはずもなく，非行へと向かいがちな心性や対人関係への継続的支援を展開し，再発や元の不適応行動への逆戻りを防止することが重要である。

　学校という第二の生活の場であるからこそ，アフターケアとして，見守り続けることも行いやすい。ただし改めて記すまでもないが，これらは公認心理師が単独で展開できる支援ではない。また，個々の子どもたちを生涯にわたって一人の心理師が支え続けることは不可能である。例外はあれども生涯や長期にわたり子どもの傍らにいて，育て支えている養育者や教職員をお手伝いするという謙虚な認識が必要であろう。

文献

石隈利紀（1997）学校心理学に基づくスクールカウンセリング──一人ひとりの児童生徒を生かす学校教育をめざして．教育心理学年報 36；40-44.

河村茂雄・武蔵由佳（2008）学級集団の状態といじめの発生についての考察．教育カウンセリング研究 2（1）；1-7.

警察庁（2023）少年からのシグナル．

小松郁夫（2000）学級経営をめぐる問題の現状とその対応──関係者間の信頼と連携による魅力ある学校づくり．国立教育研究所広報第124号.

厚生労働省（2022）令和3年度児童虐待相談対応件数.

文部科学省（2022）通常の学級に在籍する特別な教育的支援を必要とする児童生徒に関する調査結果について.

Mrazek, P. J. & Haggerty, R. J. (1994) Reducing Risks for Mental Disorders : Frontiers for Preventive Intervention Research. Washington D.C.: National Academy Press.

田中芳幸・津田彰・堀内聡（2013）IT技術を活用した多理論統合モデルに基づくストレスマネジメント・プログラム．ストレス科学 27（4）；303-316.

書字に関する学習困難を呈した中学1年生の事例

杉山智風

本稿では，ひらがなや漢字の書字において困難感を抱える，中学1年生の事例を紹介する。事例を通して，公認心理師であるスクールカウンセラーがどのようなアセスメントを行い，教科担任に対して必要な支援や配慮を働きかけ，支援効果をどのように評価したのか，一連の手続きについて取り上げる。

事例の概要

公認心理師の資格を持つスクールカウンセラーは，学級担任の紹介により来談した中学1年生男子Aから相談を受けた。Aは，小学5年生のときに医療機関で限局性学習症と診断されている。視力や聴力に異常はない。学級担任からは，特に授業中，どのように支援を行えばいいか助言がほしい，援助要請を行うための力をA自身に身に付けてほしい，と依頼があった。公認心理師がA本人から聴き取った困難を感じる内容は，国語に対して強い苦手意識があり，字形が似ている漢字を書くことや，何度も同じ字を繰り返し書くことに困難を覚えることであった。Aが持参した小学校時代の国語のノートは，1年間を通して数ページほどしか記入されていなかった。ひらがなはおおむね判別可能であったが，ほとんどの漢字は字形が大きく崩れて判別不可能であった。また，小学6年生時の成績表は，国語や英語などの主要教科は1もしくは2の評定であった。来談時より半年前の小学校6年生の終わりに医療機関で受けたWISC-Ⅳの結果は，FSIQ=105，VCI=110，PRI=88，WMI=105，PSI=92であった。この結果から，言語による表現や説明，聴覚的短期記憶が得意であるのに対し，視覚的な情報を素早く処理すること，視覚的長期記憶を苦手とする可能性が考えられた。

学級担任からは，それぞれの教科間で対応方針が異なるため，Aや教科担任も混乱している状況があるという情報提供があった。そのため公認心理師には，校内連携を強化するための働きかけも求められた。

問題の整理

公認心理師はAの現在の書字および読字能力を把握するため，インテーク面接にて以下のような課題を実施した。まず，ひら

がな50音の書字を求めたところ，「ね」と「わ」，「い」と「り」といった似た形態の文字において誤りが見られたが，その他の文字はおおむね問題なく書字することができた。しかしながら，バランスの悪さや筆跡の不安定さが見受けられた。次に，小学3年生で習う漢字の問題を10問程度解いてもらったところ，書字可能な漢字は2問のみであった。書字できなかった8問について，視写するように求めたが，3問しか正確に書くことができず，細部の形態や構成要素の配置に誤りがあった。特に視写は書字速度が遅くなる様子が見られた。記述問題や作文は，一単語ほど書いて手が止まっていた。書字の苦手さによって考えをまとめにくく，集中しにくいため，かなりの時間を費やす様子も観察された。読字については，国語の音読場面において時折読み飛ばしが見られるものの，おおむね正確に音読することができた。また，Aは読書が好きでライトノベルを好んでおり，最近読んだ本の全体的なあらすじを説明することができた。会話についても特に問題はなく，語彙力も年齢相応であった。

公認心理師は，Aは漢字の読みよりも書字において困難を示していると考え，以降の支援では漢字の書字に焦点を当てた支援を展開することとした。

事例の展開

以上のアセスメント結果を踏まえ，公認心理師は以下のような支援目標を立てた。Aに対しては，まずは基本的な偏（へん）や旁（つくり）を習得することをねらいとして，小学校1年生で習う基礎的な漢字の書字ができるように

なることを目標とした。加えて，国語をはじめとした各教科においても，Aへの配慮が必要と考えた。系統的な教育支援を提供するためには，学級担任だけではなく，他の教科担任や学校内外の人材を活用して校内の支援体制を整備する必要性が指摘されている（文部科学省，2004）。そのため，校内の支援体制を構築し，Aが能力を発揮しやすい学習環境を整える必要性があると考えた。

また，インテーク面接のあと，公認心理師は学級担任に対して，自分が不在のときにも円滑に支援提供ができる体制を構築するため，学級担任が個別の教育支援計画を作成する際の中核を担うことを提案した。その上で，校務分掌に依存しない，機能的な役割分担を行うことを重視しながら，誰がどのようにAの支援に関わることが望ましいか，学級担任に伝えた。本事例で目指した機能的役割分担について，図1に示す。

公認心理師が担う主たる役割としては，機能的役割分担の推進とそのマネジメント，心理的アセスメントに基づく支援法の提案，援助要請スキルの獲得を目的としたソーシャルスキルトレーニングの実施であった。その上で，学級担任は，公認心理師が提案した支援方略を他の教科担任に伝達すること，上手くいった支援法を他の教科担任と共有すること，教職員会議で議題に挙げることを，主たる役割として担うことを想定した。他の教科担任は，学級担任から伝達されたAの特性や支援方略の情報に基づき，配慮や工夫を行うことを目指すこととした。実際に取り組んでいくなかで，Aの変化や気がついた点，課題については，各教科担任が学級担任に伝えることを確認した。学

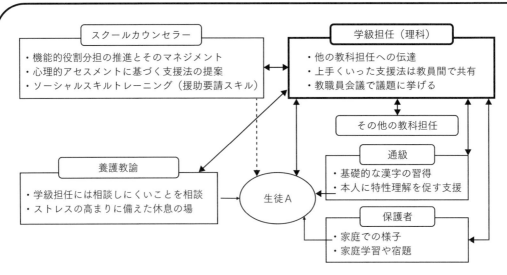

図1　スクールカウンセラーの勤務形態に依存しない支援展開のイメージ

級担任は情報を集約し，再び公認心理師と協議を行うこととした。養護教諭に対しては，学級担任には相談しにくいことが発生した場合に相談を受け付ける役割を担うこと，ストレスの高まりに備えた休息の場として備えておくことを想定した。

　さらに，Aの基礎的な漢字の習得のために，通級指導を週1〜2回利用して学習支援を行うこととした。通級指導を利用するために，公認心理師は学級担任を通して保護者に連絡をとり，アセスメントの結果や支援の必要性について説明した上で同意を得た。その際，宿題などの家庭学習について，目的や支援方針を共有するため，継続的に連携を図ることを伝えた。

　Aに対しては，上記の支援方針について公認心理師が説明し，インフォームド・コンセントを得た。特に，カウンセリングの目的については，Aの悩みや困りごとを減らすための場所であり，その一環としてソーシャルスキルトレーニングを実施すること

を説明した。その上で，公認心理師がいなくても支援が機能するように，学級担任をはじめとした他の教員へ支援の主軸を移行していけるように目指すことも伝えている。そのために，A自身にも，自らの特性を理解した上で得意な力を伸ばして苦手な力を補うための方略を知ること，人から必要な援助を受けるための力を身に付けることが重要であると伝えた。これらの力は，現在の中学校生活のみならず，その先の将来においても大事な力になると説明した。

　上記の支援方針を踏まえて，公認心理師は学級担任に対して，アセスメントの結果に基づくAの特性を活かした支援方略を助言した。具体的には，インテーク面接で実施した課題やWISCの結果，および公認心理師との会話の様子から，全般的な知的能力の水準は年齢相応に達しており，視覚系の能力に比べて言語および聴覚系の能力の方がAのなかでは得意な能力であると説明した。春原ほか（2005）は，視覚系の能力

に比べて言語および聴覚系の能力が保たれている児童に対して，視覚系の能力を使用した学習条件よりも，聴覚系の能力を使用した学習条件の方が，漢字の習得率とその維持効果が高かったことを報告している。このように，書字に困難を抱える事例では，書字運動の負担を減らして，認知特性を活かした支援が有効といえる。

そこで本事例においても，反復練習は最小限に抑えること，記述問題や作文ではワープロ機能をスモールステップとして活用すること，教科書に直接書き込むなどの代替案によって書字の量を減らして負担を軽減させること，板書により理解が阻害されるのを防ぐためにカメラの使用を認めること，書く量が多いときは余裕を持った時間を確保すること，試験の際には教員が問題を読み上げることが効果的である可能性を伝えた。さらに，音声による言語能力に問題が見られない場合には，漢字の構成要素を言語化して学習させる支援の有効性が確認されている（青木・勝二，2008；春原ほか，2005；田辺・服部，2002）。そこで通級指導の教員には，パーツを分解して声に出しながら書いたり，意味に着目させたりすることで，学習の促進が期待される可能性を伝えた。また，保護者に対しては，宿題の目的について，取り組めた範囲で本人の理解度を確認するために実施するものであり，学習意欲の低下につながらないよう無理強いはしないこと，音声読み上げソフトの活用も期待できることを伝えた。

これらの公認心理師からの提案をベースとして，学級担任が各教科担任，通級指導担当の教員，保護者と共有しつつ，これらの支援方略のうち，どれが実施可能であ

り，どれが実施困難な支援方略であるかという意見を，それぞれ聴取した。一部の教科担任からは，板書をデジタルカメラで撮ることは認められないという意見が出たため，授業では特に重要な箇所を強調して説明し，要点だけは押さえるといった工夫を講じた。しかし，どうしても書き写しが追い付かない国語の授業のみデジタルカメラの使用が認められ，写真を撮ってからノートに書き写すようにした。また，ソーシャルスキルトレーニングで習得した援助要請スキルを発揮することで，Aから教科担任に「この問題，一度パソコンを使って下書きしてもいいですか」などの要求ができるようになった。書字の負担が減ったことで，授業内容を理解するための労力が確保され，説明を求めると適切に理解している様子も増えていった。なお，再び小学3年生で習得する漢字の書き取り課題に取り組んでもらった際には，以前は曖昧だった偏や旁の理解が進み，8割の漢字を習得できたことが確認された。

まとめ

本事例では，書字に困難を示す中学1年生の男子生徒Aに対する，校内支援についての事例を紹介した。公認心理師は，WISCやインテーク面接で実施した課題の結果などを踏まえて，Aの得意な部分と苦手な部分を把握しつつ，アセスメントに基づく支援法の提案を行った。その際，アセスメントの結果に基づく支援法の提案を行った上で機能的役割分担を推進し，学級担任が支援体制の中核を担うよう働きかけている。これにより，公認心理師（スクー

ルカウンセラー）が不在の際にも対応を可能とする校内体制の構築を図った。このように，日々の継続的な支援を展開するためには，公認心理師一人の活動では限界があり，特に中学校の場合には学級担任を中心としつつ，他教科の担当教員とも連携した対応が不可欠となる。このような支援を学級担任が中心に推進できるよう，公認心理師がサポートしつつ展開していくことが望まれる。

文献 ⁞⁞

青木真純・勝二博亮（2008）聴覚優位で書字運動に困難を示す発達障害児への漢字学習支援．特殊教育学研究 46（3）；193-200.

春原則子・宇野彰・金子真人（2005）発達性読み書き障害児における実験的漢字書字訓練──認知機能特性に基づいた訓練方法の効果．音声言語医学 46（1）；10-15.

文部科学省（2004）小・中学校における LD（学習障害），ADHD（注意欠陥／多動性障害），高機能自閉症の児童生徒への教育支援体制の整備のためのガイドライン（試案）（https://www.nginet.or.jp/box/monbu20040130.pdf［2023年6月30日閲覧]）.

田辺朋江・服部由紀子（2002）"Functional academics" の獲得を目指した境界知能の LD 児への学力指導（その1）──読み書き指導の実践報告．LD研究 11（2）；171-176.

学級崩壊の予防的対応として
ソーシャルスキルトレーニングを
実施した事例

杉山智風

　本事例では，小学1年生の学級集団を対象として，公認心理師であるスクールカウンセラーがソーシャルスキルトレーニングを実施した。具体的には，学級崩壊の未然防止を目的として，授業中のおしゃべりが頻回に観察された小学1年生の学級集団に，行動観察を中心としたアセスメントを行った。その結果を踏まえ，「おしゃべり」と同様の機能を持ち，おしゃべりよりも望ましい行動レパートリーを獲得させることをねらいとした，ソーシャルスキルトレーニングを実施した。さらに，有効性の評価や般化の工夫についても取り上げる。

事例の概要

　本事例の対象となった学級は，児童数25名の小学1年生の学級集団であり，学級担任は，今年度に着任したばかりの若手女性教師であった。スクールカウンセラーとして勤務している公認心理師は学級担任から，「4月の最終週になっても授業中に落ち着きのない様子の児童が多く，授業の進行に支障が出ている」と相談を受け，学級担任と協働しつつ支援を検討することとなった。

　公認心理師が授業中に行動観察を実施するなかで，特に3名の児童が，授業時間の大半を他児に話しかけたり，教室内を歩き回ったりして過ごしている様子が見受けられた。また，その児童らの行動によって，注意がそれた他の児童が同じようにおしゃべりを始めたり立ち歩いたりする行動が観察された。学級担任は，おしゃべりや離席を注意する，児童らが自席に戻るまで授業を中断して待つなどといった，問題行動の減弱のための対応を中心に行っていた。学級担任は，児童らが指示に従わないと語り，困惑している印象が見受けられた。

　公認心理師が小学校入学前の支援歴を確認すると，おしゃべりをすることが頻回な3名の児童が通園していた幼稚園からは，「落ち着きがない」「集団行動を苦手とする」「別にやりたいことがあると活動からそれてしまうことが多い」といった情報が提供されていた。そのような様子が見られても，幼稚園では，強制的に活動に戻すなどの対応は行っていなかった。

問題の整理

学級経営や学級運営が困難な状態になると，「学級崩壊」として情報共有されることが多い。それに対して，学校や学級集団を対象とした予防的対応や具体的改善策を講じる際には，「学級崩壊」という状態において実際に確認できる行動に基づく記述を行うことが必要である。その上で，問題行動の減弱と適応行動の増加をもって，介入の効果を評価することが求められる。本事例においては，まず学級担任が挙げた困りごとである「授業中に落ち着きのない様子の児童が多く，授業の進行に支障が出ている」について，具体的に整理した。公認心理師が，学級担任が困っている状況について聴き取りを行うと，「授業中に落ち着きのない様子」というのは，実際には「授業中に友だちに話しかける」行動を指していた。特に国語や算数の時間には友だちに話しかける頻度が多く，図工や体育では比較的落ち着いていることがわかった。学級担任は，話をする児童らの対応や制止に授業時間の大半を費やしているにもかかわらず，指示にもまったく従わないため，授業に支障が出ていると話した。

後日，公認心理師が算数の授業中に，行動観察を実施した。まず3名の児童が，席の前後左右の他児に話しかけ，また話をするために離席する行動が確認された。その児童らの行動によって，話しかけられたことに反応しておしゃべりが始まったり，注意がそれた他の児童が同じように立ち歩いたりする様子も見られた。そのため，「友だちに話しかける」を標的行動として定めた。40分の授業時間のなかで，3名の児童

にはそれぞれ8回，8回，9回，友だちに話しかける行動が確認された。また，学級担任が注意をするために児童に近づくと，笑顔を見せて逃げ出す様子が確認された。なお，その他の児童が友だちに自ら話しかける行動は3名の児童において各1回，計3回確認された。一方で，公認心理師が図工と体育の授業を観察すると，活動内容をすぐに理解し，集中して活動に取り組んでいる様子が確認され，友だちに話しかける行動は3名の児童において0回，1回，1回と計2回のみであった。

こうした友だちに話しかけ，友だちからの反応が得られておしゃべりが始まる状況のように，一方の行動がもう一方の行動の先行事象および結果事象として随伴することを，相互随伴性と呼ぶ。学級集団のなかで児童が示す問題行動に対しては，児童と環境との相互作用をアセスメントし，「問題行動」の機能に応じた双方への介入の必要性が指摘されている（竹村，2011）。このような観点を踏まえた上で，公認心理師は行動観察から得られた情報を基に，授業中の児童のおしゃべりについて，どのような状況（A）で，どのような行動が生起し（B），どのような結果が生じているか（C），三項随伴性に基づく整理を行った。

公認心理師が行動観察を行った結果，特に友だちに話しかける行動が頻回な児童3名においては，国語や算数の時間が退屈だと感じる，あるいは作業内容がわからないといった状況において，友だちに話しかける行動が多いことがわかった。また，その他の児童においては，3名の児童の行動がきっかけとなって，おしゃべりをしてしまうという行動が観察された。さらに，公認

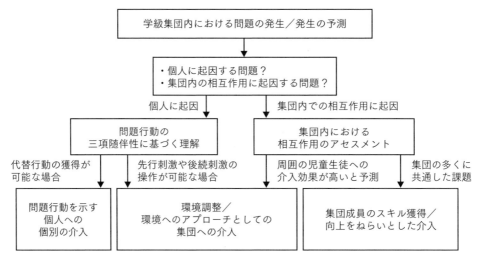

図1 学級集団への介入内容に重要な事項（杉山ほか（2020）を参考に作成）

心理師が学級担任の対応を観察した結果，児童らのおしゃべりに対して，毎回授業を中断させて注意をしたり，離席した場合には追いかけて着席するよう促す，といった対応をとっていることが確認された。この学級担任の対応は，児童らにとって，学級担任からの注目を得るという強化子となっており，結果的に友だちと話をしたり離席したりする行動を強化していることが推察された。これらのことから公認心理師は，児童らにとって友だちに話しかける行動は，友だちや学級担任からの注目の獲得といった機能があると推察した。

　行動の機能に着目したアセスメント結果を踏まえ，公認心理師は「おしゃべり」と同様の機能を持ち，より望ましい行動レパートリーを獲得させることをねらいとした，ソーシャルスキルトレーニング（以下，SST）を実施することを学級担任に提案した。小学1年生という点を踏まえると，児童らは学級担任に許可を取るスキルが未学習の状態にあると公認心理師は判断した。そこで「授業中にやりたいことがあるときや，どうしたらいいかわからないときには，手を挙げて先生に質問する」という行動の獲得を目指した介入を実施することとした。

事例の展開

　学級集団内で生じうる問題は，認知行動療法におけるケースフォーミュレーションにて用いられる手続きを援用して整理できる（杉山ほか，2020）。学級集団への介入内容決定に至るまでの重要な事項を図1に示す。本事例では，集団内での相互作用に起因している可能性が高いことが推測された。さらに，公認心理師が見立てた児童に習得させるべきターゲットスキルは，集団の多くに共通した課題であると考えられ，集団の成員全体のスキル獲得や向上をねらいとした介入を行うことを決定した。

　集団成員のスキル獲得や向上をねらいと

した認知行動療法の一技法として，SSTが挙げられる。SSTは，近年，学校不適応の予防を目的として，学級集団を対象とした実践が多く展開されている。小中学生の学級集団を対象としたSSTの介入効果については，ターゲットスキルおよび全般的なソーシャルスキルの獲得に一定の効果サイズを示すことが報告されている（高橋・小関，2011）。さらに，集団を対象とした心理的介入の利点として，佐藤・佐藤（2006）は，互いのソーシャルスキルを相互にモデリングできる点，日常でソーシャルスキルを実行する場で教授することによって般化の促進が期待される点を挙げている。また，学級集団の成員が共通のスキルについて学ぶことで，互いの行動上の変化について気づきやすくなり，相互のフィードバックの促進が可能になるという利点もある（佐藤・佐藤，2006）。このような観点を踏まえて本事例では，学級集団を対象としたSSTを実施することとした。

ターゲットスキルの選定にあたっては，杉山ほか（2020）を参考に，友だちに話しかける行動が頻回に観察された3名の児童とその他の児童に分けて，それぞれ三項随伴性の枠組みに基づいた，行動の機能や相互随伴性についてアセスメントを行った（図2）。その結果，3名の児童の友だちに話しかける行動には，注目の獲得の機能があると推測された。また，その他の児童においては，話しかけられたことを先行事象とし，それに反応しておしゃべりをすることで，注目の獲得および快感情の獲得という機能があると推測された。さらに，本事例の対象が小学1年生であることや，3名の児童の就学前の様子についての幼稚園からの情報

提供も踏まえると，スキルの未学習状態が想定された。したがって，同じ機能を持つ代替行動である，「先生に質問する」をターゲットスキルとしたSSTを実施することとした。SSTの予防的効果は，話しかける行動の減弱と，学級担任に対する質問行動の出現をアウトカム変数として確認し，検討することとした。

SSTは公認心理師が授業者として学級担任と協働し，1回のみ45分の学活の授業枠を用いて実施した。介入内容について，まず，授業の目的とねらいを説明した。次に，「授業中に先生役がお話をしていたときに，児童役が急に隣の児童に話しかける」場面をロールプレイで提示した。このロールプレイを踏まえて，児童らに対し，隣の児童に話しかける場面でどのような行動をすることが望ましいか，意見を求めた。その上で，「先生に質問する」という行動のメリットに気づかせることを目的に，改めてロールプレイを実施した。班ごとに練習（行動リハーサル）を行い，質問された側は必ず「（聞いてくれて）ありがとう」とお礼を伝えることも教示した。これにより，質問をすることで，良い結果が伴うという随伴関係を理解できるようにした。また，公認心理師は，質問の仕方や声の大きさ，質問するタイミングなどを適切に行えていた場合には称賛して部分強化を行うとともに，児童同士でモデリングできるような働きかけを行った。学級担任には，介入効果を般化させるため，授業中のおしゃべりが生じた際には制止したうえで，「この前の授業で習ったんだけど，こういうときってなんて言うんだっけ？」と，質問することを促すように説明した。さらに，質問する行動を

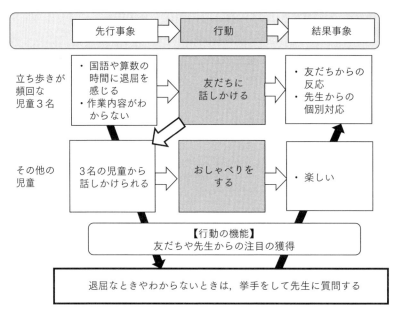

| 先行事象 | → | 行動 | → | 結果事象 |

立ち歩きが
頻回な
児童3名
- 国語や算数の時間に退屈を感じる
- 作業内容がわからない
→ 友だちに話しかける →
- 友だちからの反応
- 先生からの個別対応

その他の
児童
3名の児童から話しかけられる → おしゃべりをする →
- 楽しい

【行動の機能】
友だちや先生からの注目の獲得

退屈なときやわからないときは，挙手をして先生に質問する

図2　授業中の児童のおしゃべりに関する三項随伴性に基づく整理

強化することをねらいとして，適切に質問ができた場合には称賛すること，質問する行動が定着するまでは児童らが質問することを促すように，言語的プロンプトを提示するように伝えた。

　以上の手続きを踏まえて，翌週の授業で再度行動観察を実施したところ，おしゃべりの回数が減少した。3名の児童においては，質問して学級担任からの許可を得た上で，トイレなどの必要な場合のみに立ち歩く行動が確認された。その他の児童においても，授業中のおしゃべりは確認されなかった。

まとめ

　本事例では，学級崩壊の予防的対応とし

て，友だちに話しかける行動を標的行動としたSSTを実施し，「質問する」という適応行動の出現を行動観察によって確認した。さらに，その適応行動の出現に対しては，学級担任と連携しながら強化を行った。その結果，離席行動は減少し，「質問する」という代替行動の獲得によって，授業が問題なく進行できるようになった。このように，予防的対応の有効性の評価は，「問題行動をしないこと」ではなく，問題行動の減弱および適応行動の増加を確認する必要がある。本事例のように，生じている問題に対して，学級集団内の相互随伴性を含めてアセスメントを行い，学級集団の特徴や実態に応じた支援を行うことが重要である。

文献 ‖‖

佐藤正二・佐藤容子＝編（2006）学校におけるSST実践ガイド──子どもの対人スキル指導．金剛出版．

杉山智風・小野はるか・髙田久美子ほか（2020）工業高校に在籍する生徒に対する集団ストレスマネジメント．Journal of Health Psychology Research 32（Special issue）；203-212.

高橋史・小関俊祐（2011）日本の子どもを対象とした学級単位の社会的スキル訓練の効果──メタ分析による展望．行動療法研究 37（3）；183-194.

竹村洋子（2011）通常学級における「問題行動」をめぐる児童と環境との相互作用の分析と行動論的介入──わが国における発達障害児への教育的対応の現状と課題．特殊教育学研究 49（4）；415-424.

第9章 困難ケース／緊急ケース

大石幸二

キーコンピテンス

1 サイコロジカル・ファーストエイド

サイコロジカル・ファーストエイド（PFA）のフィールド・ガイド（WHO, 2011）によると，戦争や自然災害，事故，火災，対人暴力などの痛ましい出来事に対する反応や感じ方は，人によってかなりの幅や起伏がある。経験した出来事の性質と深刻さ，過去のつらい経験，日常生活の中での周囲の人々からの支援，身体的健康，本人や家族のこれまでの精神健康上の問題，文化的背景や伝統，年齢などが影響する要因の代表例である。

災害時などにおいて特別に注意を要する可能性の高い人として，青年を含む子ども，健康状態に配慮を要する人，身体障害や精神障害のある人，差別や暴力を受ける恐れがある人が挙げられる。これらの人の人権が守られ，虐待や搾取に見舞われることなく，危機的な状況のなかで安全を確保することができるよう特別な保護が必要になる場合がある。その取り組みは，専門家によって行われるのみならず，苦しんでいる人，助けが必要かもしれない人に，同じ人間として行う人道的，支持的な対応であり，非専門家によっても担われるものである。そして，被災している相手をさらに傷つけることなく，**最善のケア**を提供

できるように，相手の利益のためだけに行動できるように，倫理的にすべきことと，してはならないことが定められている。加えて，ほかの人々に最善のケアを提供するために，自分自身をケア（**セルフケア**）する必要がある。また，仲間の心身の状態についても注意を払う必要性が指摘されている。

2 緊急時に備えた地域や 関係機関との連携支援体制の構築

『災害時地域精神保健医療活動ガイドライン』（金，2003）によれば，災害時に典型的に見られる**心理的な反応**は，**心的トラウマ**，悲嘆・喪失・怒り・罪責，社会・生活ストレスの3つである。これらの心理的な反応が適切に取り扱われない場合には，**心的外傷後ストレス障害（PTSD）**を引き起こす可能性がある。よって，災害などの被災者が**レジリエンス**を取り戻すことができるよう，自然回復を促進する条件（①身体的安全の確保，②二次的災害からの保護，③住環境の保全，④日常生活の継続，⑤経済的な生活再建への展望，⑥生活ストレスからの保護）を整える必要がある。とりわけ，**災害弱者**と呼ばれる高齢者，乳幼児，疾病者・障害者などは，災害後の生

活に適応することが難しく，被るストレスの度合いが高い傾向がある。

このような点を踏まえ，**災害時の地域精神保健医療活動**は，地域全体の精神的健康を高め，集団としてのストレスと心的トラウマを減少させる**アウトリーチ活動**と，個別の精神疾患に対する予防，早期発見，治療のための心理教育や専門医受診に繋がる**予防活動**に大別される。特に，トラウマとPTSDへの対応は重要で，たとえば，体験の内容や感情を聞きただすような災害直後のカウンセリングは有害であり，行ってはならないとされている。なお，前述したように，災害支援者へのケアも忘れてはならない。

災害支援者は，大きな社会的責任を負い，混乱した状況の中で，迅速な対応を期待されている。これにより，しばしば支援者自身がケアが必要な状態に陥ることがある。ところが，災害支援で後回しにされがちなのが支援者自身である（萩野谷・下田，2012）。萩野谷・下田（2012）は，アメリカの9.11同時多発テロ事件において，災害救援に従事した支援者の約12.4％が2～3年後でもPTSDと診断されたという報告を紹介している。よって，支援者の支援を疎かにすると，後年に大きな問題を引き起こすこともある。ただ，心理職が行う支援のうち，支援者への支援については特に，いつ，どこで，どのような活動が行われているか，可視化されにくい状況がある（尾崎ほか，2017）。新福・原田（2015）は，災害医療において，支援者の心の準備が十分でない場合，理想と現実のギャップに苦しみ，代理受傷のリスクが高まり，燃え尽きに至る要因になることを指摘している。それゆえ，後方支援との連携を図りながらエビデンスに基づく支援方法を選択することが重要だとしている。

西郷ほか（2013）は，災害医療支援者54名に対して，派遣後1.5カ月時点の調査を基に，侵入症状に対するコントロール可能性の認知が外傷性ストレス症状に抑制的な働きを有することを示した。派遣後1.5カ月というのは，急性期ストレス症状が軽減される時期にあたり，人によってはPTSD症状への移行が生じる時期とされる（石井，2013）。それゆえに支援者のケア・マネジメントの計画的実施は重要であり，①セルフケア，②ラインによるケア，③専門的ケアを効果的に組み合わせ（井部ほか，2012），必要に応じて支援者支援を多職種で行うことも検討すべきである（藤澤ほか，2022）。なお，ラインによるケアとは，厚生労働省のメンタルヘルス指針に示されたもので，職場の組織階層の中で，体系的・多重的に行われるケアである。

学校などで自死が起こった場合なども，同様に関係者の精神的ケアが重要になる。

3　災害時の学校や子どもたちへの支援

2011年3月11日に発生した東北地方太平洋沖地震（いわゆる東日本大震災）を受けて，わが国の地震・津波災害に対する学校や地域の対応の脆弱さが露呈し，数多くの尊い生命が失われることになった。この反省を基に，2011年7月に**東日本大震災を受けた防災教育・防災管理等に関する有識者会議**が設置され，**『学校防災マニュアル作成の手引き』**（文部科学省，2012）が示された。「作成のための手引き」とされているのは，学校の立地環境や，学校規模，通学する児童生徒等の年齢や通学方法など各学校によって状況がさまざまであるためである。学校や地域の実情に応じた学校防災マニュアルを作成することができるよう，ガイドラインが示されるに留まっている。実効性ある学校防災マニュアルとなる

よう，質保証の考え方（PDCAサイクル）が準用され，**計画に基づく訓練・評価・改善**という**危機管理**行動のサイクルを回すことが推奨されている。そして，具体的には，体制と備蓄，安全点検，避難訓練，**教職員研修，命を守る行動の教育**，安否確認，心のケアが学校防災マニュアルの作成と実行にあたり検討すべき内容であるとされている。

4　重大事案発生時の適切な対応

文部科学省は，2016年3月に**学校事故対応に関する指針**を示した。その背景には，全国の学校現場において重大事故・事件が多く発生しており，情報公開やその原因の調査に対する学校および学校の設置者の対応について，国民の関心が高まっているという事情が働いている。2014〜2015年度に設置された**学校事故対応に関する調査研究・有識者会議**での検討を経て，学校事故対応に関する指針は，未然防止，直後対応，初期対応，詳細対応，再発防止という取り組みの流れとしてまとめられた。何よりも重要なのは，未然防止のための取り組みである。教職員研修の充実，各種マニュアルの策定・見直し，安全教育の充実，安全管理の徹底，事故事例の共有（情報の集約・周知），緊急時対応に関する体制整備などを進めることが学校事故の未然防止やその被害の最小化に寄与する。特に，「児童生徒の自殺対策について」（文部科学省，2022）では，自殺予防教育を強調している。早期の問題認識と**援助希求的態度の育成**に焦点を当て，①心の危機のサインを理解する，②心の危機に陥った自分自身や友人への関わり方を学ぶ，③地域の援助機関を知ることが目的とされている。特に，「**SOSの出し方に関する教育**」の実施については，**自殺対策基本法**の中で努力義務とされている。これらの背景には，2020（令和2）年度に入ってからコロナ禍における児童生徒の自殺者が大きく増加しているという事実（2021年3月16日警察庁発表［確定値］）が関係しており，具体的には，統計のある1980年以降最多の499名に上った（八木，2021）。その理由について，八木（2021）は，厚生労働省自殺対策推進室の見解として，新型コロナウイルス禍に伴う長期休校・外出自粛などにより，学業や進路，家庭不和などに悩む人が増加したことが要因だと指摘している。そして，小・中・高等学校に在籍する子どもにおいて，その影響が顕著である理由を説明している。林（2021）も，コロナ禍では精神的影響のみならず，随伴する日常生活の変化の影響により，若年層にうつ症状やストレス症状，自傷行為などが現れているとしている。これらに対する支援として，支援者の人材育成や関係機関の連携，アクセスしやすい相談体制を考慮し，着実に推し進めることを強く求めている。

これらの取り組みを進めるために，**スクールカウンセラー・スクールソーシャルワーカーによる教育相談体制の充実**が期待されている。それゆえに国民の精神的健康と福祉向上に責任を持つ公認心理師には，未然防止に向けた積極的な役割が期待される。

学校事故発生時の**直後対応**では，応急手当の実施，被害児童生徒等の保護者への連絡を行う必要がある。続く初期対応では，死亡事故の有無，治療に要する期間が30日以上の負傷や疾病を伴うか否かにより，課される報告義務が異なる。また，**学校による基本調査**については，調査開始から3日以内を目処に学校の設置者に報告しなければならない。これらの対応を着実に進めるには，全教職員の理解と協力が欠かせない。その後，詳細調査に移行するが，中立的な立場の外部専門家などからなる**調査委員会**を設置して実施し，調査

結果については保護者への説明と，最終的に国に対する報告が求められている。

　上記の調査委員会の報告後には，再発防止策の策定・実施の取り組みに移り，速やかに具体的措置を講ずるとともに，適時適切に点検・評価を行う。また，国からは全国の学校の設置者に対して再発防止に向けた情報・教訓の周知がなされる。今後は，単に事例や対応策の共有に留まらず，**新たに提示された生徒指導提要**（大石，2022b）なども参照しつつ，実効性の高い体制整備や，問題発生予防に繋がっているか否かを検証することが重要である。

文献

藤澤美穂・髙橋文絵・小黒明日香ほか（2022）災害支援者支援における職種間連携に関する文献検討．岩手医科大学教養教育研究年報 57；81-91.

林みづ穂（2021）コロナ禍における若年者のメンタルヘルスと自殺予防．予防精神医学 6（1）；16-25.

井部俊子・手島恵・大串正樹ほか（2012）看護管理者が知っておきたい被災地支援者のこころのケア．日本看護管理学会誌 16（1）；65-66.

石井京子（2013）災害時のこころのケア．大阪市立大学看護学雑誌 9；93-98.

金吉晴（2003）災害時地域精神保健医療活動ガイドライン．国立精神・神経医療研究センター．

文部科学省（2012）学校防災マニュアル（地震・津波災害）作成の手引き．

文部科学省（2016）学校事故対応に関する指針．

文部科学省（2022）児童生徒の自殺対策について．

萩野谷真人・下田和孝（2012）メンタルケア．Dokkyo Journal of Medical Sciences 39（3）；273-277.

大石幸二＝編集主幹（2022a）標準公認心理師養成テキスト．文光堂．

大石幸二（2022b）予防的生徒指導──「育ち」と「学び」の自立・自律支援．教室の窓 66；8-9.

尾崎光紗・大坂隆之・池田美樹（2017）災害時における心理職支援に関するシステマティックレビュー．桜美林大学心理学研究 7；33-41.

西郷達雄・中島俊・小川さやかほか（2013）東日本大震災における災害医療支援者の外傷後ストレス症状──侵入的想起症状に対するコントロール可能性と外傷後ストレス症状との関連．行動医学研究 19（1）；3-10.

新福洋子・原田奈穂子（2015）東日本大震災における災害医療支援者の心理状況．聖路加看護学会誌 18（2）；14-22.

World Health Organization, War Trauma Foundation and World Vision International（2011）Psychological First Aid : Guide for field workers. Geneva : WHO.（金吉晴・鈴木友理子＝監訳（2011）心理的応急処置（サイコロジカルファーストエイド：PFA）──フィールド・ガイド．国立精神・神経医療研究センター）

八木利津子（2021）新型コロナと共存する養護実践と研究の歩みに備えて．養護実践学研究 4（1）；1-2.

登下校中の事件に影響を受けた学校コミュニティへの緊急支援

池田美樹

事例1では事件に遭遇した児童生徒（当事者）とその家族，および周囲の児童生徒と保護者，教職員，そしてPTAや学校ボランティアなどの地域住民を含む学校コミュニティに対する緊急支援の経過を時系列に沿って紹介する。本事例を通して，事件と報道が児童生徒へ及ぼす心理的影響に着目しながら，緊急支援におけるPDCAのプロセスを確認する。

事例の概要

X日（金曜日），下校中の通学路でA小学校の児童を含む通行人がナイフを持った男性に次々と切り付けられ，複数の児童が死傷する事件が発生した。事件の3日後（X＋3日）に，B市教育委員会の要請に応じて公認心理師Cが緊急支援スクールカウンセラー（SC）としてA小学校へ派遣されることになった。なお，事件直後からTVやインターネットなどのメディアで取り上げられ，事故現場の映像を含む複数の報道が流れていた。報道では，死亡した児童（小3）が1名おり，重軽症を含めて5名（小3〜小4）の児童が医療機関へ搬送されたこと，同時間帯に下校していた児童複数名が現場を目撃していること，事件の犯人は事件の数時間後に逮捕され，警察による事情聴取を受けていることが公表されていた。

問題の整理（事前の評価）

事件に対する「事後の危機管理」には，①事後の対応：児童生徒等の安否確認，教育活動の継続，②心のケア：健康観察によるストレス症状等の把握と対応，③報告と再発防止：保護者等への丁寧な説明と継続的な支援，再発防止が含まれる（文部科学省，2018）。心理師Cは，B市教育委員会から事件の概要とA小学校への支援要請について聞いていた。派遣初日（月曜日，X＋3日）に，情報の把握と問題の整理を目的として，まず，教育委員会と学校長から「①事後の対応」を含め，改めて事件について学校が把握している事実とその後の対応について説明を受けた。事件の概要については，これまでに収集した情報と齟齬はなかったが，事故被害にあった児童の学年とクラス，および家族と学校とのやりとりの内容について具体的な情報が共有された。

学校の事後対応は，以下の通りであった。

①事件後，週末の土曜日（X＋1日）は，児童の安否確認を行うため「休校」とする。同日，緊急職員会議を開催し，月曜日の全校朝礼で事件について全校生徒に伝える。各クラスでは学級担任が，児童の様子を注意して見守る。

②当面の間（1カ月）は，登下校時のパトロールを強化し，警察に防犯パトロール強化を求めるとともに，教職員による巡回を含め，学校ボランティア，および保護者（PTA）へ協力を依頼することを決定した。

③保護者（PTA）代表と協議の上，緊急保護者会を金曜日（X＋7日）に開催することを決めた。

④専門家に児童の「心のケア」を依頼する（配置SCは，週1回（水曜日）勤務である）。

⑤メディア対応は，校長，教育委員会の同席の下で実施する。

次に，今朝の全校朝礼では，中学年以降では涙を流す児童，低学年では表情が硬い児童が見られたが，大きな混乱はなかったとのことであった。一方，教職員は事件に対する衝撃に加え，今後の児童への対応を巡り不安や動揺が見受けられ，緊迫した雰囲気が続いているとのことであった。特に亡くなった児童や重症で入院加療中の児童の在籍するクラスの学級担任は，保護者への見舞いや現状確認の連絡などで疲弊している様子が見られ，気がかりであることが伝えられた。以上の情報に基づき，心理師Cは以下の緊急支援計画を提案し，学校長から承諾が得られた。

支援計画1：教職員間の動揺や不安を軽減し，安定化することを目的とした臨時職員会議の開催。必要に応じて，心理的反応が強く生じている教職員への個別ケアを行う。

支援計画2：児童の心のケアとして「こころの健康調査票」の実施，必要に応じて個別の面談を実施する。

支援計画3：緊急保護者会の内容について検討を行う。

事例の展開

以下は，支援計画に沿って行った具体的な支援とその経過である。

支援計画1・2の実施（X＋3日・月曜日）：午後に開催された臨時職員会議では，全職員が職員室に集い，会議の目的とCの紹介がなされた。学校長より，安否確認と被害児童と個別に連絡を取った家族の反応についての共有がなされた。心理師Cは，緊急支援における「心のケア」の目的と意義について説明を行った。その上で，各教職員に今回の事件に対するその後の対応，および自身の気持ち（感情や考え）について自由に話してもらった。なお会議の場では，全員に発言の機会を提供しながらも，発言を強要はしなかった。教職員からは，事件そのものやマスコミ報道に対する動揺や緊張の高まり，今後の児童への対応への不安，加害者に対する怒りが表出された。被害児童の学級担任の中には，非常に沈痛で憔悴した表情を示し，ほとんど言葉を発し

ない者が見受けられた。心理師Cは，傾聴しながら，事件後の児童と周囲の大人（教職員，保護者（PTAを含む）や学校ボランティアなどの学校関係者）の心理的反応について，心理教育的にコメントを加えた。

次に，心理師Cは事件後の初期対応として，以下の支援方針を提案し，同意を得た上で各担当者へ対応を依頼した。

①事件に対する正確な情報の共有のうち特に被害家族に対する情報については，学校が収集した情報に限定する。

②「こころの健康調査票」を用いた児童の状態の把握。X＋5日（水曜日）の午前中に，小学校3年生以上のクラスで実施する。低学年（1〜2年生）は，学級担任のクラス内の観察とする。調査票の実施と結果の確認は各学級担任が行い，放課後に開催予定の職員会議において全職員で結果を共有する。

③個別面談の実施。②の調査項目に該当項目が多い児童，および3年生と4年生のクラスでは，亡くなった児童，重軽症を負った児童，および事故現場での目撃に該当する児童が在籍する可能性があるため，全児童に対して学級担任（もしくは，副担任）が個別に面談を行う。

なお，個別面接の実施方法については，質問する項目や対応について説明を行い，資料を提供した。

• 事件との関わりについてどのように

して知ったか，思ったこと，誰かと事件について話をしたか
• 事件に対する気持ち，現在の状態（「こころの健康調査票」を確認）
• いまの状況を乗り越えていくために大切なこと（反応の経過の見通し，自分でできる対処の確認）
• 今後の支援体制の保障

チェック項目が多い児童や，自由記述およびクラス内の観察で気になる児童がいた場合，心理師Cおよび配置SCの個別面談を実施する。

④事前の準備として②および③の実施に先立ち，学校長名で，保護者向けに実施の趣旨と対応についての説明，および緊急保護者会開催のお知らせを周知する。お知らせには，「家庭で気を付けていただきたいこと」として，児童の様子についての見守りや対応を含める。

⑤前述した③の面談の結果，より専門的かつ継続的なケアが必要と思われる児童が認められた場合には，学校長を通じて保護者と協議の上，地域の適切な支援機関を紹介する。

また臨時職員会議後，被害児童の3年生，4年生の学級担任と個別面談を行い，保護者対応を含むこれまでの対応について労い，心理的サポートを行った。

「こころの健康調査票」の実施および学級担任（副担任）による個別面談（X＋5日・水曜日）：学校長より，緊急保護者会にて公認心理師から，突然友人を亡くした児童

への心のケアを含めた講話（20分程度）の依頼があり，了承した。同時に，緊急保護者会の翌日（土曜日）に，児童の追悼として，全校児童で黙祷の時間を設ける予定であることが共有された。

心理師Cによる児童の個別面談（X＋6日・木曜日）：上記②，③について，事件の現場にいた児童2名，および被害に遭った児童と仲の良かった児童6名の計8名には，心理師Cが個別面談を行った。面接時点では，すぐに専門家への紹介を要すると思われる児童はおらず，養護教諭，および配置SCへ面談を行った児童の情報を共有して経過の見守りを依頼した。

支援計画3の実施（X＋7日・金曜日）：緊急保護者会では，学校長（あるいは，副校長など管理的立場にある教員）から事件とその後の学校対応を含めた報告と事実の共有が行われた。ただし，被害に遭った児童の個人情報は，名前はあげず学年と性別までとした。

メディア報道が盛んに行われる中で，学校からの直接の情報提供や話し合いの場がないことは，かえって保護者や地域住民からの不安や不信感を募らせ，混乱が大きくなる。心理師Cは，事件後の児童の反応とその経過，および「大切な人を失ったときの気持ちとその付き合い方」について講話を行った。最後に，意見交換の時間が設けられたが，数人から事件に対する感想が述べられたのみであった。

支援の終了（X＋8日・土曜日）：全校集会での黙祷が実施された。同日，校長，副校長，教務主任，養護教諭，3年生と4年生の学年主任，配置SC（臨時出勤）にて，緊急支援計画の実施の振り返りを行った。以上で，SCの緊急支援活動を終了し，今後について相談を要する事項があった際は，校長から心理師Cへ依頼する経路を確認し，支援終了を教育委員会へ報告した。

まとめ

各学校は，学校保健安全法に基づいて，危険などが発生した際に教職員が円滑かつ的確に対応できるよう「危機管理マニュアル」の作成を義務付けられている。マニュアルでは，事前・発生時・事後という3段階の危機管理，および教育委員会内，関係部局や関係機関などとの連携，家庭・地域との連携・協働体制，そして学校や幼稚園・保育所などとの情報収集や提供体制の整備が強調されている。特に，事後の危機管理においては，児童生徒等に対する心のケアや保護者への十分な説明，再発防止などの取り組みが求められている。公認心理師は，当該の学校コミュニティの体制を確認しながら，緊急支援を行うことが求められる。同時に，学校コミュニティにおける支援は，危機管理と，事件・事故による心理的影響の支援という2つの側面があることを踏まえ，学校の主体性を尊重しながら，専門家として助言し，対応するべき点に焦点を当てて，関わることが大切である。

文献

文部科学省（2012）学校防災マニュアル（地震・津波災害）作成の手引き（平成24年3月）（https://anzen kyouiku.mext.go.jp/mextshiryou/data/aratanakikijisyou_all.pdf ［2023年11月1日閲覧］）.

文部科学省（2018）学校の危機管理マニュアル作成の手引（平成30年2月），pp.32-33.

事例 2 | 自然災害（豪雨・土石流）における緊急支援

池田美樹

事例2では災害時・緊急事態における精神保健心理社会的支援（Mental Health and Psycho Social Support : MHPSS）における多層的な支援，および初期対応としての心理的応急処置（Psychological First Aid : PFA）の行動原則に沿った支援について紹介する。

事例の概要

X年7月Y日，豪雨により県内の河川の氾濫および土砂崩れによる被害が生じた。人的被害は死者20名，行方不明者1名であり，建物の被害は123棟（130世帯）に及んだ。避難者は最大約600名にのぼり，A市内の市役所内ホール，および市内小中学校3校が避難所となった。被災地域の小中学校では，休校措置が取られ，直後から児童生徒の安否確認が行われ，学校設備の被害状況点検，教室の片付けなどが行われた。Y＋5日後，避難所のB中学校に避難している生徒C（中学1年生）の両親のご遺体が発見された。

公認心理師Dは，県こころのケアチームの一員として支援活動に従事している中，B避難所を巡回している保健師から生徒Cのケアについて相談を受けた。

問題の整理（事前の評価）

災害後に生じる心理的反応は，災害そのものの衝撃に対する「トラウマ反応」，大切な人や物を失う喪失体験に対する「悲嘆反応」，そして被災後の生活変化に伴う「ストレス反応」の3つに大別できる。これらの災害後に生じる心理的反応の大部分は，自然経過の中で軽減していくことが知られている。災害・紛争等緊急時におけるMHPSSのガイドライン（IASC, 2007）では，第1層に安全の確保，衣食住など基本的な生活における支援，第2層に家族やコミュニティ（地域社会）とのつながり，第3層に保健師などのプライマリー・ヘルスケア・ワーカーによる支援を提供した上で回復が見込まれない場合に，第4層の精神保健の専門家による支援を位置付けている（図1）。各層で行われる支援は，理想的には，支援を必要としている人に対してすべてが並行して相互補完的に提供される必要がある。PFAは，「深刻なストレス状況にさ

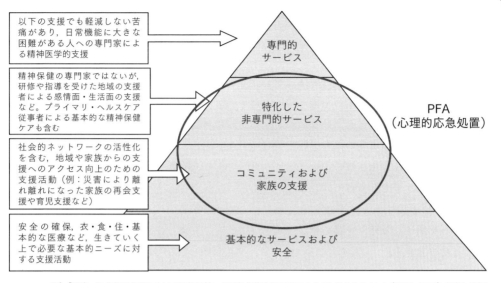

以下の支援でも軽減しない苦痛があり、日常機能に大きな困難がある人への専門家による精神医学的支援 → 専門的サービス

精神保健の専門家ではないが、研修や指導を受けた地域の支援者による感情面・生活面の支援など。プライマリ・ヘルスケア従事者による基本的な精神保健ケアも含む → 特化した非専門的サービス

社会的ネットワークの活性化を含む、地域や家族からの支援へのアクセス向上のための支援活動（例：災害により離れ離れになった家族の再会支援や育児支援など） → コミュニティおよび家族の支援

安全の確保、衣・食・住・基本的な医療など、生きていく上で必要な基本的ニーズに対する支援活動 → 基本的なサービスおよび安全

PFA（心理的応急処置）

注）「災害・紛争等緊急時における精神保健・心理社会的支援に関するIASCガイドライン」（IASC, 2007）を基に改編

図1　IASCガイドライン──精神保健・心理的支援の階層

らされた人々への人道的，支持的かつ実際に役立つ援助」（WHO, 2011）であり，被災した人々を二次被害から守り，個人や地域社会が持つ回復力を促すことを目的として，すべての階層を担う支援者が用いることが推奨されている。

　本事例では，現在も避難所での安全は保たれているが，安心できる親や養育者と一緒にいられないことに加え，親との死別体験が加わっていることから，PFAのニーズが高いと考えられた。

　以下，PFAの行動原則である「見る」「聴く」「つなぐ」に沿って事例における支援の経過を述べる。

事例の展開

　本事例は，保健師の依頼から始まったため，まずは保健師から生徒Cについての情報収集を行った。その結果，両親がご遺体で発見されたことにより，他県から親族がA市へ向かっているが，他県にいる親族との同居の可能性は低かった。保健師は，児童家庭支援センター職員と連携を取っており，今後の生活支援についての検討を開始している。生徒Cの在籍するB中学校の学級担任も同避難所に避難しており，生徒Cの状況について共有されている。学級担任が生徒Cへの接し方について非常に心配をしており，心理師Dと関係者一同で生徒Cの支援について検討する場を持ちたいとのことであった。

　保健師からの依頼に対し，避難所の一室にて，保健師，児童家庭支援センター職員，

生徒Cの学級担任との相談の場が設けられた。

- 「見る」：子どもの変化は，注意をしなければ見逃しやすいため，普段と様子が異なる子どもがいないかを見る。子どもの周りの大人（親や養育者）にも注意を向ける。
- 「聴く」：子どもや親に対して，ニーズや心配事について確認する。話に耳を傾け，気持ちを落ち着かせる手助けをする。

生徒Cの状況についての情報共有の後，学級担任から普段の様子との違いを聞き取った。B中学校での様子に比べて，一人でいるということもなく，いつもより少し元気に見えるくらいである，とのことであった。しかし，「まだ両親が発見された詳しい状況については知らされておらず，ご遺体との対面をC本人が行うとなると非常に大きな衝撃になるのではないかと心配である」と語られた。学級担任自身，被災者の立場でありながら，深刻なストレス状況に置かれている生徒Cに対するケアを担わなければならないことに対する不安や，生徒Cに対する心配などの気持ちが語られた。

心理師Dは，今後生徒Cに継続的に関わる可能性が低いこと，および今回の依頼は生徒C自身からではなく，生徒Cの周りの大人からの依頼であることを踏まえ，避難所での生徒Cの様子を観察はしたが，直接声をかけることはしなかった。

その上で，災害時に子どもが一般的に示すストレス反応，および悲嘆反応に対する経過について，関係者に対して心理教育的

に伝えた。

18歳未満の子どもが一般的に示すストレス反応として，以下があげられる（Save the Children, 2013）。

- 強い責任感や罪悪感を持つ
- 自滅的な行動や他者を避け，攻撃的な行動が増す
- 社会に適合するためにより仲間を頼る

家族を亡くした児童生徒に対しては，先に述べた喪失に対する悲嘆反応の経過も見守ることが必要となる。災害時の死別は突然の出来事であり，遺族の衝撃は計り知れないが，「死亡時の状況について配慮を持って説明する」ことがケアにつながる。また，死別直後には冷静に振る舞っていたり，元気そうに見える場合もある。このような場合は，不用意に悲嘆に踏み込まない，という配慮も必要になる（村上ほか，2010）。

- 「つなぐ」：子どもや家族に対して，基本的ニーズが満たされ適切な支援が受けられるようサポートする。情報を提供する。子どもとその家族（親族）を引き合わせ社会的支援につなぐ。

当面の対応方針として，関係者一同で，「Cに出来事の事実は伝えるが，詳細な説明やご遺体との対面については本人が求めない限り行わない」という方針を親族へ伝え了承を得る。しかし，最終的には生徒Cの意見を尊重するとした。また，その後の経過に応じて必要な支援を提供するため，生

徒Cに対する支援は，児童支援センターが中心となり，学校との連携を含めて支援を行っていくこととなった。

　本事例は緊急支援の枠組みとしては単回のコンサルテーションで終了した。その後，地域の児童支援センターで生徒Cの支援が継続された。X＋3カ月頃から，易刺激性，抑うつ感が目立つようになり，日常生活に支障をきたす状態が続いていたため，X年＋6カ月目に精神科専門機関での治療が導入された。

まとめ

　本事例では，生徒に対する精神保健分野における公認心理師の支援活動を紹介した。児童生徒への支援では，緊急支援では直接支援をする場合と，児童生徒を含む周りの学校コミュニティへの間接的支援を行う場合と，2つの選択肢がある。支援に関わる公認心理師は，選択した支援方法の違いがその後の支援にどのような影響を与えるかを考慮した上で，支援方法を検討することが求められる。

　また，災害時には，被災地行政の災害対策本部の下，医療保健福祉調整本部において，医療，精神保健，福祉領域に携わる各支援組織の連携・調整が行われている。教育分野における災害時の緊急支援においては，本章・事例1で提示した緊急支援スクールカウンセラー（SC）派遣は制度化が進んでいる。しかし，緊急支援における教育分野と精神保健分野の連携や調整は，情報共有や支援調整の場が設けられる機会が十分とは言えず，今後の課題である。平時から，精神保健福祉センターや児童支援センターなど，地域における精神保健分野との連携を強めていくことが望まれる。

文献

Inter-Agency Standing Committee（2007）災害・紛争等緊急時における精神保健・心理社会的支援に関するIASCガイドライン（https://saigai-kokoro.ncnp.go.jp/contents/pdf/mental_info_iasc.pdf［2023年11月1日閲覧］）．

村上典子・黒川雅代子・山崎達枝ほか（2011）家族（遺族）支援マニュアル．Emergency care＝エマージェンシー・ケア：日本救急看護学会準機関誌 24（7）；678-682.

Save the Children（2013）Save the Children Psychological First Aid Training Manual for Child Practitioners. Save the Children.（公社 セーブ・ザ・チルドレン・ジャパン＝訳（2016）子どものための心理的応急処置（子どものためのPFA）——Psychological First Aid for Children（PFA for Children）．公社 セーブ・ザ・チルドレン・ジャパン）

World Health Organization, War trauma Foundation and World Vision International（2011）Psychological First Aid : Guide for Field Workers. Genova : WHO.（金吉晴・鈴木友理子＝監訳（2011）心理的応急処置（サイコロジカルファーストエイド：PFA）——フィールド・ガイド．国立精神・神経医療研究センター）

第10章 さらに学んでおきたい知識と実践

佐藤友哉

キーコンピテンス

　教育・特別支援領域における心理職の一つとして，スクールカウンセラー（以下，SC）がある。SCは，1995年の「スクールカウンセラー（SC）活用調査研究委託事業」の開始とともにはじまり，全校配置を目指して展開された。SCの主な職務は，（1）児童生徒に対する相談・助言，（2）保護者や教職員に対する相談（カウンセリング，コンサルテーション），（3）校内会議等への参加，（4）教職員や児童生徒への研修や講話，（5）相談者への心理的な見立てや対応，（6）ストレスチェックやストレスマネジメント等の予防的対応，（7）事件・事故等の緊急対応における被害児童生徒の心のケア，とされる（教育相談等に関する調査研究協力者会議，2007）。令和2（2020）年度の学校保健統計調査によれば，全国の小中高等学校におけるSC配置校の割合は，小学校で90.4%，中学校で97.5%，高等学校で93.6%であり，当初の目的であった全校配置はおおむね達成されたといえる。

　SCの全国的配置が進む一方で，SCの配置によって，児童生徒の心の健康に関する問題が著しく改善したとは言い難い。例えば，「令和4（2022）年度児童生徒の問題行動・不登校等生徒指導上の諸課題に関する調査」（文部科学省，2023）によれば，不登校児童生徒

数は10年連続で増加しており，令和4年度は小・中学校合わせて299,048人と，過去最多を更新した。そのほか，いじめをはじめとしたさまざまな問題についても，増加傾向にある。したがって，SCの配置数増加と，児童生徒の問題行動・不登校生徒指導上の諸問題の減少は関連が認められないと言わざるを得ない。

　この要因の一つとして，SCの資質や経験にばらつきがあることが考えられる。教育相談等に関する調査研究協力者会議（2007）によれば，「スクールカウンセラーの拡大に伴い，スクールカウンセラーの資質や経験に違いがみられ，また，児童生徒の相談内容が多岐にわたる中で，各教育委員会等としては，その資質の向上（ある一定の均質化された資質の保証）やマネジメントをどのように図っていくかが課題となっている」といったの指摘がなされている。また，文部科学省は，「SCが助言を行わなかったり，児童生徒に関する情報を担任教諭らと共有しなかったりするなどの指摘がある」ことを踏まえ，2022年，全国の教育委員会に，SCが助言をするよう改めて要請を行った（藤井，2022）。このような現状を踏まえると，SCに対しては，配置数の増加よりも，「問題を解決できる」実践能力の向上

が学校現場から強く求められていると考えられる。

1　多職種連携における 機能的役割分担

SCが効果的な実践を進める上では，子どもを中心とした要支援者との二者関係の構築のみならず，その関係者との効果的な多職種連携が欠かせない。多職種連携の必要性については，公認心理師法第42条においても明文化されており，近年その重要性がより一層高まっていると言える。しかしながら，現在のSCの勤務形態は，非常勤が大半を占めており，学校に常駐できる場合は少なく，SCが他の学校職員と常態的な連携をとることは難しい。そのため，SCとして実践活動を行う上では，このような職種特有の制限を踏まえた上での実践が必要であると考えられる。具体的には，SCが勤務していない時間においても，要支援者の適応が維持促進されるよう連携をはかる必要がある。

このように，SCにおける多職種連携の重要性は自明である一方で，本邦における多職種連携の活動指針となるモデルは少なく，心理職の多くは経験則に頼っているのが現状である。本邦における多職種連携の代表的なモデルとして，「生物心理社会モデル」（Engel, 1977）が挙げられる。「生物心理社会モデル」は元来，要支援者を多面的にアセスメントするための枠組みであるが，さまざまな領域の専門家にとっての共通言語として機能しうる点で，多職種連携においても有用なモデルであろう。一方で，「生物心理社会モデル」は，あくまで要支援者をアセスメントするための枠組みであり，多職種連携の概念そのものを整理できてはいない。そのほかにも，多職種連携に関する提言や指針は存在するものの

(e.g., World Health Organization, 2010)，多くは「密接な」連携を謳っており，多職種連携という概念についての整理がなされていない。

多職種連携という概念を整理するための視点の一つとして，認知行動療法的観点が挙げられる。認知行動療法とは，行動に関する基礎理論を，人間の行動に関する諸問題の解決に応用した技法群を指す。認知行動療法にはさまざまな技法が内包されており，技法に共通する特徴（考え方）として，「個人と環境の相互作用」に基づいて要支援者を理解することが挙げられる。すなわち，認知行動療法は，要支援者が示す問題行動の原因を，要支援者の性格といった内的要因に求めるのではなく，当該問題行動が生じる前後の環境に求める。例えば，不登校（家にとどまるという行動）の原因は，家にとどまる行動によって，要支援者にとって望ましい環境変化（例えば，学校で嫌いな人に会わなくて済む）が生じていることにあると考えられる。このように，認知行動療法においては，行動が環境に及ぼす影響，また環境が行動に及ぼす影響は「機能」と称される。認知行動療法に基づく支援においては，まずは要支援者を取り巻く環境をアセスメントした上で（生態学的アセスメント），要支援者の「望ましい行動の増加」および「問題行動の減少」のために「機能する」環境を構築するところに主眼が置かれる。

この認知行動療法的観点に基づけば，連携に携わる多職種は，要支援者にとっての「環境」としてとらえることができる。そして，「環境」の構成員である多職種が，「望ましい行動の増加」および「問題行動の減少」のために「機能」する連携をはかることが肝要であると考えられる。支援目標（望ましい行動の増加，問題行動の減少）に対して，多職種が直接的・間接的に機能していること，すなわち「機能的役割分担」（例えば，嶋田（2021））

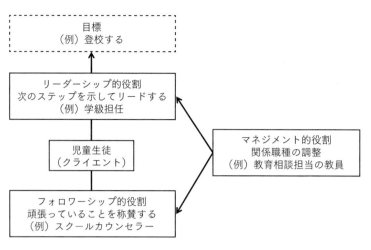

図1 機能的役割分担の例（嶋田（2021）を基に作成）

がなされていれば良い。この認知行動療法的観点に基づけば，従来とりわけ重要とされてきた「密な」連携は必ずしも必要ではないとと考えることができる。

嶋田（2021）は，「機能的役割分担」の具体的手順として次の4つを挙げている――（1）まずは，目標（理想的な長期目標というよりは，児童生徒のアセスメントに基づいた現実的な短期的目標）自体をチーム内で共有すること，（2）そしてその目標を達成するために，校務分掌を基盤としながら，当該の児童生徒に誰がどのように働きかけるのかを共有しながら実行すること，（3）実行の成果を互いに共有しながらそれぞれの働きかけが機能していることを確認すること，（4）機能していなければ，最初に戻りアセスメントからやり直すこと。これらの一連の手続きは，支援におけるPDCAとも類似している。例えば，不登校の児童生徒の登校行動（校舎に入る）を目標とした場合には，環境としての多職種の役割の例として，頑張っていることを称賛する強化的な（フォロワーシップ的な）役割，次のステップを示してリードする役割（リーダシップ的役割），児童生徒とは直接関わらな

いまでも関係職種をマネジメントする役割など，さまざまな役割が期待される（図1）。これらの役割を共有した上で，意図した役割が児童生徒に「機能しているか」を判断しながら支援を進めていくことが求められる。

2　最新の教育事情の知識

以上，SC実践における多職種連携について，機能的役割分担の観点から説明を試みた。そのほかにも，SCを実践する上では，学校現場や児童生徒の生活の現状についての知識を更新しつづけなければならない。例えば，近年は，文部科学省のGIGAスクール構想を踏まえ，児童生徒一人ひとりにパソコンやタブレットなどの情報端末が配備されつつある。このようなICTによって，不登校児童生徒に対して「状況に応じた必要な支援が行われること」が期待されている（文部科学省，2022）。ICTの導入によって，児童生徒の行動レパートリーの拡大が期待される一方で，ICTが対面接触から回避する行動レパートリーとして機能する可能性も考えられる。そのため，ICTを使うことそのものを目的とするのでは

なく，それが当該児童生徒にとってどのような機能を有するかをアセスメントする必要がある。また，近年重要性がより高まっている「幼保小連携」も，マクロな環境という視点に立った多職種連携と言える。SCには，幼保小連携の観点も踏まえたマクロな生態学的アセスメントが，今後さらに求められるであろう。

また，2017年の公認心理師法の施行を受け，関連学協会において，あいまいな概念や経験年数で語られることの多かった支援者の能力を，具体的なコンピテンスとして記述し直す試みが進められている。これらのコンピテンスに基づいた研修や専門資格の認定が充実することで，SCの実践能力の向上（能力のばらつきの改善）が期待される。

文献

Engel, G. L.（1977）The need for a new medical model : A challenge for biomedicine. Science 196；129-136.

藤井沙織（2022）〈独自〉「スクールカウンセラーは助言を」文科省が全国教委に要請．産経新聞，2022年4月29日（https://www.sankei.com/article/20220429-5ELXL64IJZOANOMHYVFSMVCYQ4/［2023年6月25日閲覧］）．

教育相談等に関する調査研究協力者会議（2007）児童生徒の教育相談の充実について（報告）――生き生きとした子どもを育てる相談体制づくり（https://www.mext.go.jp/b_menu/shingi/chousa/shotou/066/gaiyou/attach/1369846.htm［2023年6月22日閲覧］）．

文部科学省（2022）生徒指導提要（改訂版）（https://www.mext.go.jp/content/20230220-mxt_jidou01-000024699-201-1.pdf［2023年6月25日閲覧］）．

文部科学省（2023）令和4年度 児童生徒の問題行動・不登校等生徒指導上の諸課題に関する調査結果について（https://www.mext.go.jp/content/20231004-mxt_jidou01-100002753_1.pdf［2023年11月7日閲覧］）．

嶋田洋徳（2021）実践入門！ 学校で活かす認知行動療法．ほんの森出版．

World Health Organization（2010）Framework for Action on Interprofessional Education and Collaborative Practice. World Health Organization.

スクールカウンセリング実践のコツ

田中圭介

　本稿では，定時制高校におけるスクール
カウンセリングの事例を紹介する。定時制
高校は，多様な学び方やニーズを持つ生
徒への受け皿としての役割を担っている
（全国高等学校定時制通信制教育振興会，
2018）。実際に，文部科学省（2022）の調
査によれば，在籍生徒数に占める不登校生
徒の割合は，全日制高校が1.3％であるのに
対して，定時制高校は16.9％に上る。また，
定時制高校では，小・中学校および前籍校
における不登校経験がある生徒が39.1％と
高い割合を示し（全国高等学校定時制通信
制教育振興会，2018），不登校の主たる要因
として，「無気力，不安」が46.5％，「生活
リズムの乱れ，あそび，非行」が22.5％と，
他の要因や全日制高校のデータと比較して
高い割合を示す（文部科学省，2022）。定
時制高校に勤務するスクールカウンセラー
（以下，SC）にとって，不登校問題および
登校支援に関わる実情とエビデンスは，必
須の知識であろう。そこで，本事例では，
継続登校や教室参加に困難を抱えた生徒へ
の支援をテーマとした。あわせて，SCと
しての義務を行う上でのコツとして，（1）
教職員との機能的役割分担，（2）子どもの

話題・強み・資源を活かすこと，（3）生活
習慣への支援に関する工夫についても言及
する。

事例の概要

　SCとして，継続登校や教室参加に困難を
抱える高校1年生の生徒Aに対する心理面
接の依頼を受けた。Aとの面接を開始する
前に，学級担任や調書などから，多面的に
情報を収集した。Aは，中学2年次に同級
生とのトラブルを機に登校できなくなり，
社交不安症の診断を受けた。中学卒業まで
は，主に適応指導教室を利用していた。高
校入学当初は毎日出席していたが，5月の
連休明けから欠席時数が増えた。登校して
も教室には来ず，学内で隠れて過ごしてい
た。ソーシャルスキルは低くないようで，
学内外の友人関係を有している。また，同
性の副担任とは話しやすい関係にある。

　初回面接で，Aの苦労や登校努力を労い
つつ，動機づけ面接を用いた関わりを行っ
た。Aから「学校に来ることが億劫」「母親
が車で送ってくれるから来てはいるけど，教
室に入ろうとすると不安で気分が悪くなる」

と述べ，一方で「このままではまずいと感じる」と語られた。また，動機づけ面接を通して，「教室に入れるようになりたい」「同級生と話したり，遊んだりしたい」「（問題が解決に向かえば）高校を卒業できる」など，行動変容の願望や理由も多く語られるようになり，教室参加への意欲を見せるようになった。加えて，後述する問題整理の中で，別室登校であれば社交不安が喚起されにくいことが確認できた。これらのAの様子から，行動変容の熟考期にあると判断し，Aの動機づけをサポートしながら，徐々に行動的支援を開始することが可能であると考えた。数回の面接を通して「教室に入れるようになること」を1，2カ月程度の中期的目標，「毎日，継続して登校できるようになること」を半年程度の長期目標にすることをAと協議して決定した。この間に，Aの主治医と連絡を取り，Aの社交不安症の程度は，軽度から中程度であり，頓服を利用しながら，学校内の適応を進めるよう指示を受けた。

問題の整理

　不登校の維持要因，生活習慣，学校生活場面で生じる主観的苦痛度（Subjective Units of Disturbances：SUDs），週の平均登校回数，社交不安症状についてアセスメントを行った。まず，不登校行動の維持要因と生活習慣についてはAから聴取した。記述的な機能分析により，不安感情および対人場面からの回避行動が主な維持要因となっていると推察された。生活習慣については大きな乱れはないものの，夜中の2～3時頃までスマートフォンを利用している日が週1，2回程度あった。次に，学校生活場面のSUDsの評価のために，授業名や場所を書き出し，学校生活の中で不安の強いものから順に並べ替えてもらった。その結果，別室登校への不安は低く（SUDs=1），受講者数などの要因で授業の中でもSUDsが高くない授業科目があること（SUDs=2～3）が確認できた。現在の欠席時数や週の平均登校回数について，学級担任とAの同席の下で確認した。Aにも，今後，登校日数をスマートフォンに記録するように求めた。さらに，学校長と保護者の許可を得て，リーボヴィッツ社交不安尺度（Liebowitz Social Anxiety Scale（日本語版）：LSAS-J）を用いて評価した（LSAS-J合計82点）。

　総合的なアセスメントの結果から，ネガティブ感情の生起や対人場面からの回避が，継続登校や教室参加を妨げ，不安を増悪する維持要因となっていると考えた。Aの社交不安症状が重度ではなく，機能障害が生じる領域が主に学校であることから，医師との連携を前提に，不登校支援の枠組みの中で支援を行うことが可能であると判断した。Aの生活への支障が大きい「登校行動」の改善を第一目標とし，認知行動療法を用いて，ネガティブ感情／対人場面の回避を緩和していく方針を立てた。これらのアセスメントと方針をAとも共有し本人より同意を得た。Aとの関係に鑑みて，副担任に対して，Aの日常的な相談役となり，SCと連携しながら登校や教室参加を促すコンサルティの役割を部分的に担うことを依頼した。

事例の展開

1. 支援前期

　認知行動療法を開始するに当たって，Kearney & Albano（2000）のマニュアルや，Tolin et al.（2009）の事例報告を参考にした。まず，不安感情の機能と安全行動に関する心理教育を行った。Aの趣味であるRPGゲームを例に，レベルの低い不安場面から接近し，レベルアップしていくことが重要であると伝えると，Aも腑に落ちた様子であった。系統的脱感作法を行っていくための準備として，Aの趣味の話題を活用しながらリラックスできるイメージを探索し，リラクセーション法を教示した。また，リラクセーション法以外にも，Aがリラックスするための方法を共にリストアップした。次に，今後の方針を共有するために，Aの許可を得て，副担任にも面談に参加してもらった。副担任に，学校生活場面のSUDsをまとめた不安階層表を確認してもらったところ，自習を行うための別室を手配してもらえることとなり，その結果，Aは安心して登校できるようになった。副担任からの経過報告により，登校頻度や滞在時間が増加し，Aは副担任に授業参加への意欲を話すようになったことが確認された。そこで，副担任から，SUDsの低い授業への参加を促してもらった。

　Aとの面接では，自身の行動の変化から生じた内省を整理しながら，Aの努力とチャレンジ精神を賞賛し，これらはAの強みであることを強調した。Aや副担任に〈今のステップが確実にできるようになってから次のステップに進むこと〉を説明した上で，Aに副担任と相談しながら，Aにとって無理のないペースでチャレンジを継続することを推奨した。その後，Aの週の平均登校回数は増加し，SUDsの低い授業への参加も安定してきた。

2. 支援中期

　SUDsが中程度以上の科目へのステップアップは難航した。そこで，授業開始前の時間にAと面接を行い，Aと帯同して教室へのルートを歩き，〈勇気の限り教室に接近する〉ように促した。Aは「理由はわからないが怖くなる」と訴え，廊下の角までを限界点とした。Aの接近行動を労い，その場でリラクセーション法による脱感作を促した。気持ちが落ち着くと，Aは「突然，出席してきて変に思われるのではないか」などの評価懸念が生起することを話してくれた。その後，数回のセッションをかけて，教室を外側から覗くなどの物理的接近や，教室に入ることを想像するイメージ暴露を繰り返しながら，不安に伴って生じる評価懸念について，ソクラテス式問答を用いて認知再構成を促した。これにより，中程度のSUDsを示していた科目に対する抵抗感も次第に緩和され，授業参加に至った。クラスメイトとの交流も増えてきたことで，学校生活に関する肯定的な語りも増加してきた。この時点で，LSAS-Jは軽症レベルまで減少していた。

3. 支援後期

　安定した継続登校に向けた面接においてAに話を聞くと，1日の自分を振り返って眠れなくなる日があること，寝坊すると公共交通機関で登校しなければならず，人目が気になるので登校をやめてしまうことが

語られた。そこで，就寝前のネガティブな思考への対処や就寝前のスマートフォン使用の代替行動，生活習慣を維持するための方法についてＡと話し合った。「自分に優しい言葉をかける」「睡眠習慣を記録する」「漫画を読む」「友人と休日にバスに乗って遊びに行ってみる」など，問題解決に向けて，Ａが自発的に行動を立案して取り組む様子を賞賛し，サポートした。その後，Ａの生活習慣は徐々に安定し，バス通学も可能となった。面接終了に向けて，登校状況とLSAS-Jの改善，頓服の利用を要さなくなったことなどを確認し，Ａ本人，主治医，学校関係者との合意のもとに終結した。

まとめ

教育領域における重要なトピックとして，高等学校，特に定時制高校における不登校のデータについて紹介した。データに鑑みれば，不登校支援を行う上でも，学校内での治療的支援や医療機関などとの連携を求められるケースが多くなることも予想できる。不登校へのアプローチとしては，認知行動療法のエビデンスが蓄積され，包括支援アプローチ（e.g., 小野，2019）など，日本国内でも数多くの実践報告がある（石川・小野，2020；新川ほか，2020）。これら最新のエビデンスや事例を常に検索しながら，実践を行っていくことが望ましい。また，スクールカウンセリングにおいて認知行動療法を導入する際には，教職員との機能的役割分担（嶋田，2021），子どもの話題・強み・資源を活かすこと（Stallard, 2020），生活習慣への支援（Kearney & Albano, 2000；Tolin et al., 2009）なども，実践を支えるコツとなるだろう。

文献

石川信一・小野昌彦（2020）教育分野への認知行動療法の適用と課題．認知行動療法研究 46（2）；99-110.

Kearney, C. A., & Albano, A. M.（2000）When Children Refuse School：A Cognitive-Behavioral Therapy Approach, Therapist Guide. Oxford：Oxford University Press.（佐藤容子・佐藤寛＝監訳（2012）不登校の認知行動療法──セラピストマニュアル．岩崎学術出版社）

文部科学省（2022）児童生徒の問題行動・不登校等生徒指導上の諸課題に関する調査．

新川瑶子・杉山智風・小関俊祐（2020）（総説）認知行動療法に基づく不登校児童生徒支援の効果と今後の展望．ストレスマネジメント研究 16（1）；33-42.

小野昌彦（2019）不登校．In：日本認知・行動療法学会＝編：認知行動療法事典．丸善出版，p.170.

嶋田洋徳（2021）実践入門！学校で活かす認知行動療法．ほんの森出版．

Stallard, P.（2020）A Clinician's Guide to CBT for Children to Young Adults：A Companion to Think Good, Feel Good and Thinking Good, Feeling Better. Chichester：John Wiley & Sons.（下山晴彦＝監訳，松丸未来＝訳（2022）［決定版］子どもと若者の認知行動療法ハンドブック．金剛出版）

Tolin, D. F., Whiting, S., Maltby, N. et al.（2009）Intensive（daily）behavior therapy for school refusal：A multiple baseline case series. Cognitive and Behavioral Practice 16（3）；332-344.

全国高等学校定時制通信制教育振興会（2018）文部科学省平成29年度委託調査研究報告書．定時制・通信制高等学校における教育の質の確保のための調査研究．全国高等学校定時制通信制教育振興会．

事例 2 機能的役割分担に基づいた不登校へのチーム支援

佐藤 恵

本事例では，長期不登校にある中学生に対して，機能的役割分担に基づいた多職種連携の実践を取り上げる。事例を通して，公認心理師であるスクールカウンセラー（以下，SC）が機能的役割分担に基づいたチーム支援を実践する際の留意点やポイントについて紹介する。

事例の概要

勉強も運動も熱心に取り組む校風の中規模校であるA中学校に，SCは月に2回，隔週で勤務することになった。

中学校2年生の女子生徒Bは，中学校1年生の2学期末考査後から頭痛や腹痛の訴えによる欠席が増え，以後は全欠であった。学級担任が定期的に家庭訪問を行ったが，Bとは一度も会えていなかった。いじめなど不登校に関連する明確な原因はなく，これまでに長期欠席歴もない。小学校からは「成績優秀でリーダー的存在」との申し送りがあった。不登校になる以前は運動部に所属し，勉強や部活動に積極的に取り組んでいたが，考査の成績は少しずつ下がっていた。また，考査や長期休業期間の提出物の作成に苦労していたようで，2学期期末考査の際には提出できない提出物があった。

家族構成は父，母，Bの3人家族で，父親は仕事で多忙であり，母親が全面的にBに関わっていたものの長引く不登校に疲弊していた。近隣に住む父方の祖父母は「Bは優秀であり，不登校になるわけがない」と考えており，B宅を訪れては「学校に行け！」と叱咤激励を続けていた。一度学級担任が祖父母にそのような関わりを控えるように依頼したが，元教員であった祖父母の逆鱗にふれ，学校に抗議の連絡があった。父母も祖父母の関わり方に対して強く主張することは困難であった。

不登校は継続していたものの，Bは休日に父母と外出することができており，最近母親に「このままではダメだ」と話し始めていた。これを受けて，ゴールデンウィーク明けに母親がSC面談に訪れた。

問題の整理

A中学校では月に2回，教育相談部会が開かれていたが，現状の報告のみに終始することが多く，問題のアセスメントやそれ

に基づく支援の目標，関係者の役割分担の共有は不明瞭であった。そのため，それぞれの関係者が思い思いに生徒に関わっており，生徒の適応行動が見られても，それを強化する場合もあれば，罰刺激を提示してしまう場合もあった。なお，校内には相談室があり，相談室職員が常駐している。

Bは中学校入学後，学習や部活での成績が伸び悩む中で，考査後の提出物が提出できなかったことをきっかけに休み始め，欠席が続くにつれ学習への不安が増した。加えて，欠席が続いたことから，学校に接近し留まることにも不安を感じていると考えられた。これらの状況から，Bの不登校は不安を喚起する学習や提出物など学校に関する刺激やそれに伴う祖父母や自分自身の否定的な評価からの回避という機能により維持されていると考えられた。学校関連刺激に対する不安反応を示す不登校に対して段階的な不安への曝露を用いた介入の有用性が指摘されており，段階的に不安に曝露させながら登校行動を形成する際には，学校にいじめなどの明確な嫌子がないこと，子ども自身が登校を目標としており，不安を克服したいと動機づけられていることが前提であるとされている（西村，2016）。本事例では，Bに対するいじめや対人トラブルのような適応先の環境に関する懸案点がなかったことを踏まえ，Bの中で状況を変えたいという思いが強まったタイミングで，段階的に不安に曝露させながら登校行動を形成するために，まずはSCや相談室職員との関わりを中心とした相談室登校の定着によって学校内に留まることについての不安を低減させ，徐々に教室への登校を目指すこととした。

事例の展開

1. 相談室への来室を定着する段階

SCは母親を通じてBに手紙を書き面談に誘った。しばらくしてBは母親と校門の前まで登校することができ，その場でSCと顔合わせを行った。その後，駐車場，職員玄関と学校への接近を段階的に繰り返し，相談室に来室できた時点からBの登校行動を形成する支援を開始した。

2. 登校日数を増やす段階

SCとの面談で絵を描くことが好きだと語られたことから，相談室職員が相談室で黒板アートを描くことを依頼し，Bは快諾した。黒板アートを描くためにほぼ毎日相談室へ登校するようになり，徐々に滞在時間も延びた。描かれた絵やBの努力をSCと相談室職員が賞賛すると嬉しそうな様子を見せた。教育相談部会ではBの不登校に関するアセスメントの共有に加えて，相談室にほぼ毎日登校ができているため，次は教室に送り出す準備をすることをSCから提案し，共有した。学級担任，学年職員との関係性づくりや教室に慣れることが次の目標として確認され，その具体的な方法が話し合われた。

3. 教室復帰を目指した準備の段階

学級担任を中心とした学年の教員が相談室に顔を出し，黒板アートを通じてBとの関係性を構築した。さらに，学級担任の提案でクラスメイトも相談室を訪れ，交流が深まった。相談室職員はBとの日常的な関わりを少しずつ減らし，相談室に来室する関係者の調整を行った。SCはB

と共に，登校状況の確認や次の目標の共有，不安に対する認知面，行動面の対処方法の整理を行った。クラスメイトから学校行事の話が出たことを契機に，行事への参加希望がBから伝えられ，学校行事に関係する総合の授業に出席することが次の目標として教育相談部会で共有された。

4. 教室復帰の段階

Bは放課後，学級担任と教室へプリントを取りに行き，さらに総合の授業を相談室でタブレットを用いて視聴して，自分の座席や教室の雰囲気を確認した。その結果，定期考査に影響のない総合や学活，給食の時間にほぼ出席できるようになった。Bの教室登校が増えたことから，支援の中心を学級担任と学年へ移行し，Bの登校状況の確認や賞賛，目標の設定は学級担任が生活記録ノートを通じて行った。SCの役割は支援全体の俯瞰的調整が中心となり，教育相談部会でケースの進捗や関わりの機能の検討，支援の目標に応じた役割分担に関する提案を行った。その際，相談室職員はセーフティネットとしてBを見守った。

5. 教室の滞在時間を増やす段階

考査に関わる教科の授業への出席を次の目標とし，Bの得意教科から参加の機会を数回設けたが，いずれも実施予定日から数日間欠席が続いた。その一方で，総合や学活などには変わらず出席することができた。このことから，考査に関わる教科に出席し，成績評価をされる生活に戻ることでさらに高まるであろう祖父母からの期待への不安により，再度家に留まるという回避

行動が維持されていると考えられた。これらBの現状の見立てを基に教育相談部会で支援方法が再検討され，祖父母とスクールソーシャルワーカー（以下，SSW）の面談が計画された。A中学校のSSWは教員を退職後に活動している人で，SCと学級担任はBのアセスメントやこれまでの支援の目標と経過をSSWに伝え，SSWが同じ元教員として祖父母の気持ちに寄り添いながら面談を重ねた。その結果，祖父母は「今は何も言わずに見守る」と約束した。

SSWと祖父母の面談後，Bは考査に関係する教科への出席に挑戦し始め，特別支援教育コーディネーターであるC教員の担当教科の授業にも出席するようになった。C教員は応援する気持ちを伝えようとしばしばBに「しっかりやれよ！」などと声をかけていたが，声が大きく口調が強い話し方であったことから，Bにとってプレッシャーになってしまい，C教員の担当教科の授業への出席を避ける傾向が見られた。そこでSCは教育相談部会において，Bの提出物作成に対する配慮を，特別支援教育コーディネーターであるC教員を中心に検討することを提案した。その結果，C教員からBへ提出物の配慮に関する声かけが増え，BはC教員の関わりをプレッシャーと感じなくなった。提出物への配慮が計画されたことから，中学校3年生以降は教室ですべての教科の授業に出席できるようになった。

まとめ

学校で行う支援においては，SCやSSWなど，教員以外の専門的分野を持つ関係者を積極的に支援の中に位置付け，教員と協

働，連携を図る多職種連携に基づいたチーム学校の考え方が求められる（文部科学省，2015）。しかしながら，チーム支援を円滑に行う方法が明確に学校現場に伝わっているとは言い難く，専門的な背景の異なる多くの関係者が関わった結果，チームとしての統率が損なわれる可能性や，チーム支援が単なる情報交換に終始し，負担の増加によりチーム支援の継続が難しくなる可能性も指摘されている（嶋田，2021）。

本事例においては，機能的役割分担を基にしたチーム支援の実施を紹介した。その関わりのポイントは大きく2つある。

1つ目は，Bの登校の段階に応じたSCの役割の変化である。多くの場合，SCの勤務日数は限られていることが多い。さらに，非日常的な場所である相談室から，普段の生活に生徒を戻していくためには，いつまでもSCが支援の中心に留まるのではなく，生徒に機能する関わりを，徐々に生徒の日常生活の枠組みに移していく視点を持つことが大切である。

2つ目は，チーム内のスタッフの役割や関わりを，Bの支援の目標やターゲット行動における機能という点を踏まえて検討し共有することである。例えばC教員による当初の関わりは，Bのターゲット行動を減らす可能性があった。そこで，C教員にとって負担が少なく，特別支援教育コーディネーターの分掌に沿っていて，かつBの登校行動の増加に効果がある役割に位置付けることで，Bを応援するC教員の気持ちを満たしながらターゲット行動が生起する確率を高めることができる。SCはケースのアセスメントに加えて，関係者の思いや行動がターゲット行動に及ぼす機能を組織的にアセスメントし，それぞれの機能をチーム内で活かす役割分担の提案が求められている。

このように，機能的役割分担の考え方に基づき，ケースの進捗に応じた目標やターゲット行動，役割分担を共有し，その結果をチームで確認しながら支援を進めていくことで，より効果的なチーム支援を行えるようになると考えられる。

文献

文部科学省（2015）チームとしての学校の在り方と今後の改善方針について（答申）（https://www.mext.go.jp/b_menu/shingi/chukyo/chukyo0/toushin/__icsFiles/afieldfile/2016/02/05/1365657_00.pdf［2023年6月16日閲覧］）．

西村勇人（2016）機能分析に基づいた不登校への行動療法的介入——2症例を通して．行動療法研究 42(2)；257-265.

嶋田洋徳（2021）実践入門！ 学校で活かす認知行動療法．ほんの森出版．

第 IV 部

結　論

第1章 実践の有効性とは何か？

第1章

嶋田洋徳　石垣久美子

1　エビデンスとその適用方法

　狭い意味での実践の有効性とは，その実践に「エビデンスがあったのか」ということである。第Ⅲ部第1章「EBPをしっかり学ぶ」でも述べたように，現代の心理職の実践においては，1949年のボルダー会議で示された，実践家は研究者であれという「科学者－実践家モデル」の考え方が重要な役割を果たしている。心理職には，実証研究を通して効果が確認された治療方法を目の前のクライエントに適用することを通して，科学的根拠に基づいた支援を提供する責務があると考えられる。

　その一方でAPAは，2005年に声明を発表し，「エビデンスに基づく心理的実践とは，患者の特徴，文化，意向という文脈の中で，最良の研究成果を臨床技能と統合すること」と定義づけている（APA Presidential Task Force on Evidence-Based Practice, 2006）。これは治療の選択の際に，エビデンスはあくまで「参照する」ものであり，それを「どのように提供するのか」については個々の心理職の臨床技能にかかっているということを意味する。したがって，厳密な実証研究によって効果が確認された治療法のプロトコルの「型」のみをどのクライエントにも適用するという画一的な支援をすることとは大きく異なる。この点は意外に知られておらず，エビデンスベイスト・プラクティス（EBP）が批判される際には，このことが論点になる場合が多い。実際には，支援対象者の抱える問題やその背景に関するさまざまな情報を集約し，ケースフォーミュレーションの枠組みを用いて整理し，実践可能な方法に落とし込むスキルが心理職には求められることになる。結局は，いわゆる「PDCAサイクル」の実践ができているかが問われていると言える。

　エビデンスは，その研究方法の性質の違いによって，強度に関するヒエラルキーが想定されている。一般的には，一例症例報告，対照群のない症例シリーズ，症例対照研究，前向きコホート研究，ランダム化比較試験，RCTの

システマティックレビューの順で，エビデンスはより強くなるとされている（渡辺，2019）。また，ここで着目したいのは，エビデンスは有無ではなく強度で決まること，そして専門家の意見（伝統的，慣例的知見）よりも一例症例報告のデータがある方が強固だという点である。すなわち，たとえ一症例であっても，PDCAサイクルに従っていれば，単なる経験則よりも重要視されるということである。

そして，「科学者－実践家モデル」の考え方に従えば，なるべく強いエビデンスの治療方法を用いることが前提となるが，学校現場ではいわゆる研究の結果を歪める可能性のある交絡変数（たとえば，複数の教師による働きかけ，心理的介入に類似した教育活動の影響，家庭環境の影響など）が多く存在し，強いエビデンスそのものを入手することが困難となる傾向がある。また，介入の厳密性やエビデンスを重視するあまり，学校現場の実情になじまない方法論を持ち込めば，それに対応する現場の教師の負担感を増幅させ，実践の持続性を阻害する可能性もある。

たとえばスクールカウンセラーが，自らのアセスメントに基づいて「登校できない子どもに，個別の学習課題を出してください」「授業中に興奮した子どもを相談室に連れてきてください」「放課後に，相談室登校の子どもと定期的に話をする時間を設けてください」といった提案を教師にしたとする。その場では了解が得られたとしても，実際にはなかなかうまくいかない場合がある。これを学校の教師の「意欲」や「力量」に帰着してしまうのは簡単だが，心理職としては「教師が元々持っている持ち味を十分に活かせていなかったのではないか」という着眼点も必要である。たとえば，個別に対応することや他のスタッフの手を煩わせること，放課後に子どもの対応をすることなどへの心理的負担感や抵抗感がどの程度あるのかは，十分に考慮すべき点であると考える。

したがって，教育現場で心理職が実践の有効性を担保するためには，介入方法のエビデンスの強度を適切に参照すると共に，そのエビデンスを「学校の文脈」にうまくのせる臨床技術を用いているかが重要である。心理職自体の勤務日数や時間が限られている現状の中で，多忙であるとされる学校の教師といかにコミュニケーションを図り，エビデンスに基づいた実践のアイデアをいかに学校に残してその日の勤務を終えるかは大きな課題であり，公認心理師に必要なコンピテンスとして併せて考慮することが望まれる。

② 教育分野におけるEBPの工夫

保健医療分野，および司法・犯罪分野においては，公認心理師に求められる役割・知識・技術に関して，EBPとしての認知行動療法の実践が掲げられている。医療機関での認知行動療法は診療報酬の対象となり，刑務所や保護

観察所等で実施する再犯防止指導には認知行動療法を用いることが法制化されている。この実情は，当該領域における効果のエビデンス（証拠）の蓄積がその背景にあると考えられる。一方で，教育分野においては，不登校，いじめ，暴力行為などの問題行動への対応などが公認心理師に求められているが，EBPや認知行動療法に関する具体的な言及は見受けられない。もちろん本書で述べてきたように，教育分野においても，認知行動療法の効果のエビデンスは相応に蓄積されているが，EBPが重視されていないことも事実である。

　これは，見方を換えると，「病気を治すこと」や「再犯や再非行をしないこと」といった目標は，多くの人が共有できるものであると考えられる一方，教育分野においては，たとえば不登校支援の場合実に多様なゴールがあり，支援目標自体がなかなか一致しないことも多い。文部科学省（2016a）は，不登校児童生徒への支援に関する最終報告の中で，学校に登校するという結果のみを目標にするのではなく，社会的な自立を目指す必要があることや，多様な教育機会を確保することなどを提言している。2017（平成29）年の教育機会確保法の施行に伴って，その傾向はより一層強まっていると考えられる。さらに，2019（令和元）年に発出された「不登校児童生徒への支援の在り方について」の通知がその内容を明確にしている。

　「子どもたちにとって」最良な支援をすることの重要性は，教育相談や心理療法に関するどのような理論的アプローチであっても同様である。したがって，具体的な支援方法を考える際には，「その支援の目的がどこにあるのか」，そして「その目的そのものが，関わる支援者たちの間で適切に共有できているのか」の方が，具体的な支援手続きの選択よりも重要であると考えられる。発達障害のケースを例にあげると，本人の特性を踏まえて「学校環境にうまく適応できるように指導する（主体側への介入）」という考え方もできるが，本人の特性を「周囲がそのまま受け入れる（環境側への介入）」という方向性も十分に考えられる。前者であれば，ソーシャルスキルトレーニングのような本人の成長を促す支援が第一選択となるが，後者の場合は福祉のインクルージョンの観点から周囲の教師や児童生徒が障害特性を知識として理解し，接し方を習得することが中心となることが考えられる。

　また，不登校児童生徒などに対する介入は，（無理をしたエピソードがないにもかかわらず）「無理をさせる」ことだと受け止められる場合が非常に多く，「本人の自尊心が高まるまで待ちましょう」といった抽象的な目標になりがちである。その一方で，本人の心身のエネルギーがかなり消耗している場合などには，あえて「教室に戻さない」という支援目標も十分に考えられる。すなわち，見かけ上は同じ「不登校が続いている」という状態であっても，不登校を「改善する努力をしないこと」と，「あえて改善しないこと」では支援の意味合いが大きく異なることがわかる。

このように支援のゴール（従属変数）が違えば，介入方法にも違いが生じて当然であり，用いる方法が違えば用いるエビデンスもまた異なる。すなわち，教育分野においては目標設定の議論とエビデンスの議論とが混在しており，エビデンスを適用する以前の「問題の整理」の観点が重要であると考えられる。以上のように社会的に合意されたゴールが見えにくく，さらに現場で支援に関わる多職種間の「目標の共有」に大きな労力が必要となるのが教育分野の特徴であるとも言える。目標の共有は実践の有効性を保つための重要なプロセスであり，心理職のケースマネジメントの臨床技術が試される。

３ 心理職の実践におけるPDCAサイクルの重要性

　学校の中での望ましい支援方法を考える際に，狭義の学校カウンセリングなどでは，教育理念が先に立つため，「どのような対応をするべきか」という観点が優先される。すなわち，これを子どもの状態像に応じて，対応方法がある意味「型」で決まることになる。これを認知行動療法の三項随伴性（ABC理論）の枠組みに当てはめると「B（何をさせるか）」を重視することになる。したがって，どうしても教育理念という「同じベクトル」上で「子どもに寄り添うのか，あるいは引っ張るのか」という，用いる手続きの違いが論点となりがちである。この場合，PDCAサイクルでいうところの「D」が議論の中心となり，関わりの結果を評価する「C」や，その対応を改善する「A」のプロセスはあまり重視されないことになってしまう。

　一方で，認知行動療法型支援では，支援が「機能するか」（目標に照らし合わせてそれが達成する方向に展開するか）という観点が優先される。これをABC理論の枠組みに当てはめると，「C（それをさせたときに，望む結果が得られたか）」を重視することになる。たとえば，学校の相談室が「心の居場所」として子どもたちに受容的に接するという目標を掲げることは一般的ではある。しかし，「受容的に接する」という環境を整えることが，どのような子どもに対しても成長を促すとは限らないことは，教育現場に関わる人であれば理解できることである。受容的に接することが教室への回避行動を助長する場合もあれば，受容することによって心のエネルギーが満たされ，教室への接近行動を促進する場合もある。すなわち，「受容する」という支援の「型」は同じでも，その「機能」には違いがある。言い換えれば，「どのような指導をしたのか」ではなく，「その指導が通ったのか」に着目するところに特徴があり，PDCAサイクルにおける「C」と「A」を重要視していることになる。

　2022（令和4）年に12年ぶりに改訂された生徒指導提要（文部科学省，2022）では，生徒指導マネジメントにおけるPDCAサイクルによる取り組みに関する内容に新たに言及されている。今後は，生徒指導や教育相談の場面

でも，PDCAサイクルに基づく支援が（改めて）主流になっていくことが考えられる。2016（平成28）年に公表された，「次世代の学校指導体制の在り方について（最終まとめ）」（文部科学省，2016b）においても，エビデンスに基づく支援やPDCAサイクルの確立に関して明確に言及されており，「多面的な教育成果・アウトカムの測定」「子供の経時的変化の測定」といった文言も見られる。教育分野における心理職による支援についても，今まで以上に「科学者−実践家モデル」の発想が常識となり，基本的な資質として重要視されることになると考えられる。

④ 行動連携に対するノウハウを具体化する

　教育分野における公認心理師の活動は，スクールカウンセラーに従来求められてきた役割とほぼ同じ内容が示されており，その中でも「連携」が強調されている。公認心理師の役割を巡る考え方の背景には，全般的に，その活動の分野にかかわらず，多職種連携，地域連携が掲げられている。特に教育分野では「チーム学校」として，それが大きく取り上げられていることは，本書でここまでに述べた通りである。そしてこれらの法的な裏付けとして，2017（平成29）年から学校教育法施行規則（第65条の2，現行では第65条の3）にスクールカウンセラーが初めて明示されるに至った。その一方で，チーム学校の多職種連携に関して大きく懸念されていることは，そのチームが実際の学校現場で本当に機能するのか，「船頭多くして船山に上る」になってしまうのではないかという点である。

　「チームを組む」という概念は，チーム学校の概念の導入前から学校現場にかなり浸透していたが，チームをどのように組むのか，そしてどのようにチームを機能させるのかに関しては，そのノウハウがあまり伝わっていないように思われる。あまり機能していないチームによく見られるのは，校務分掌によってチーム自体は結成されていても，その活動が情報共有のみにとどまってしまう状態である。子どもに関わる際の具体的な役割分担や関わり方の詳細まで詰めることができていないため，教育相談部会などの会議自体に意義を感じられず，ほかの優先したい業務の傍らで，会議への出席自体が大きな負担になってしまうことも稀ではない。

　このような状態を防ぐためには，認知行動療法に基づく「機能的役割分担」の考え方が有用である。まずは現実的な短期目標をチーム内で共有し，その目標を達成するために，校務分掌を基本としながら，当該児童生徒に誰がどのように働きかけるのか合意形成を図りながら実行すること。実行の成果をお互いに共有し，それぞれの働きかけが機能しているのかを確認すること。機能していなければ，最初に戻り，アセスメントからやり直すこと。これは，本書でも繰り返し言及しているPDCAサイクルを「チーム学校として実践す

る」ことにほかならない。

　たとえば不登校の生徒の支援において，校務分掌の上では学級担任が窓口になって対応することが望ましい。しかし種々の事情から，（学級担任の関わり方に何ら問題がなくても）学級担任が生徒にまったく会うことができないケースもよく見受けられる。その時に，校務分掌を優先して学級担任が連絡や家庭訪問をし続けるのは，いわゆる「型」を優先した支援である。仮に当面の支援目標が，「生徒と学校とが直接コミュニケーションをとることができるようにする」ということであるならば，スクールカウンセラーをはじめとする相談室スタッフや養護教諭などが最初にアクセスした方が，つながりを持てる可能性が高まるかもしれない。これは，支援目標に対する「機能」に主眼を置いた支援である。また，ケースの進展状況によって，当初の役割から機能を変化させていく場合も考えられる。たとえば，登校行動が安定するまでは，スクールカウンセラーや相談室のスタッフが安心できる存在として中心的に関わり，相談室から教室に居場所を変化させていく段階では，スクールカウンセラーの持つ機能を学級担任に移していく工夫が必要となる。具体的には，相談室を居場所としながら，スクールカウンセラーはむしろ関わりを控え，学級担任や学年の職員との交流を増やすよう働きかけることなどが考えられる。このように，「支援の目標に対する機能」という観点から，チームの構成員が支援対象者に及ぼす影響を心理職がアセスメントすることによって，新たな具体的役割分担を提案することが可能となる。

⑤ 相互随伴性の考え方と教師にとっての指導のしやすさ

　学校の中でケースをマネジメントする際に重要となるのが，「相互随伴性」の考え方である。たとえば，授業中の立ち歩きの問題を有する児童がおり，何度注意しても同じ行動を繰り返しているケースを例に考えてみる。支援対象児童の「立ち歩き」には「周囲からの注目の獲得」という結果が随伴しており，教師の「注意する」という指導行動が，いわゆる強化子として機能しているとする。これはいわゆる子どもの問題行動を中心にしたミクロの視点でのアセスメントである。この状態を子どもではなく，「教師」を主語にして見つめ直してみると，教師の「注意する」行動は，子どもが「着席する（不快の消失）」という結果が随伴することで維持され，その指導行動がより一層用いられることとなる。

　このような相互随伴性を想定した場合，心理職は，教師の随伴性も，児童生徒本人の随伴性も，（時には保護者の随伴性も）考慮した働きかけをする必要がある。この立ち歩きの悪循環を改善する際には，立ち歩きに対して「注意する」という教師の指導行動を変化させる必要があるが，他職種（スクールカウンセラー）から提案される新たな指導行動は，教師にとっての「快の出

現」あるいは「不快の消失」がなければ長続きせず，一時的な指導に終わってしまうことが懸念される。したがって，教師が元々持っている指導のバリエーションや，その教師の子どもの指導に対する思い（いわゆるそれぞれの教師の持ち味）を大事にしながら，教師にとっても望ましい環境の変化が随伴するようなやりとりを検討する必要性が生じる。勤務回数に限りがあることを想定しながら，そのような多くの要素をどのようにマネジメントするのか，さらにはどのようなコンサルテーションの方略が有効なのかというマクロな視点で組織をアセスメントすることが重要であり，戦略的に学校に参与する能力が求められる。

　本書の第Ⅲ部第10章「さらに学んでおきたい知識と実践」の事例2を例に考えてみると，生徒の教室登校を応援したい教師が，励ましの気持ちで行う「しっかりやれよ！」という支援行動（声かけ）は，すでにチームの目標として共有されている「生徒の登校行動の維持」に対しては非機能的な関わりとなっていたと理解できる。スクールカウンセラーはそれをやめるように促すのではなく，教師の思いを把握した上で，「中心になって配慮を検討する役割」を提案し，登校行動に対して機能的な指導行動を引き出している。これは，熱心な教師にとって「しっかりやれよ！」と声をかける働きかけは，「中心になって配慮を検討する役割」を果たすことと機能的には等価であるという見立てに基づいた提案であると考えられる。このように，教師の行動随伴性（教師にとって望ましい結果が得られる指導行動）を考慮して，生徒の行動随伴性（登校に機能する教師の働きかけ）を整理することによって，文脈を踏まえた有効性の高い支援になると考えられる。

6 終わりに

　本章の内容は，広い意味での実践の有効性という観点から，以下のようにまとめることができる。

①PDCAサイクルの「C」と「A」の視点をより一層重視する。
②EBPが，単なるエビデンスの「型」の適用にならないよう，支援対象者に対する介入の「機能」や，支援を展開する組織の「文脈」を十分に考慮する。
③チーム学校の発想を具現化するために，教育分野での機能的役割分担をマネジメントする心理職の力量の向上を目指す（目標を共有するプロセス，相互随伴性のアセスメント，ケースの進行をマネジメントする資質など）。

文献 ||||||||||||||||||||||||||||||||||||||||||||||||||||||||||||||||||||||||||||||||||||||||||||||||||||||||||||||||||||||||||||||||||||||||||||||||||||||||

American Psychological Association Presidential Task Force on Evidence-Based Practice（2006）Evidence-based practice in psychology. American Psychologist 61（4）; 271-285.

文部科学省（2016a）不登校児童生徒への支援に関する最終報告——一人一人の多様な課題に対応した切れ目のない組織的な支援の推進（https://www.mext.go.jp/component/b_menu/shingi/toushin/__icsFiles/afieldfile/2016/08/01/1374856_2.pdf［2023年6月20日閲覧］）.

文部科学省（2016b）次世代の学校指導体制の在り方について（最終まとめ）（https://www.mext.go.jp/a_menu/shotou/hensei/003/__icsFiles/afieldfile/2016/07/29/1375107_2_1.pdf［2023年6月20日閲覧］）.

文部科学省（2022）生徒指導提要（改訂版）（https://www.mext.go.jp/content/20230220-mxt_jidou01-000024699-201-1.pdf［2023年6月20日閲覧］）.

渡辺範雄（2019）エビデンスに基づく医療. In：日本認知・行動療法学会＝編：認知行動療法事典. 丸善出版, pp.626-627.

第2章 将来的展望と課題

山本淳一　東 美穂

1 エビデンスベイスト・プラクティス──「共感」「共有」

　公認心理師の職務は，クライエントに「共感」するところから始まる。クライエントの生命，生活，人生への支援を実現するため，本人はもちろん，クライエントを囲む人たち（保護者，教員，支援者などスタッフ）に対し，支援について十分説明し（インフォームド・コンセント，心理教育，行動コンサルテーション），個人情報管理のガイドラインに従った上で変化の過程を「共有」し，連携して支援を進める。日本中の公認心理師が，日々行っている支援の成果を，常に発信し続けるというサイクルを繰り返し，成果を蓄積していくことが，エビデンスに基づいた支援として重要である。

　本書各章の事例では，公認心理師が日々行っている支援に関するエビデンスを活用し，共有するためのアイデアを提供してきた。実際の事例についてのエビデンスは，第Ⅱ部第2章「エビデンスを概観する」とその文献リストで示した効果検証研究をJ-STAGEから無料で入手して読むことで，基礎的な**「エビデンスベイスト・プラクティスに関するコンピテンス（カテゴリーⅠ）」**を習得できる。

　研究論文を読むことはハードルが高いため，身構え，回避してしまうかもしれない。しかし，自身の臨床にとって重要な内容を「方法」「図表」「結果」に関して，以下のように進めれば，短時間で十分に情報収集ができる。①子どもと支援方法に関係する実践論文を，第Ⅱ部第2章「エビデンスを概観する」で示した表やリストから探す，②J-STAGEからダウンロードする，③デジタルデバイス（スマートフォン，PC）に論文を保存する，④時間が取れない場合でも通勤時間や隙間時間で読む行動をルーティン化する，⑤子どものプロフィール，支援文脈，支援方法，従属指標にチェックを入れる（メモ書きする），⑥研究の背景を知りたい場合には，各論文の「序論」「問題と目的」を読む，⑦実践に対する著者の考えを知りたい場合には「考察」を読む。

② エビデンスの生成，蓄積，普及のためのコンピテンス ── 「共創」

　それぞれの公認心理師がエビデンスに関する情報を収集し，次の支援に活かすと同時に，エビデンスを発信するサイクルを当たり前に（as usual）していくことが今後の課題である。そのためには，発信と受信の「共創」サイクルを系統的につくり，その仕組みを機能させていく必要がある。日々の臨床支援業務で忙しい公認心理師が，**「教育・特別支援における基盤コンピテンス（カテゴリーⅡ）」**を習得する場合，PDCAをまわしながら実践研究に仕上げていくためのテンプレートをつくっておき，そこに成果を組み込んでいく習慣をつくる（山本，2022）。どのようなクライエントに，どのような支援を行ったら，どうなったかを，日常的にそのテンプレートに書き入れる作業であるという点で，研究論文の執筆も日々の実践も変わらない。テンプレートに収まらない項目があれば，備考にどんどん加えていく。今後の課題が多い場合でも，論文の最後に，あるいは事例のリフレクションのところに，本研究の「ウィークネスは，……」「今回効果が不十分であった理由は，……」と箇条書きで論述し，それらの項目に対して，今後の対応方法を具体的に書き入れる。

　次に，投稿する学術誌を選択する。執筆者全員が学会員であることが求められる学術誌も，学会員でなくても投稿できる学術誌もある。論文投稿の楽しさの一つは，査読の過程を通して，自身の実践成果を，異なった機関の匿名の査読者や編集者と「共創」する喜びを経験できる点にある。「掲載不可（reject）」は，あなたの研究はダメだという意味ではなく，別の学術誌に投稿してくださいという中立的なメッセージを意味する。国際学術誌では，学術誌の掲載方針と投稿論文とのマッチングの問題であることを明示し，別の投稿先のアイデアを提供してくれる場合もある。「修正後再査読（major revision）」であれば，査読者の指摘通りに修正すれば掲載しますよというポジティブなメッセージである。

　たとえ先行研究を参考にした実践であっても，対象者・実践者が異なり，支援文脈が異なるのであれば，系統的リプリケーション（systematic replication：Barlow & Hersen, 1984）研究と位置づけることができ，学術研究としての意義がある。先行研究と異なる結果となった場合は，その原因を推定し，今後に活かす論述をすればよい。

　本章では，コンピテンスリストの**カテゴリーⅠ**にある，**「エビデンスを生成，蓄積，普及することができる」**という項目について，実践論文を執筆することの意義と，その具体的方法について述べる。

③ 事例研究——「共創」

事例を整理するためのテンプレートを以下に示す。日々の臨床を整理することと，実践論文を執筆することは，同じ論理で進んでいる。

1. 事例の概要——「連携・協働に関わるコンピテンス（カテゴリーIV）」

(1)対象者

本人，関係者に対して十分な説明を行い，その合意を前提として，論文執筆のための倫理ガイドラインを満たした上で，個人が特定されない形で記述する。

(2)支援までの経緯（過去），支援の文脈（現在）

受動態での記述は，誰からその情報を得たのか，誰の言葉であるのか不明であるため，基本的には主語を明確にした能動態で記述する。例えば，「学級担任は，このように述べた」「母親の話を，SCがまとめた」などである。本人との面接についても，話した言葉を具体的に書く。本人の全体の印象なども，事実なのか，まとめなのか，推定なのかがわかるように書く。特に，直近1カ月の学校や家庭での行動と周囲の対応の情報は，ケースフォーミュレーションにおいて有効で，かつ記憶がまだ鮮明なのでできる限り具体的に記載する。支援文脈を論述するにあたって，誰がどのように困っているのか，誰が解決を求めているのかについての情報収集と分析が必要である。

2. 問題の整理——「アセスメントとケースフォーミュレーションに関わる
   コンピテンス（カテゴリーIII）」

(1)アセスメント

本人，学級担任，特別支援教育コーディネーター，保護者との面接を通して得た情報とアセスメントの結果を総合して，問題を整理した結果を論述する。アセスメントは，ケース全体の支援計画の目安に用いるのと同時に，支援効果を評価するために用いる。例えば，読み書き支援の場合，認知・言語検査によって全体的な傾向を把握し，支援の目安として用いる。支援目標が読み書きならば，直接教授法（direct instruction：Engelman & Carnine, 1982）（野田（2018）を参照）などの学習指導プログラムを実施する。例えば，目標達成のための教材を用いて指導し，事前と事後のアセスメントを行う。個人への指導と同時に，どのような合理的配慮が必要であったかなど，支援をしながらアセスメントを継続する。さまざまな実践現場での工夫は，本書第II部第2章で示した研究論文に直接あたっていただきたい。

アセスメントは，本人の苦手な点や弱い点だけでなく，本人の強い点も把握するために行う。生態学的アセスメントとして，学校環境，家庭環境などの物理的・社会的条件とその環境下での本人の行動，およびそれらの条件を調整することで本人の行動がどう変化したのかも評価する。

本人との面接でも，共感と共に，環境と子どもとの相互作用について話を進める。どのような場面で緊張したか，また不安で行動できなかったかを聞く。同時に，どのような場面ではリラックスできたか，行動できたかを聞く。行動できる時間，空間，対人関係を増やすことが問題解決につながるからである。

問題行動を減らすのではなく，適切行動を増やすことが支援の目的であるため，適切行動が起こる状況，その回数，その内容を把握する（馬場ほか，2013）。本人の実際の行動を観察することで問題解決を進める。学校場面では，学校環境，クラスメート，教員との関係を把握する。実際の行動を直接観察できるように，チーム学校の一員として学校との連携を進めていくことが，公認心理師の活動として重要である。

（2）ケースフォーミュレーション

問題行動が多い場合，適切行動が少ない場合に，機能分析（functional analysis）を行う（Cooper et al., 2007）。環境との相互作用のあり方，悪循環のパターンについて仮説をつくり，PDCAをまわす。本人の行動や言葉の「形態」に引きずられずに，その「機能」を分析することが，公認心理師のコンピテンスとして重要である。

悪循環に陥っている場合，問題となる機能には，嫌悪場面からの逃避，嫌悪場面を経験することの回避，まわりからの注目や事象の要求，感覚刺激の取得などがある。臨床的には，機能同定のための実験場面の設定を行うことがあるが，それができない場合は，面接などからその機能を推測し，対応する支援を実施し，PDCAをまわしながら推定した機能の妥当性を検討する。同時に，適切な代替行動を見出し，それを増やすための支援や面接を実施する。適切行動が増えなければ，問題が解決したように見えても，再び問題が再燃する可能性がある。支援効果を維持するためには，適切行動によって正の強化を提供し続ける環境への支援が必須である（庭山，2020）。

3. 事例の展開

（1）事例の展開を俯瞰するためのプラットホーム
─「支援とPDCAに関わるコンピテンス（カテゴリーⅤ）」

全体的な支援計画を中心軸としてどのような支援を実施した（Plan-Do）か，その結果どうなったか（Check）を論述する。支援の過程で，支援方法

を調整してきたのであれば，支援の中心軸をどのように修正したかを論述する（Action）。

　面接であれば，本人，保護者，学級担任と，どのようなところを強調した面接を行ったか，心理教育であれば，具体的な内容を箇条書きにする。行動コンサルテーション，ポジティブ行動支援などの包括的な支援方法であっても，どのような具体的な支援を行ったかと同時に，その中心として支援を進めた基本概念を書くことで，関係者，読者と支援方法の「共有」が可能になる。

　第Ⅱ部第2章で述べたように，支援技法の効果検証がなされている支援方法や，それ以外であってもエビデンスのある支援方法を用いた場合にはその背景を書く。

(2)実践計画・研究計画──事前・事後デザイン，ABデザイン

　「特別支援教育に関するコンピテンス（カテゴリーⅥ）」「学校不適応諸問題への対応に関するコンピテンス（カテゴリーⅦ）」「困難事例や緊急支援に関わるコンピテンス（カテゴリーⅧ）」は，具体的な支援方法と評価方法の技法を適用するためのコンピテンスである。第Ⅱ部第2章「エビデンスを概観する」でリストアップした関連する研究論文を読みこなすことで，具体的な支援技法のアイデアを得る。

　以下に，実践と研究における支援の効果検証方法を述べる。実際に評価しながら実践や研究を進める場合を考えてみよう。その場合でも，適切行動の向上と問題行動の低減を目標とする事前評価と事後評価は必須である。事前評価と事後評価では，その変化が時間経過，面接回数による可能性もあり，通常の教育・支援を行うだけの条件を設けなければ，支援の直接的効果であるとは言えない。ただし，推定要素が多いという制約はあるが，少なくとも変化が見られたことは確かである。

　ABデザインでは，事前評価において少なくとも3プロットのデータを取得し，点を線にすることで傾向（trend）を評価する（Barlow & Hersen, 1984）。通常の支援のみでは，適切行動が増える，あるいは問題行動が減る傾向が見られなければ支援を始める。ベースライン計測は，何も支援をしない条件ではなく，通常の支援を行う条件である。通常の支援でも十分に効果が得られるかを見極めるために行うため，Treatment As Usual条件と言ってよい。通常の支援では十分な効果が見られない場合に，新たな支援を追加したり，変えたりすることで，その効果を評価することが，ABデザインの論理である。Kazdin（2020）は，ABデザインを準実験計画法（quasi-single-case experimental design）と呼び，研究方法の一つとして位置づけている。

　臨床現場で，ABデザインによって支援効果を確かなものにするためには，複数の従属指標で計測する，臨床的に十分な効果が得られる条件を明らかに

する，長期間のフォローアップを行うなどの観点から評価していく。途中で支援方法を修正した場合には「ABB'」デザイン，新たな方法を導入した場合には「ABCD」デザインなどと記載する（Barlow & Hersen, 1984）。支援を進めながら，支援効果を見極めていく上で重要なのは，同じ従属指標を計測し続けることである。

(3)実践研究計画──単一事例研究計画法

より精度の高い支援効果検証を実施する場合には，単一事例研究計画法を用いる。最もスマートな時間軸上の交絡変数を排除するデザインは，「ABAB」反転デザイン（reversal design）である。このデザインで実証するものは，環境への支援を直接反映している行動の変化であり，環境整備の重要性を示す場合に活用できる。例えば，本人の行動レパートリーがA条件では成立せず，B条件では成立することが実証されれば，B条件という機能的な環境整備の徹底を支援の軸にすえるべきであると判断できる。

また，時間経過による効果の交絡変数を相対的に少なくするデザインとしては，多層ベースラインデザイン（multiple-baseline design），多要素介入デザイン（multi-treatment design），基準変更デザイン（changing criterion design）などを用いる（Kazdin, 2020）。

(4)臨床的意義

臨床的意義を明らかにするためには，社会的妥当性（social validity）の評価を行う（Cooper et al., 2007）。社会的妥当性とは，ターゲット行動，支援方法，支援効果についての評価である。なぜそのターゲット行動を対象にしたか，なぜその支援方法を用いたかについて，質的な論述を行う。支援効果が十分大きいかを，研究と直接関係のない人に，リッカートスケールなどで評価してもらうことで，その臨床的有意性，すなわち支援効果の大きさを検証する。事後には，本人，関係者の満足度，負担度などを評価する。

コンサルテーションの場合は，保護者，学級担任が，コンサルタントの指示通りに支援を実施したかを評価（介入整合性：treatment integrity）する。

4 まとめ
──「発展的知識と実践に関わるコンピテンス（カテゴリーⅨ）」

教育・特別支援に関係する情報は，日々アップデートされている。国内外のさまざまな正確かつ最新の情報をウェブサイトから収集し，整理し，発信するサイクルを繰り返す。いわばエビデンスを「共有」「共創」するサイクルを繰り返すことで，ヒューマンサービスの質を向上させ，社会からの負託に応えていくことが公認心理師の責務である。

文献 ‖‖‖

馬場ちはる・佐藤美幸・松見淳子（2013）通常学級における機能的アセスメントと支援の現状と今後の課題．行動分析学研究 28（1）；26-42.

Barlow, D. H. & Hersen, M.（1984）Single Case Experimental Designs : Strategies for Studying Behavior Change（2nd Ed.）. New York : Pergamon Press.（高木俊一郎・佐久間徹＝監訳（1993）一事例の実験デザイン──ケーススタディの基本と応用．二瓶社）

Cooper, J. O., Heron, T. E. & Heward, W. L.（2007）Applied Behavior Analysis（2nd Ed.）. London : Pearson.（中野良顕＝訳（2013）応用行動分析学 第2版．明石書店）

Engelmann, S. & Carnine, D.（1982）Theory of Instruction : Principles and Applications. New York : Irvington.

Kazdin, A.（2020）Single-Case Research Designs : Methods for Clinical and Applied Settings（3rd Edition）. Oxford : Oxford University Press.

庭山和貴（2020）学校規模ポジティブ行動支援（SWPBS）とは何か？──教育システムに対する行動分析学的アプローチの適用．行動分析学研究 34（2）；178-197.

野田航（2018）応用行動分析学と学習指導．教育心理学年報 57；179-191.

山本淳一（2022）精神科臨床における事例研究を行動分析学研究の論文にする．行動分析学研究 37（1）；60-67.

索引

執筆者一覧［50音順］

新井 雅　　跡見学園女子大学心理学部

飯島有哉　　富山大学学術研究部人文科学系

池田美樹　　桜美林大学リベラルアーツ学群

石垣久美子　東京福祉大学教育学部

榎本拓哉　　徳島大学大学院社会産業理工学研究部

遠藤 愛　　文教大学人間科学部

大谷哲弘　　立命館大学産業社会学部

大橋 智　　東京未来大学こども心理学部

岡島純子　　立教大学現代心理学部

佐々木 恵　北陸先端科学技術大学院大学
　　　　　　保健管理センター

佐藤友哉　　新潟大学人文社会科学系

佐藤美幸　　京都教育大学教育学部発達障害学科

佐藤 恵　　埼玉県スクールカウンセラー

杉山智風　　京都橘大学総合心理学部

竹内康二　　明星大学心理学部

田中圭介　　上越教育大学大学院学校教育研究科
　　　　　　臨床・健康教育学系

田中芳幸　　京都橘大学総合心理学部

土屋さとみ　アース・キッズ株式会社
　　　　　　発達障害療育研究所

戸ヶ﨑泰子　宮崎大学大学院教育学研究科

新川瑤子　　半蔵門のびすここどもクリニック・
　　　　　　立正大学心理学部

野田 航　　大阪教育大学総合教育系

東 美穂　　慶應義塾大学社会学研究科

堀田 亮　　岐阜大学保健管理センター

宮田昌明　　明星大学心理学部

矢野善教　　作新学院大学女子短期大学部
　　　　　　幼児教育科

山本 獎　　岩手大学大学院教育学研究科

脇 貴典　　筑波大学ヒューマンエンパワーメント
　　　　　　推進局（BHE）

責任編集者略歴

小関俊祐（こせき・しゅんすけ）

桜美林大学リベラルアーツ学群准教授。博士（学校教育学），公認心理師・臨床心理士・専門行動療法士・認知行動療法スーパーバイザー・日本ストレスマネジメント学会認定ストレスマネジメント実践士・指導健康心理士。兵庫教育大学大学院連合学校教育学研究科修了。愛知教育大学学校教育講座助教／同講師を経て，2014年より現職。

主著 『子どもと一緒に取り組む園生活での子どものストレス対処法』（共編著・中央法規出版・2024），『自立活動の視点に基づく高校通級指導プログラム──認知行動療法を活用した特別支援教育』（共編著・金子書房・2020），『いじめ問題解決ハンドブック──教師とカウンセラーの実践を支える学校臨床心理学の発想』（共著・金子書房・2018），『対人援助と心のケアに活かす心理学』（共著・有斐閣・2017），『認知行動療法を生かした発達障害児者への支援──就学前から就学時就労まで』（共編著・ジアース教育新社・2016），『小学生に対する抑うつ低減プログラムの開発』（単著・風間書房・2010）ほか。

大石幸二（おおいし・こうじ）

立教大学現代心理学部心理学科教授。修士（教育学），公認心理師・臨床心理士・臨床発達心理士。筑波大学大学院心身障害学研究科博士課程単位取得退学，筑波大学心身障害学系文部技官（準研究員），筑波大学心身障害学系文部教官助手，明星大学人文学部専任講師／助教授，立教大学現代心理学部心理学科助教授／同准教授を経て，2009年より現職。

主著 『通常学級における新たな学校改善術──特別支援教育からのアプローチ──』（編著・学苑社・2024），『標準公認心理師養成テキスト』（編集主幹・文光堂・2022），『先生のための保護者相談ハンドブック──配慮を要する子どもの保護者とつながる3つの技術』（監修・学苑社・2020）ほか。

嶋田洋徳（しまだ・ひろのり）

早稲田大学人間科学学術院教授。博士（人間科学），公認心理師・臨床心理士・認知行動療法師・認知行動療法スーパーバイザー・日本ストレスマネジメント学会認定ストレスマネジメント実践士・指導健康心理士。早稲田大学大学院人間科学研究科博士後期課程修了。広島大学総合科学部助手，新潟大学人文学部講師／同助教授，早稲田大学人間科学学術院助教授／同准教授を経て，2008年より現職。

主著 『実践入門！ 学校で活かす認知行動療法』（単著・ほんの森出版・2021），『性犯罪者への治療的・教育的アプローチ』（編著・金剛出版・2017），『60のケースから学ぶ認知行動療法』（共編著・北大路書房・2012），『人間関係スキルアップ・ワークシート──ストレスマネジメント教育で不登校生徒も変わった！』（共著・学事出版・2010），『学校，職場，地域におけるストレスマネジメント実践マニュアル』（編著・北大路書房・2004）ほか。

山本淳一（やまもと・じゅんいち）

東京都立大学システムデザイン学部特任教授。文学博士，公認心理師・臨床心理士・臨床発達心理士。慶應義塾大学文学部社会・心理・教育学科心理学専攻卒業。同大学大学院社会学研究科心理学専攻修士課程・博士課程修了。明星大学人文学部講師／助教授，筑波大学心身障害学系助教授，慶應義塾大学文学部助教授／教授を経て，同大学名誉教授。2022年より現職。University of California, San Diego（UCSD）Visiting Scholar（2007-2008年）。

主著 『〈新装版〉ことばと行動──言語の基礎から臨床まで』（責任編集・金剛出版・2023），『親子で成長！ 気になる子どものSST実践ガイド』（監修・金剛出版・2020），『0～5歳児 発達が気になる子のコミュニケーション力育て──5つの力からアプローチ』（監修・学研プラス・2020），『リハビリテーション効果を最大限に引き出すコツ［第3版］』（共編著・2019・三輪書店），『ケースで学ぶ行動分析学による問題解決』（責任編集・金剛出版・2015），『ABAスクールシャドー入門』（監修・学苑社・2012）ほか。

公認心理師必携！
事例で学ぶ教育・特別支援のエビデンスベイスト・プラクティス

2024年 4 月10日　印刷
2024年 4 月20日　発行

監修―――――一般社団法人公認心理師の会 教育・特別支援部会
責任編集――小関俊祐　大石幸二　嶋田洋徳　山本淳一

発行者―――立石正信
発行所―――株式会社 金剛出版
　　　　　　〒112-0005 東京都文京区水道1-5-16　電話 03-3815-6661　振替 00120-6-34848

装丁◉戸塚泰雄(nu)　本文組版◉石倉康次　印刷・製本◉太平印刷社
ISBN978-4-7724-2028-0 C3011　©2024 Printed in Japan